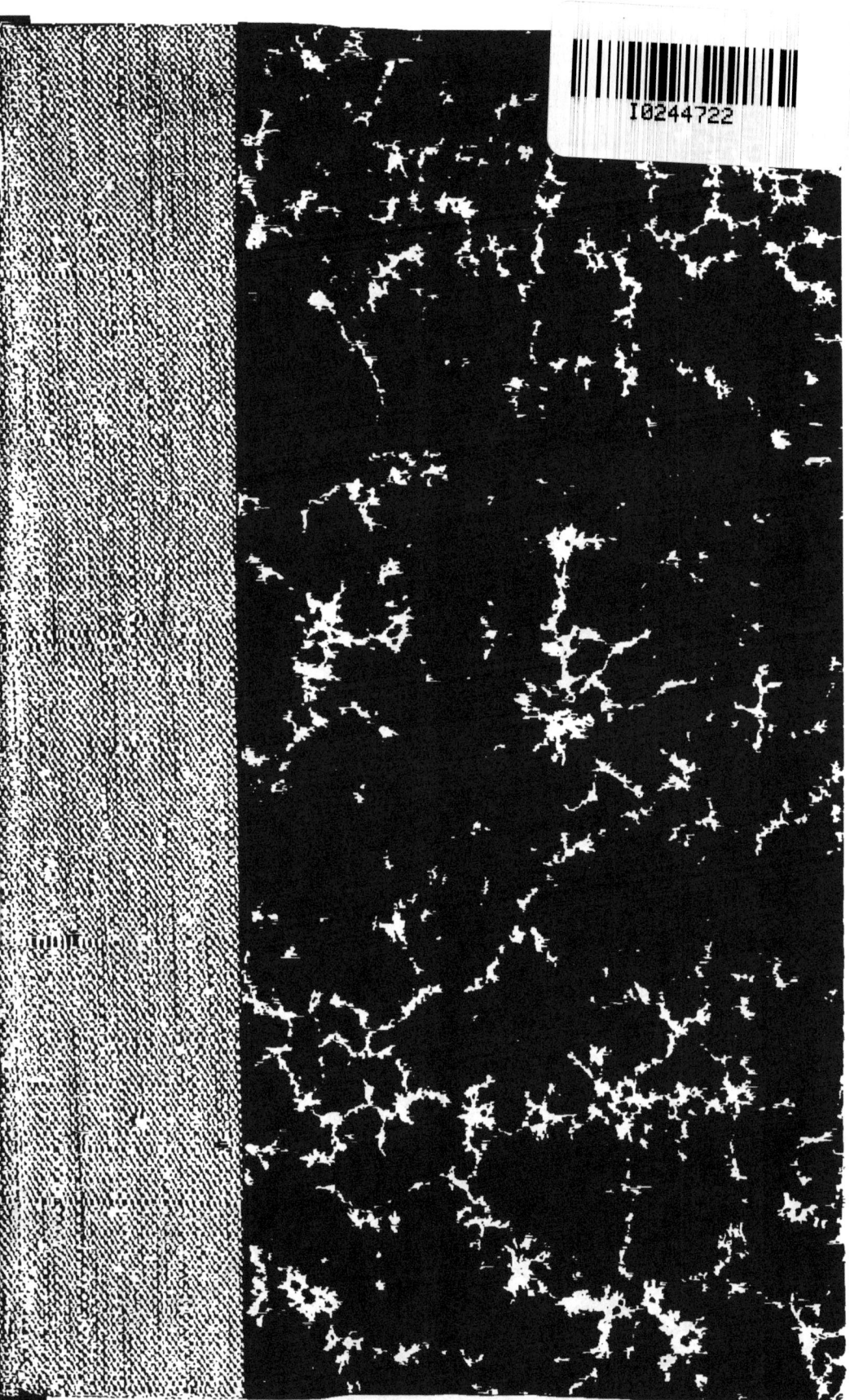

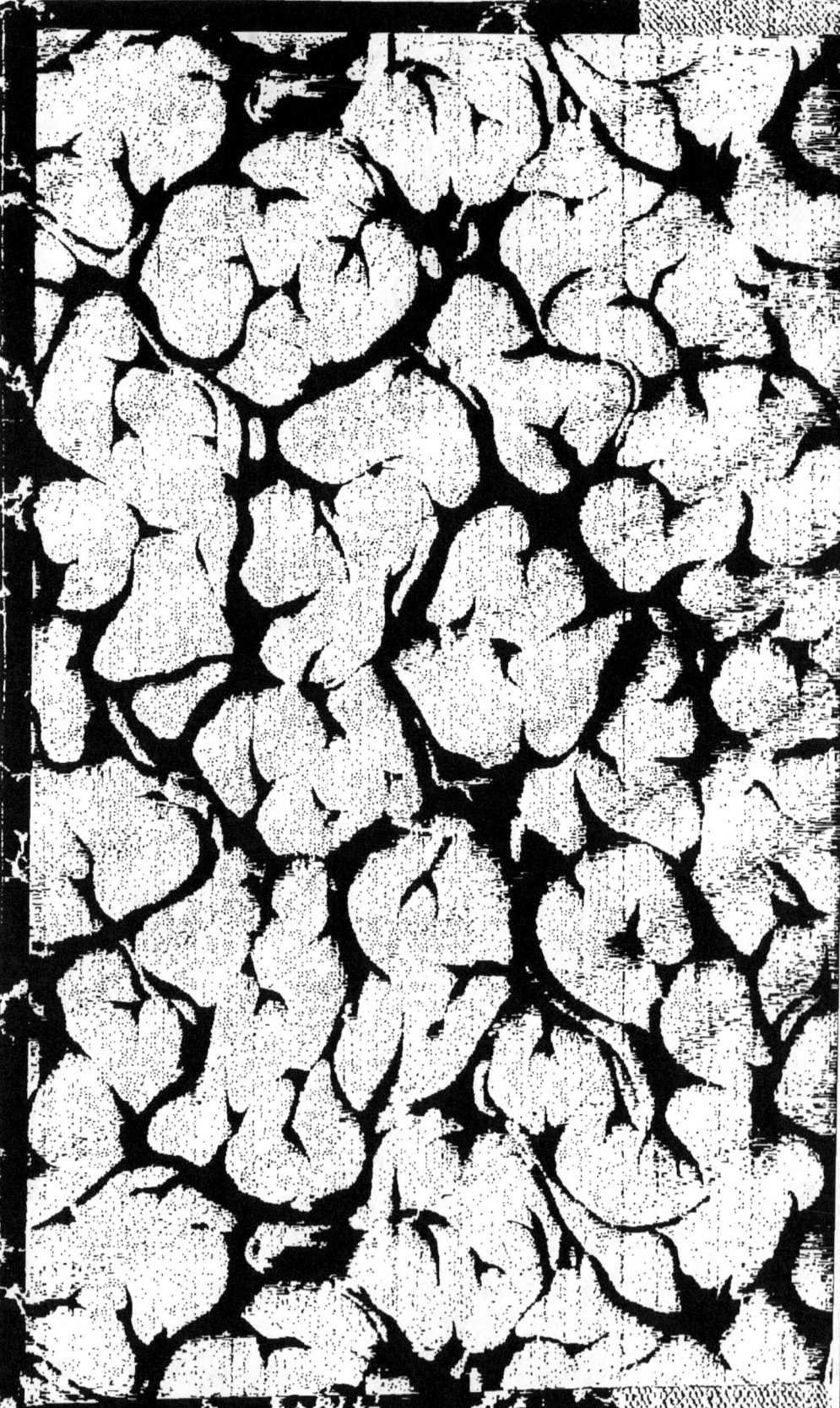

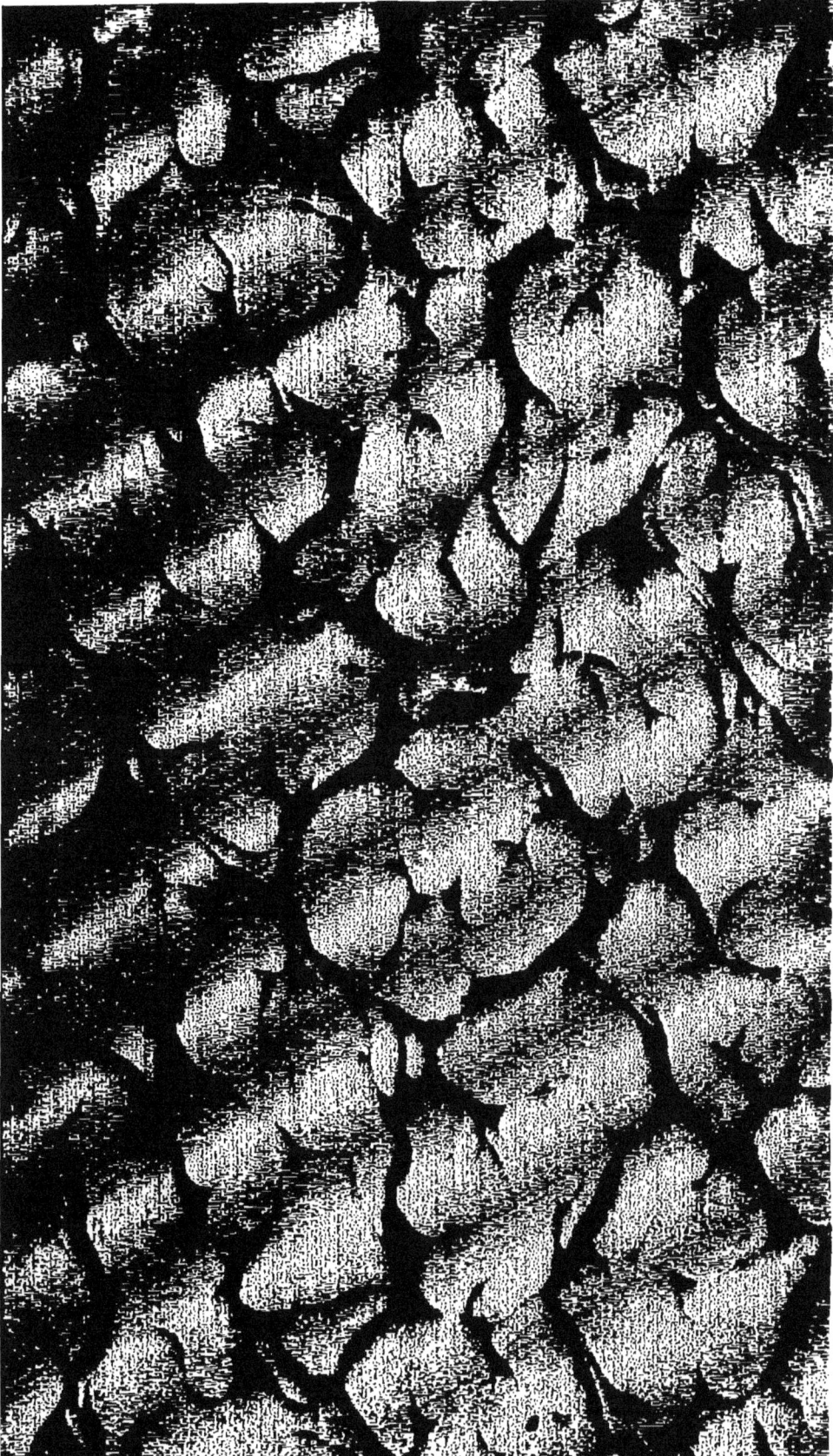

A.MERTENS REL

Prix : **60** centimes.

AUTEURS CÉLÈBRES

Hector MALOT

LES MILLIONS HONTEUX

PARIS

MARPON ET E. FLAMMARION

ÉDITEURS

26, RUE RACINE, PRÈS L'ODÉON.

LES
MILLIONS MONTEUX

EN VENTE CHEZ LES MÊMES ÉDITEURS

HECTOR MALOT

LA PETITE SŒUR

Un beau volume grand in-8° jésus

ILLUSTRÉ

PAR CHAPUIS, DASCHER, G. GUYOT, H. MARTIN, MOUCHOT, ROCHEGROSSE, VOGEL

GRAVURE DE F. MÉAULLE

PRIX :

Broché : **10 fr.** — Relié toile, tranches dorées : **14 fr.**

Demi-chagrin, tranches dorées : **16 fr.**

LES VICTIMES D'AMOUR

LES AMANTS — LES ÉPOUX — LES ENFANTS

Édition grand in-8° jésus

ILLUSTRÉE

PAR RENOUARD, DUEZ, YUNDT, MOTTY, LEMAISTRE, ETC.

Un beau volume grand in-8° de 800 pages

Prix : **10 fr.**

Souscription permanente en Livraisons à 10 centimes et en Séries à 50 centimes

---

EN PRÉPARATION :

L'AUBERGE DU MONDE

ÉDITION ILLUSTRÉE

ÉMILE COLIN. — IMP. DE LAGNY.

HECTOR MALOT

LES

MILLIONS

HONTEUX

PARIS

C. MARPON & E. FLAMMARION, ÉDITEURS

26, RUE RACINE, PRÈS L'ODÉON

Tous droits réservés.

LES
MILLIONS HONTEUX

PREMIÈRE PARTIE

I

De tous les hôtels qui avoisinent le parc Monceaux, le plus important par sa masse et le plus somptueux par sa décoration est celui que le financier Gripat s'est fait construire là, aux beaux jours de sa fortune prodigieuse. On y retrouve en effet le Louvre de Napoléon III et le nouvel Opéra, mêlés à cette architecture bruxelloise qu'on a inventée en ces dernières années, et qui paraît inspirée par cet unique principe « que plus ça cube de pierre plus c'est beau ».

Décidé à se faire construire une maison qui inspirât aux passants le respect de ses millions, Gripat avait répété à son architecte le mot qu'il avait l'habitude de dire à ses fournisseurs : « Donnez-moi ce que vous avez de plus cher, » et il avait été servi à souhait.

De dimensions extraordinaires pour une habitation particulière, l'hôtel Gripat avait pris au Louvre ses combles démesurés avec dômes à quatre pans couronnant des frontons sculptés ; à l'Opéra sa décoration de colonnes en marbres de couleur, et à l'architecture bruxelloise son entassement de pierres fouillées à lourds reliefs.

Sur la rue ouvrait une haute grille dorée qui, à travers

ses barreaux sans volets, laissait voir une grande cour s'élargissant après les communs et allant aboutir à deux perrons recouverts de marquises en éventail ; la façade opposée, agrandie d'une serre, donnait sur un jardin que continuait le parc Monceaux.

Du côté de la cour, aussi bien que du côté du parc, le luxe sortait par les fenêtres et s'imposait aux passants : les soies blanches des stores, les lampas roses des lambrequins miroitaient derrière les glaces épaisses ; les marbres d'un poli éclatant, les tables surchargées de dorure garnissaient les embrasures et, dans le demi-jour des pièces profondes, les lustres envoyaient des scintillements de cristaux. Ainsi la préoccupation d'éblouir en étalant des somptuosités, si visibles dans l'architecture, se montrait d'une façon plus frappante encore dans l'ameublement ; en tout, on avait donné à Gripat ce qu'il y avait de plus cher.

Mais s'il avait vu son rêve réalisé par la construction d'un hôtel qui coûtait sept ou huit millions, le but que d'un autre côté il poursuivait n'avait pas été atteint : ces millions dépensés par sa vanité de parvenu n'avaient inspiré à personne le plus léger sentiment de respect pour ceux qui lui restaient ; « Gripat le voleur » il était avant la construction de cet hôtel, « Gripat le voleur » il était après ; et même l'était-il plus encore peut-être au moins en cela que ce monument aussi laid que luxueux, qui forçait l'attention, forçait en même temps les questions chez un tas de braves gens ignorants de ce qui se passait dans le monde des affaires et de la spéculation : — A qui ce palais qu'on construit dans le parc Monceaux ? — A Gripat le voleur. — Pourquoi le voleur ?

Ils étaient rares les vrais Parisiens qui ne pouvaient pas répondre à cette demande, sinon par le récit complet de la vie de Gripat, ce qui aurait été long, au moins par quelques-unes des nombreuses histoires, toutes plus fabuleuses les unes que les autres, qui couraient sur lui : sur ses débuts dans une étude d'huissier ; sur les journaux de modes, de scandale, de chantage, de finance qu'il avait fondés : sur les faillites qu'il avait faites et sur les procédés qu'il avait inventés S. G. D. G. pour les arranger en renvoyant ses créanciers volés et contents ; sur ses spéculations follement aventureuses, qui cependant avaient assez souvent réussi, au moins pour lui ; sur les innombrables procès qu'il avait soutenus contre tout le monde ; sur les poursuites judiciaires dont il avait été l'objet ; enfin, sur les mille incidents d'une vie cahotée, tantôt aux sommets, tantôt aux abîmes, qui finalement lui avait laissé entre les mains une des grosses fortunes de Paris.

A ces histoires, chacun, bien entendu, ne répondait pas par les mêmes réflexions :

— Comment, c'est pour cela qu'on l'appelle voleur ? disaient les uns ; en quoi donc l'est-il plus que celui-ci ou celui-là ?

— Eh bien! franchement, voilà un coquin qui n'a pas volé son nom de voleur, disaient les autres.

Et ceux-là, il faut en convenir, étaient de beaucoup les plus nombreux.

Aussi cette prétention de vouloir acquérir une sorte de respectabilité, en acquérant un palais, avait-elle paru prodigieusement drôlatique dans les divers mondes qu'il avait traversés et où jamais personne ne l'avait appelé autrement que « Gripat le voleur » ; Gripat tout court n'eût eu aucun sens, on n'aurait pas su de qui il s'agissait, d'un autre sans doute, d'un nouveau venu.

Si Gripat ne savait pas précisément ce qu'on disait de lui, au moins ne se faisait-il pas illusion sur sa réputation, « la plus mauvaise de la place de Paris », il le reconnaissait lui-même, mais bien entendu en l'expliquant.

— Ils ne m'en voudraient pas tant, disait-il, si je m'étais contenté de rouler le public, créé et mis au monde pour cela ; c'est parce que je les ai roulés eux-mêmes qu'ils se fâchent.

Et de fait il n'était personne dans le monde des affaires et de la finance qui, ayant été en relation avec lui, n'eût quelque tour pendable à raconter ; le sujet était inépuisable, on allait de plus fort en plus fort.

Il peut paraître invraisemblable qu'un homme intelligent comme Gripat, qui connaissait son Paris à fond, pût s'imaginer que l'étalage de sa fortune éblouirait les gens, au point de leur faire oublier par quels moyens avait été acquise cette fortune scandaleuse. Mais c'était justement parce qu'il le connaissait, son Paris, qu'il raisonnait ainsi, en homme d'expérience, et plus encore en audacieux qui sait que la moutonnerie du monde peut aller au delà du vraisemblable, quand on est assez fort pour l'entraîner et s'imposer à elle.

Cette force, il l'avait.

Réussirait-il?

C'était à voir; en tous cas, son hôtel, avec son luxe fastueux, était un atout qu'il voulait mettre dans son jeu. Aux fêtes qu'il donnerait on viendrait pour voir l'hôtel, si l'on ne venait pas pour l'homme. Et ce serait déjà quelque chose. On reviendrait, parce que l'on serait déjà venu. Les plus rétifs arriveraient à la remorque.

D'ailleurs, si l'hôtel ne suffisait pas pour l'élever à la place qu'il voulait et à laquelle, croyait-il, sa fortune lui donnait droit, il aurait d'autres cartes à jeter sur le tapis.

Ne serait-il pas absurde, vraiment, qu'on eût plus de peine à légitimer une fortune qu'à la faire?

Ils étaient étonnants ces envieux avec leurs affectations de pruderie! En quoi donc cette fortune avait-elle été plus mal acquise que tant d'autres, dues comme la sienne à d'heureuses spéculations? Il ne le voyait pas. Font-ils fortune ceux qui ont la naïveté de s'inquiéter des moyens? Pourvu qu'on s'enrichisse, qu'importe comment? La fortune d'abord, le reste plus tard.

Malheureusement, ce reste n'était pas venu, non par sa faute, ni par une honnête résistance de la conscience publique, mais tout simplement par celle d'un événement malencontreux qu'il n'avait pas prévu, — la mort.

Au moment même où, après avoir entassé dans cet hôtel un ameublement digne de son luxe architectural, il venait d'achever l'organisation de sa galerie de tableaux et de son musée de curiosités formés à coups de billets de banque aux grandes ventes qui avaient fait tapage depuis dix ans, un matin où il recevait l'*aquafortiste* à qui il avait commandé ses billets d'invitation pour sa première fête, il avait été frappé d'une attaque d'apoplexie qui l'avait tué en quelques heures.

II

Il laissait une veuve avec deux enfants, — un fils et une fille déjà grands, mais non majeurs encore, — le fils ayant dix-huit ans, la fille en ayant seize.

Bien qu'il n'eût jamais été un homme sentimental, c'était pourtant un mariage de sentiment que Gripat avait fait ; — au moins en ce sens que celle qu'il avait épousée ne lui avait apporté en dot qu'une grande beauté et certaines qualités particulières. Il avait quarante ans au moment où celle qui devait devenir sa femme s'était trouvée sur son chemin, et où, se voyant en passe de faire décidément une très grosse fortune, il songeait parfois, lorsque la fièvre des affaires lui laissait quelques instants pour penser à lui, à arranger la dernière partie de sa vie de façon qu'elle fût autre que n'avait été la première. Pourquoi n'aurait-il pas une femme à lui? des enfants à lui? un intérieur à lui? Il pouvait maintenant se payer cela, et il commençait à en sentir le besoin. Depuis longtemps déjà il en avait assez des canapés trop courts des cabinets particuliers, et des sauces trop savantes des restaurants à la mode. Une femme, une maison, une famille, cela le poserait et ferait de lui un autre homme que le bohème qu'il avait été jusqu'alors. Ce serait la base d'une situation nouvelle. L'homme et la fortune iraient bien ensemble.

Mais lorsqu'il rêvait ainsi il se disait aussitôt qu'il ne faudrait pas que cette femme s'avisât de le gêner jamais, ni dans ses goûts, ni dans ses idées, ni dans ses habitudes, et que celle qui pourrait réaliser cela serait sans doute difficile à trouver.

La fortune, il ne l'exigeait pas chez elle, étant assez riche pour deux ; mais par contre, il faudrait qu'elle fût belle et même très belle, d'une beauté décorative, de façon à fournir une monture avantageuse aux bijoux et aux pierreries dont il la chargerait; il faudrait qu'elle fût jeune et même toute jeune; il faudrait qu'elle fût gaie d'humeur, facile de caractère, intelligente, instruite, pas bégueule, souple, soumise, docile; enfin il faudrait encore qu'elle fût douée de certaines qualités natives qu'il aimait, en même temps qu'elle fût apte à contracter certains vices qui pour lui étaient indispensables.

Qu'il rencontrât cette merveille, et volontiers il se risquerait dans le mariage.

Mais la rencontrerait-il?

Il n'avait pas le temps de la chercher. Et puis, en supposant qu'il eût la bonne chance de la trouver, elle aurait une famille sans doute, un père, une mère, et il était trop sincère avec lui-même pour ne pas s'avouer que ce père, cette mère ne l'accepteraient pas pour gendre : le monde est si plein de préjugés, de bêtises, et il n'était pas homme à supporter les objections; les bégueules comme les imbéciles l'exaspéraient. S'il fallait donner des explications, plaider, se défendre, repousser certaines accusations, faire l'hypocrite, adieu le mariage.

Un matin, en traversant son antichambre, il avait aperçu assise, l'attendant, une femme de quarante-trois à quarante-cinq ans, ayant toute la tournure d'une aventurière, fanée, flétrie, fardée, en guenilles prétentieuses, et près d'elle une jeune fille de quatorze à quinze ans, si jolie que, malgré la toilette misérable et ridicule dont elle était affublée, il s'était arrêté un moment pour la regarder. Alors la mère, se levant vivement, était venue à lui avec des phrases étudiées, et noblement elle lui avait demandé quelques instants d'entretien « très courts, cinq ou six minutes », car elle savait trop bien quelles grandes affaires l'occupaient pour abuser de son temps. Il l'avait fait entrer, mais sans lui répondre directement, s'adressant à la fille plutôt qu'à la mère.

Ce n'était pas précisément un entretien que celle-ci demandait en réalité, c'était un secours, ou plutôt, comme elle disait elle-même, un prêt. Un secours, elle aurait mieux aimé mourir que d'en implorer un, tandis qu'elle n'avait aucun embarras à venir proposer une affaire à un capitaliste.

C'était bien simple : sa fille n'était pas uniquement une merveille de beauté, ce qui est quelque chose en ce monde, n'est-ce pas? la plus belle dot, la plus riche qu'une femme puisse recevoir, elle la possédait par la grâce de Dieu; mais de plus elle avait reçu une voix extraordinaire, splendide, prodigieuse ; malheureusement... Mon Dieu ! mieux valait la franchise ; pauvreté n'est pas vice, au contraire. Malheureusement, les ressources manquaient pour continuer les études nécessaires et compléter par le travail ce que la nature avait si généreusement donné. C'étaient ces ressources qu'elle venait demander au financier fameux qu'elle savait être un homme aussi intelligent que hardi, aussi généreux qu'éclairé, un ami des arts. Ces litanies au financier avaient été longues ; elles s'étaient terminées par la prière d'avancer les fonds nécessaires à l'éducation et au développement de cette voix splendide. Opération excellente à coup sûr, offrant toutes les garanties désirables, et dont les avantages pour celui qui la ferait sautaient aux yeux : dans un avenir prochain, qu'on pouvait dès maintenant fixer, Colette gagnerait 500,000 fr. par an, et sur cette somme on abandonnerait tant pour cent à celui qui aurait permis de la gagner. C'était donc une affaire de toute sécurité. De plus, c'était une bonne action qui sauvait de la misère... mon Dieu ! on pouvait bien le dire, pauvreté n'est pas vice, au contraire, la veuve et la fille d'un soldat mort en servant son pays, le colonel baron de la Ricotière.

Gripat avait peu écouté ce discours débité sur le ton pathétique par la mère, mais il avait attentivement regardé la fille. Serait-elle une chanteuse extrordinaire? Il n'en savait rien et n'en prenait guère souci ; mais en tout cas ce qu'on voyait dans l'enfant promettait réellement une merveille de beauté, comme disait madame de la Ricotière.

Cela l'avait touché; au lieu de les mettre à la porte

peu poliment, comme il n'eût pas manqué de le faire si cette petite avait été un laideron, il avait réfléchi, et le résultat de ses réflexions avait été, non d'accepter cette affaire de toute sécurité, mais d'en proposer une autre à la veuve du colonel mort en servant son pays.

— Revenez dans huit jours, avait-il dit, je verrai.

Ces huit jours, il les avait employés à faire une enquête sur la veuve du colonel, et chose assez extraordinaire, étonnante pour lui, il s'était trouvé que cette mère qui venait offrir sa fille était bien réellement la veuve d'un soldat ayant laissé un nom honoré dans l'armée. Mais parce qu'on est la veuve d'un homme honorable il ne s'ensuit pas qu'on soit honorable soi-même. En tout une aventurière, madame la baronne de la Ricotière, et, le pire, une aventurière vieillie qui n'avait d'autre ressource que d'exploiter la beauté de sa fille. Quant à cette fille elle-même, une enfant, rien encore qu'une enfant. Là-dessus les renseignements recueillis étaient formels. Et ce qui les rendait vraisemblables, c'était l'âge même de la petite, qui n'avait que treize ans et non quinze comme pouvait le faire supposer son développement précoce. Avec cela intelligente, gaie d'humeur, facile de caractère, soumise, docile, précisément les qualités qu'il voulait chez une femme ; et en plus certaines promesses qui donnaient la certitude qu'à vingt-cinq ans elle aurait une beauté noble et correcte, précisément cette beauté décorative qu'il avait si souvent rêvée.

Là-dessus il s'était décidé ; mais au lieu de donner à madame de la Ricotière la somme mensuelle que celle-ci demandait, il lui avait proposé une autre combinaison beaucoup plus simple, qui consistait à lui acheter sa fille. Aux premiers mots, la veuve d'un soldat mort en servant son pays s'était indignée. Mais la première suffocation passée, elle avait écouté, et alors elle avait entendu raison, car ce diable d'homme avait toujours ses poches pleines d'arguments irrésistibles, comme dit Bazile. Et puis elle avait tout d'abord mal compris. Comment l'idée d'une pareille infamie avait-elle pu effleurer son esprit? une seule explication, une seule excuse : la tendresse d'une mère prompte à s'alarmer même quand il n'y a rien. Elle acceptait, si affreux que fût le sacrifice, si cruelle que fût la pensée de se séparer de sa fille bien-aimée, en qui elle avait mis ses dernières espérances. C'etait son calvaire que cette séparation, sa mort ; mais n'est-ce pas le sort de la mère de donner sa vie pour son enfant ? Elle aurait le courage de se dire qu'il le fallait et qu'il le fallait dès maintenant, car la petite, bien certainement, travaillerait mieux sous la direction d'une étrangère qui n'aurait point pour elle des faiblesses maternelles sans cesse répétées. Ah ! mon Dieu, mon Dieu !

Et la négociation s'était terminée dans un flot de larmes.

L'étrangère à laquelle Gripat avait confié la petite Colette était une vieille institutrice qui avait passé sa vie plutôt à façonner des Anglaises et des Américaines aux belles manières françaises qu'à leur apprendre quelque chose de sérieux ; quand on avait passé par ses mains on savait marcher, s'asseoir, sortir, entrer, saluer, sourire, écrire un billet en réponse à une invitation, on connaissait toutes les règles de la politesse et du savoir-vivre, mais à la vérité on ne savait guère que cela. N'est-ce pas l'essentiel de la vie ? Gripat pensait ainsi ; une savante n'était pas du tout son affaire. Qu'en ferait-il ? Elle l'intimiderait, et il n'aimait pas ça.

D'ailleurs, en plus de ces mérites, cette institutrice avait une qualité qui, à ses yeux, valait toutes les autres, au moins pour ce qu'il attendait d'elle ; une laideur de phénomène l'avait rendue d'une pruderie féroce, et l'expérience lui ayant appris qu'elle ne pourrait jamais se marier, elle faisait payer son désespoir enragé à celles qu'elle jugeait devoir être plus heureuses qu'elle ne l'avait été. Ce qui touchait à l'amour la mettait en fureur ; elle poussait la chose si loin, qu'elle faisait prendre des bains de siège à ses chattes, racontait-on, et à toutes celles qu'elle pouvait attraper. Sous sa direction, la chasteté des jeunes filles était mieux gardée qu'elle ne l'eût été dans un couvent.

C'était là une garantie pour Gripat, une sécurité ; près de cette maniaque, il pouvait être assuré que Colette n'entendrait pas une parole d'amour ; l'institutrice effacerait les leçons de la mère.

Non seulement elle les avait effacées, ces leçons, mais encore elle avait fait de son élève, devenue jeune fille, un modèle accompli dans l'art de marcher, de s'asseoir, de saluer, de sourire ; et comme en même temps la beauté de mademoiselle de la Ricotière s'était développée pour réaliser à dix-huit ans ce qu'elle promettait à treize, Gripat s'était décidé au mariage.

Jeunesse, beauté, intelligence, elle avait les qualités qu'il exigeait. Où trouver de plus belles oreilles pour accrocher des diamants ? de plus belles épaules pour y faire une exposition de bijouterie ? C'était une femme qui honorerait la fortune de son mari.

Grâce au marché qu'il avait conclu avec sa mère, elle n'avait point de famille. Et grâce aussi aux leçons qu'il lui avait données pendant qu'il la faisait instruire, elle s'était débarrassée d'un tas de préjugés qui auraient pu être une gêne plus tard : une fille de dix-huit ans qui ne voit que la fortune dans l'homme qu'elle épouse, est une fille d'esprit et l'on peut compter sur elle.

Elle n'avait qu'un défaut, son extrême jeunesse, qui l'empêchait de remplir dès le lendemain de son mariage le rôle qu'il lui destinait ; à dix-huit ans on ne pouvait pas la mettre à la tête de la maison qu'il rêvait, les belles oreilles, les nobles épaules seraient insuffisantes pour cela ; heureusement ce défaut passerait vite.

D'ailleurs, ce qu'il y avait de fâcheux dans cette extrême jeunesse se trouvait atténué en cela que cette maison n'était pas encore construite et qu'il ne pouvait même pas en commencer tout de suite la construction.

Justement un groupe d'actionnaires tondus de trop près et écorchés vifs venait de lui intenter un gros procès ; ils s'étaient réunis, ces moutons imbéciles, et ils avaient si bien crié, ils s'étaient si bien remués, qu'ils l'avaient fait condamner à des restitutions, dont le montant, pour sa part personnelle, ne s'élevait pas à moins d'une quinzaine de millions. C'était là un jugement absurde bien entendu, une mauvaise vengeance des robins contre la finance. Heureusement, ayant été rendu en première instance, il n'avait qu'une gravité relative. Avant la restitution de ces quinze millions, bien des choses se passeraient : il y avait l'appel, la cour de cassation, le renvoi devant une autre cour, sans compter tous les incidents que des gens de loi habiles savent susciter et greffer les uns sur les autres pour n'en finir jamais. Mais enfin, pendant que cette lourde affaire était pendante, ce n'était pas le moment d'afficher un luxe insolent. Il y a des heures où il est sage de ménager l'opinion publique. Et puis la justice est si grincheuse ! les juges comprennent si peu les mœurs de leur époque ! Ces imbéciles-là vivent toujours cent ans en arrière.

Il avait donc fallu attendre et se contenter de construire sur le papier avec plan, coupe et élévation, le glorieux monument qui un jour éblouirait Paris.

Le procès avait suivi son cours avec des phases diverses, tantôt gagné, tantôt perdu, il ne s'était pas terminé.

Et pendant ce temps, deux enfants étaient nés : un fils, Edgard ; puis deux ans après une fille, Paule.

Ils avaient grandi ; ils avaient atteint l'âge de commencer leur éducation.

Edgard avait été mis en pension chez les Carmes.

Paule était entrée au couvent des Dames Anglaises.

III

En plaçant ses enfants dans ces deux maisons, Gripat n'avait point obéi à des convictions religieuses ; le préjugé de la religion était un de ceux dont il s'était depuis longtemps débarrassé, Dieu merci !

Ce n'était point non plus telle ou telle méthode d'éducation qu'il avait recherchée, car de ce côté aussi son indifférence était absolue.

Ce qu'il avait voulu, ç'avait été simplement pour ses enfants un contact journalier avec des camarades appartenant à un certain monde, et par suite des relations dans ce monde qui, plus tard, leur seraient utiles.

Mais il s'était trompé dans son calcul : Edgard n'avait point trouvé de camarades chez les Carmes ; Paule n'en avait point davantage rencontré chez les Dames Anglaises : le frère aussi bien que la sœur avaient fait là, chacun de son côté, un cruel apprentissage de la loi d'hérédité.

Jusque-là ils n'avaient jamais quitté la maison paternelle, fiers de la fortune de leur père, fiers de son nom. C'était cette fortune qui leur donnait le luxe dans lequel ils vivaient, les riches appartements, les beaux chevaux qui les promenaient au Bois et provoquaient les regards admiratifs des passants ; les nombreux domestiques qui les servaient ; les avant-scènes dans lesquelles on les conduisait au théâtre; les toilettes qui les paraient. C'était ce nom qui les faisait saluer respectueusement par les fournisseurs chez lesquels ils commandaient quelque chose ; c'était lui aussi qui amenait chez leur père cette foule de solliciteurs dont les antichambres s'emplissaient chaque matin. Ils étaient les enfants d'un homme qui remuait des millions ; qui prêtait à des rois; qui enrichissait ses amis, ruinait ses ennemis; qu'on priait comme s'il avait été un Dieu ; devant qui des gens qu'on disait tout-puissants se mettaient à plat ventre. Ils savaient cela, ils le voyaient, ils le sentaient en tout. Mais ils ne savaient, ils ne voyaient, ils ne sentaient que cela.

Au couvent, pour leur malheur, ils devaient apprendre autre chose.

Ce nom de Gripat, qu'on prononçait à chaque instant dans les conversations et qu'on imprimait tous les jours dans les journaux, était trop célèbre pour que des enfants mêmes ne le connussent point. Gripat, tout court, ils l'eussent peut-être oublié ; mais Gripat le voleur, cela était drôle, et par conséquent se retenait.

Cela aussi par malheur se répétait, et ç'avait été le cri

qui avait salué Edgard à son entrée dans la cour de récréation.

Comme il se tenait dans un coin avec quelques nouveaux qui, pas plus que lui, n'osaient se mêler aux jeux des anciens qu'ils ne connaissaient point, il avait cru entendre son nom.

— Gripat, Gripat.

Il avait levé la tête pour regarder et écouter.

Au milieu de la cour un groupe d'enfants dansait en chantant :

— Gripat, Gripat le voleur.

Pourquoi ajoutaient-ils « voleur » au bout de son nom ? Il n'avait rien pris à personne, ni ce jour là, ni jamais.

Sans doute il se trompait ; depuis la veille au soir, depuis que sa mère l'avait amené chez les Pères et était partie après l'avoir embrassé, il ne savait trop ce qui se passait autour de lui ; il était comme affolé, le cœur gros, inquiet, troublé ; c'était en pleurant qu'il s'était endormi, et lorsqu'il s'était plusieurs fois éveillé en sursaut, ç'avait toujours été en pleurant, en suffoquant, c'était son mauvais rêve, son cauchemar qui le poursuivait éveillé.

Il avait machinalement fait quelques pas en avant ; les cris continuaient :

— Gripat le voleur !

Il était alors à égale distance des nouveaux qu'il venait de quitter et des anciens qu'il n'avait pas encore joints.

Abasourdi, il s'était arrêté, ne comprenant rien du tout à ses cris, mais ému pourtant d'une crainte vague.

— Gripat le voleur !

C'était un garçon résolu, et qui d'instinct allait de l'avant ; il avait marché au groupe.

En le voyant approcher, les cris avaient redoublé, la ronde s'était précipitée et les visages s'étaient tournés de son côté, grimaçant comme pour le narguer.

Cela l'avait exaspéré, et comme la ronde tournait à portée de sa main, sans trop savoir ce qu'il faisait, il avait saisi l'un des braillards par le bras et l'avait arrêté.

— Pourquoi criez-vous : Gripat le voleur ?

— Pour nous amuser.

— C'est mon nom.

Le gamin s'était dégagé, et se retournant vers ses camarades :

— C'est son nom, il le reconnaît.

Une huée formidable avait éclaté.

Edgard, les poings crispés, allait se jeter au milieu du groupe quand un Père, attiré par les cris, était intervenu pour imposer silence aux enfants ; presque aussitôt la rentrée à l'étude s'était faite.

Edgard s'était assis à sa place ; mais au lieu de se mettre au travail, il était resté stupide comme s'il avait été étourdi par un coup violent, cherchant à comprendre, se demandant pourquoi on s'était ainsi acharné sur lui alors qu'il n'avait rien fait, rien dit ; pourquoi : Gripat le voleur » ?

Mais plus il avait cherché, moins il avait compris ; de temps en temps des frissons l'avaient secoué de la tête aux pieds ; puis, tout à coup, des larmes avaient jailli de ses yeux irrésistiblement et étaient tombées sur son cahier.

— Pourquoi pleures-tu ? avait demandé un de ses voisins, à voix étouffée.

Il avait baissé les yeux sans répondre, en détournant la tête à demi.

— C'est parce qu'ils t'ont appelé Gripat le voleur, n'est-ce pas ?

— Pourquoi m'ont-ils appelé ainsi ?

— Parce que c'est le nom de ton père.

— Ce n'est pas le nom de mon père.

— Si ; tout le monde l'appelle le voleur.

— D'Achmet et Gripat, vous bavardez, avait dit le surveillant.

Edgard s'était tu, son parti était arrêté.

Le dimanche il avait demandé à ses parents de ne plus retourner chez les Carmes ; il irait où l'on voudrait ; il ferait ce qu'on voudrait ; tout, pourvu qu'on ne le laissât pas chez les Carmes. Mais il n'avait pas osé dire pourquoi il leur adressait cette demande, ils ne l'avaient pas écouté. Une manie d'enfant qui regrettait la maison paternelle ! Il avait insisté, prié, supplié, pleuré ; mais comme ç'avait toujours été sans confesser la vérité, ce qui l'eût fait mourir de honte, croyait-il, il n'avait obtenu qu'une rebuffade de son père impatienté, tandis que sa mère l'avait tendrement grondé.

— C'est un enfantillage ; qu'on te mette dans une autre pension, nous n'en serons pas moins séparés.

— Ce ne sera pas la même chose.

— En quoi ?

Ah ! s'il avait pu parler.

Serait-il donc exposé à entendre crier : « Gripat le voleur », sans pouvoir fermer la bouche à ceux qui l'insulteraient ?

Pendant toute la semaine son esprit avait travaillé, cherchant comment il vengerait son père, et se défendrait lui-même.

Le dimanche suivant il n'avait plus demandé qu'on le retirât de chez les Carmes, mais il avait prié sa mère de lui faire donner des leçons particulières de gymnastique ; il y avait des élèves qui en prenaient, c'était très amusant, et puis c'était bon pour la santé. Tout de suite cela lui avait été accordé.

Alors, dans la gymnastique, ce qu'il avait particulièrement travaillé avec acharnement, avec amour, ç'avait été la boxe anglaise et française ; en peu de temps il y était devenu d'une force remarquable pour un enfant, et le jour où l'on avait crié : « Gripat le voleur » autour de lui, il avait si bien fermé les bouches qui criaient, qu'il s'était fait renvoyé de chez les Carmes.

Il était alors entré chez les Pères Jésuites ; et là, sans abandonner la boxe, il était devenu le meilleur élève de la classe d'escrime. Plus d'une fois encore il avait cru entendre murmurer de loin : « Gripat le voleur » ; mais jamais plus personne n'avait osé le dire tout haut, ni le lui adresser en face.

Quand, deux ans après, sa sœur Paule avait quitté la maison paternelle pour entrer chez les Dames Anglaises, elle n'avait point eu à affronter les cris qui avaient assailli Edgard chez les Carmes, mais ç'avait été simplement parce que les petites filles ont d'autres manières d'agir que les garçons, et non pas parce que le nom de « Gripat le voleur » était inconnu de ses nouvelles camarades.

On ne l'avait point poursuivie, on ne l'avait point étourdie du cri de « Gripat le voleur », mais doucement, en jouant, on l'avait baptisée : « Agrippe » ; puis, quand on avait parlé d'elle, on ne l'avait désignée avec raillerie ou mépris que sous ce nom, devenu le sien dans le couvent.

Longtemps elle avait été sans comprendre ce que cela voulait dire, n'ayant qu'à souffrir d'être ainsi estropiée, ce qui l'humiliait dans son orgueil facile à s'alarmer.

Mais un jour une amie charitable lui avait ouvert les yeux, et le coup n'avait pas été moins douloureux pour elle que pour son frère.

Comme elle ne pouvait apprendre la boxe ni l'escrime et se venger de la même manière qu'un garçon, elle avait appris à se servir de sa langue et à faire avec cette arme des blessures aussi cruelles que celles du poing ou de l'épée.

IV

Devenue chef de famille, madame Gripat, qui n'avait rien été tant que son mari avait vécu, qu'on n'avait jamais consultée en rien, qui n'avait pas eu le droit d'élever la voix sur quoi que ce fût, s'était trouvée en face d'une question délicate et difficile à résoudre : — Que devait-elle faire de l'hôtel ?

Elle aurait voulu le vendre ou le louer, et les raisons qui lui conseillaient ce parti étaient d'une importance capitale à ses yeux.

Ses enfants au contraire tenaient à le conserver et à l'habiter aussitôt que possible ; ils l'avaient vu bâtir ; ils avaient à chaque instant entendu leur père expliquer ses projets ; c'était pour eux une vie déjà commencée en quelque sorte.

Par testament, madame Gripat se trouvait légataire d'un quart en propriété et d'un quart en usufruit de la fortune de son mari ; en leur qualité d'enfants légitimes, Edgard et Paule héritaient du reste ; chacun avait donc le droit de se prononcer et de soutenir son idée sur cette question.

Madame Gripat, tutrice de ses enfants qu'elle était bien décidée à ne pas faire émanciper, et de plus ayant la jouissance légale de leurs revenus, pour Edgard pendant quelques mois encore, pour Paule pendant plus de deux ans, eût pu abuser de son autorité pour trancher la difficulté ; mais elle n'en avait rien fait ; c'avait été librement que la discussion s'était engagée et poursuivie, entre égaux, chacun donnant ses raisons.

Si madame Gripat avait pour mère une aventurière ; si, jeune fille, elle avait reçu certaines leçons de celui qui devait la prendre pour femme ; si, mariée, elle avait vécu dans un milieu où la religion de l'argent et la satisfaction de l'intérêt personnel étaient la seule loi, tout cela n'avait pu faire qu'il n'y eût pas dans ses veines le sang d'un père homme d'honneur ; et ces quelques gouttes de sang resté pur suffisaient pour qu'elle eût honte de sa fortune. Quand elle s'était décidée à accepter Gripat pour mari, — et ce n'avait point été sans de terribles combats, — elle ne savait de lui qu'une chose : c'était un grand financier, le célèbre Gripat ; mais il ne lui avait pas fallu longtemps pour apprendre que le célèbre Gripat était aussi « Gripat le voleur ». Elle n'avait rien dit. A quoi bon ? Mais, pour ne pas se plaindre, elle n'en avait pas moins souffert, et d'autant plus qu'elle devait partager, en s'en montrant heureuse et fière, une situation qui, à chaque instant, lui faisait monter le rouge au visage. Son mari vivant, elle ne pouvait rien, mais mort ?

A la demande de ses enfants elle avait donc opposé un refus, car habiter cet hôtel c'était continuer son mari et, en faisant étalage de la fortune qu'il avait acquise, braver l'opinion publique comme lui-même l'avait bravée.

Ne pouvant pas donner ces raisons à ses enfants, elle avait tâché de leur expliquer que cette demeure fastueuse ne convenait pas à une veuve ; puis comme ils la pressaient, ne s'étant point laissée convaincre, elle avait cru devoir, sinon avouer l'entière vérité, au moins entrer dans certaines explications qui étaient la justification de son refus.

C'était la dixième fois qu'ils revenaient à la charge, et elle ne voulait pas les repousser toujours avec un *non* tout sec ; ils n'étaient plus des enfants ; Edgard touchait à ses dix-huit ans, Paule à sa seizième année, et c'était, croyait-elle, faire acte de prévoyance et de sagesse que les préparer à la vérité qui, un jour ou l'autre, bientôt peut-être, devait les frapper. Sans doute elle ne la confesserait pas entière, cette horrible vérité ; mais elle arrangerait les choses pour qu'ils n'en fussent pas trop cruellement blessés.

— Et pourquoi donc ne veux-tu pas que nous habitions notre hôtel ? avait demandé Edgard.

— Nous y serions déjà installés sans la mort de père, avait continué Paule.

— On ne gagne pas une fortune comme celle qu'a laissée votre père sans se faire des ennemis, les rivaux, les envieux, les impuissants. Plus la fortune grossit, plus leur nombre augmente ; ils deviennent une armée ; ils crient ; ils se plaignent, et la foule qui ne sait rien crie avec eux. C'est ce qui est arrivé à votre père ; par ses succès, il a ameuté contre lui des gens à qui il n'avait jamais rien fait, ni bien ni mal, mais qui le détestaient par cela seul qu'il avait réussi. Quand on est un homme de lutte comme l'était votre père, cela est insignifiant ; il riait de ces criailleries, et les colères qu'il soulevait l'amusaient. Mais notre situation à nous est toute différente : je ne suis qu'une femme ; vous n'êtes que des enfants. Nous ne pouvons pas lutter contre l'opinion publique.

Elle hésita un court instant, car elle arrivait au point délicat.

— Et ce serait entrer en lutte avec elle que d'habiter notre hôtel.

Elle s'attendait à des questions, car cette conclusion n'était pas bien rigoureuse, et elle avait préparé ses réponses ; mais justement les objections ne vinrent pas du côté qu'elle avait prévu.

— Alors, dit Edgard, nous abandonnons père, et parce que nous n'osons pas tenir tête aux accusations de l'opinion publique nous reconnaissons qu'elles sont fondées ?

— Mais...

— Nous avons peur...

Il avait pâli, mais sans baisser la tête, qu'il avait au contraire relevée avec un air de défi.

— Eh bien, pour moi, je ne céderai jamais à la peur.

— Tu parles ainsi parce que tu n'es qu'un enfant ; tu ne sais pas encore ce que c'est que le monde.

Il resta un moment sans répondre, comme si un combat se livrait en lui, hésitant à parler, faisant effort pour se taire, puis tout à coup il se décida.

— Te souviens-tu, demanda-t-il, de mon entrée chez les Carmes ? Le dimanche qui suivit cette entrée je te suppliai et je suppliai père de me mettre dans une autre maison d'éducation, n'importe laquelle. Vous n'avez pas voulu m'écouter, croyant à un enfantillage de ma part. Rien cependant n'était plus sérieux. Je voulais quitter les Carmes parce qu'on m'y avait reçu par des cris qui étaient des injures pour notre nom.

— Mon pauvre enfant !

— Je n'ai pas osé vous les répéter.

— Si j'avais su !

— Tu m'aurais retiré de chez les Carmes ? Eh bien, tu aurais eu tort. Ailleurs, j'aurais été accueilli par les mêmes injures. J'en ai eu la preuve quand des Carmes j'ai passé chez les Jésuites. Paule ne les a-t-elle pas entendues, elle aussi, chez les Dames Anglaises ?

Madame Gripat regarda sa fille qui, sans répondre, inclina la tête d'un signe affirmatif.

— Obligé de rester chez les Carmes, continua Edgard, je n'avais que deux partis à prendre : faire comme si je n'entendais pas ces injures, ou les empêcher. C'est alors que je t'ai demandé de prendre des leçons de gymnastique, car je n'étais pas assez fort malheureusement pour me fier à mes poings seuls. Il ne m'a pas fallu longtemps pour fermer les bouches des braillards. Chez les Jésuites, je me suis défendu comme chez les Carmes, et j'ai fait respecter notre nom. Eh bien, nous voilà tous maintenant dans la situation où je me suis trouvé en arrivant chez les Carmes ; il s'agit de savoir si nous reculerons devant les accusations de ce que tu appelles l'opinion publique, ou bien si nous lutterons contre elles. Je n'ai pas reculé quand je n'étais qu'un gamin ; Paule n'a pas reculé non plus.

Madame Gripat écoutait, troublée et émue. Eh quoi ! ces humiliations dont elle avait tant souffert, ses enfants en avaient souffert comme elle, alors qu'elle s'imaginait qu'ils ne savaient rien ! Et ils n'avaient rien dit. Ils s'étaient cachés d'elle. Leur père n'avait jamais rien pu soupçonner. Sous cette lumière qui éclatait tout à coup, s'éclairaient bien des points jusqu'à ce moment restés obscurs en eux, parce qu'elle les avait toujours trouvés en contradiction avec leur caractère propre et leur nature. Ainsi cette retenue, cette bizarrerie d'humeur chez Edgard, cette inquiétude à propos de tout, qui avait donné à son regard quelque chose d'effaré, et à son visage des pâleurs subites comme s'il vivait dans des transes continuelles ! Ainsi cette arrogance, cette insolence, cette dureté chez Paule, qui pouvaient faire croire à ceux qui ne la connaissaient pas qu'elle était folle d'orgueil, alors qu'au contraire elle était réellement simple et bonne ! Et ce qu'il y avait eu d'inexplicable pour elle, c'était que, tout enfants, ils n'avaient point été ainsi ; cela leur était venu tout à coup lorsqu'ils avaient quitté la maison paternelle, Edgard pour entrer chez les Carmes, Paule chez les Dames Anglaises. Elle comprenait maintenant : l'inquiétude chez Edgard venait de la peur d'entendre quelque chose sur son père ; l'insolence chez Paule était un défi à ce qu'on pouvait dire ; chacun avec sa nature se tenait sur la défensive. Pauvres enfants !

Elle n'eut pas le temps de les plaindre, Edgard continuait :

— Notre situation, à tous les trois, est aujourd'hui exactement ce qu'a été celle de Paule chez les Dames Anglaises et la mienne chez les Carmes ; il s'agit de savoir si nous baisserons la tête ou si nous la relèverons.

Jusque-là Paule n'était pas intervenue dans cet entretien ; raide dans sa robe de deuil, elle était restée immobile sur le canapé où elle était assise, tournant entre ses doigts quelques cartes de visite qu'elle venait de sortir de leur enveloppe, paraissant absorbée dans cette distraction machinale, les yeux baissés, comme si ce qui se disait entre sa mère et son frère ne la touchait pas ; elle releva les yeux :

— Précisément, dit-elle, Edgard pose la question comme elle doit l'être ; répudions-nous père, ou le continuons-nous ? C'est à toi de décider, maman. Nous ne savons rien ; toi tu sais ; tu as vécu de la vie de père ; nous, par notre âge, nous ne pouvions vivre qu'à côté, entendant malgré nous les propos infâmes qui nous arrivaient quand même aux oreilles, et protestant d'instinct contre ces accusations.

— Remarque, maman, que je n'aurais jamais osé m'expliquer ainsi, dit Edgard, si tu n'avais toi-même parlé de ménager l'opinion publique. Ces accusations sont ou ne sont pas fondées. Si elles ne le sont pas, c'est lâcheté de ne pas lutter contre elles.

— Si elles l'étaient, s'écria Paule avec énergie, ce ne serait pas assez de ne pas habiter notre hôtel, il faudrait renoncer à notre fortune ; pour moi, j'abandonnerais ma part sans hésiter.

Cet entretien, commencé presque à bâtons rompus, avait pris une tournure qui, tout d'abord, avait stupéfié madame Gripart, et qui bien vite l'avait épouvantée évidemment, il fallait aller au delà de ces paroles et voir ce qui se cachait sous leur modération et leur prudence voulues. Ses enfants savaient-ils la vérité entière, ou bien la soupçonnaient-ils en partie seulement ? C'était ce qu'elle se demandait anxieusement en les examinant. Leurs derniers mots, ceux de son fils comme ceux de sa fille, l'avaient fixée : c'était le doute qui les angoissait ; ils ne voulaient pas croire ; c'était à elle qu'ils s'adressaient pour savoir ; c'était elle qu'ils faisaient juge.

Ainsi posée, la question était vraiment terrible.

Etait-il possible qu'elle « qui savait », comme ils disaient, condamnât l'homme qui était leur père, et qu'ils se refusaient à croire coupable, malgré ce qu'ils avaient appris ?

Elle les regarda : tous deux étaient suspendus à ses lèvres ; Edgard, pâle, frémissant, les mains tremblantes, les lèvres crispées ; Paule, bien que plus jeune que son frère, se contenant mieux que lui cependant, par un effort de volonté qu'un étranger n'eût peut-être pas remarqué, mais qui ne pouvait pas ne pas frapper une mère.

— Je ne savais pas, dit-elle, que vous aviez des raisons autres que l'agrément pour vouloir habiter l'hôtel ; moi je n'en avais pas d'autres pour ne pas l'habiter que celles que je viens de vous donner ; nous nous y établirons donc quand vous voudrez.

Tous deux en même temps, par un même mouvement, se jetèrent sur elle, et la prenant dans leurs bras, Edgard à droite, Paule à gauche, ils l'embrassèrent.

— Oh ! maman, maman !

Et sur ses joues, elle sentit leurs larmes qui jaillissaient irrésistiblement, disant combien poignante avait été leur angoisse et combien profond était leur bonheur.

Alors, les enlaçant à son tour, les serrant tendrement contre elle, elle les embrassa en mêlant ses larmes aux leurs.

— Oh ! mes enfants !

Et pendant quelques instants ils restèrent sans parler.

— Pardonne-nous, maman, dit Paule ; si tu savais comme nous avons été malheureux, comme nous avons été poussés à bout, exaspérés ! Nous ne voulions pas croire. Nous nous disions : « C'est impossible » quand nous parlions de cela, Edgard et moi ; et nous n'en parlions pas souvent, tu penses bien ; encore à mots entortillés, sans nous expliquer jamais franchement. Mais d'autre part, nous étions poursuivis si implacablement, et pour tout, pour ce que nous faisions comme pour ce que nous ne faisions pas ; quand dans une quête, ou une souscription ou une fête, nous donnions beaucoup, on prenait des airs qui disaient que cela nous était bien facile ; quand nous donnions peu, au contraire, on en prenait qui disaient que dans notre position il nous eût été facile cependant de faire mieux. Cela n'est rien, n'est-ce pas, en apparence ; si tu savais comme c'était cruel.

— Si encore il n'y avait eu que cela, dit Edgard.

Elle les interrompit :

— C'était pour désarmer cette malveillance que je voulais ne pas habiter l'hôtel ; mais je reconnais que je n'aurais probablement pas mieux réussi que vous ne réussissiez vous-mêmes.

— On aurait dit que nous avions honte de notre fortune.

— Nous aurions été accusés d'abandonner père.

— Vous n'avez ni à l'abandonner, ni à abandonner la fortune qu'il nous a gagnée, et qui ne provoque le blâme chez les envieux ou les niais que parce qu'elle est trop belle et qu'elle s'est faite trop vite.

A ce moment, la porte du salon dans lequel cet entretien avait lieu s'ouvrit, et une vieille femme fit son entrée lentement, gravement ; elle était en grand deuil, et son attitude, sa démarche, son visage, ses regards étaient en plus grand deuil encore.

— Ah ! grand'mère, s'écria Edgard en allant au-devant d'elle, comme nous sommes heureux !

C'était en effet madame de la Ricotière ; elle venait voir sa fille et ses petits-enfants, arrivant, comme tous les jours depuis la mort de Gripat, avec sa figure de circonstance qui, comme sa toilette, sa robe en cachemire de l'Inde, ses biais de crêpe, son chapeau de crêpe anglais avec grand voile, faisait partie « du deuil du gendre » qu'elle avait arboré ; n'était-il pas décent qu'elle se mît à l'unisson de sa fille et de ses petits-enfants ?

Mais en voyant la joie d'Edgard, elle trouva qu'il était superflu de s'imposer plus longtemps une contrainte qui l'ennuyait ; immédiatement son visage se décomposa, la gaieté remplaça la tristesse.

— Que se passe-t-il donc ? dit-elle.

Comme Edgard allait répondre, Paule se jeta en avant et lui coupa la parole de peur que, dans son trouble de joie, il n'en dît plus qu'il n'était prudent pour la mémoire de leur père.

— Nous allons habiter notre hôtel, dit-elle, maman y consent ; c'est là ce qui nous rend si heureux.

Madame de la Ricotière, tout à l'heure si lugubre, eut un éclat de rire qui dura assez longtemps, puis tout à coup, se retournant vers Edgard et Paule qui la regardaient avec surprise :

— Embrassez votre grand'mère et remerciez-la, car je

crois pouvoir dire sans me vanter que c'est à elle que vous devez ce qui vous rend si heureux.

Puis s'adressant à sa fille sans faire attention à l'air stupéfait de ses petits enfants :

— Pour toi Colettte, je te félicite, tu as écouté les conseils de ta mère. Mon Dieu, je n'en ai jamais douté, et à dire vrai, je savais bien qu'un jour ou l'autre tu entendrais raison ; mais, enfin, mieux vaut tôt que tard.

Et comme ses petits-enfants gardaient leur air étonné, elle se méprit sur la cause de leur surprise :

— N'allez pas croire au moins, dit-elle, que j'aie travaillé pour moi. Sans doute il me sera agréable d'habiter l'hôtel ; mais à mon âge, on n'a plus de besoins. Que me faut-il ? Un appartement particulier, deux domestiques ; ma voiture, un simple coupé. Pour le reste, je vivrai de votre vie. Je n'ai donc pas poussé votre mère à habiter l'hôtel pour me donner ces petits agréments. D'ailleurs, ne comptant pas dessus, je ne m'étais pas habituée à l'idée d'en jouir un jour. Tant que mon gendre aurait vécu, je n'aurais pas habité avec lui, car je n'étais pas de ces belles-mères qui s'imposent ; mais une fille, mais des petits-enfants, ne sont pas un gendre, et je ne me sens pas de joie à la pensée de vivre en famille. Quand nous installons-nous ?

Il n'entrait nullement dans les arrangements de madame Gripat de prendre sa mère avec elle ; quand elle avait agité toute seule la question de savoir si elle habiterait ou n'habiterait pas l'hôtel de son mari, elle n'avait jamais admis l'idée de vivre en famille, comme disait madame de la Ricotière. Elle l'avait connue dans son enfance misérable, cette vie de famille, et bien que la situation ne fût plus la même, elle n'avait pas du tout le désir de la recommencer. Mais comment répondre à sa mère qu'elle ne voulait pas d'elle, alors que celle-ci s'imposait de cette façon ? Sous quel prétexte refuser de la recevoir dans une habitation deux ou trois fois trop vaste pour elle et ses enfants, et où elle avait des appartements qui devaient rester inoccupés ? Comment ne pas lui faire partager leur luxe ? Et puis, elle avait soixante-dix ans, cette mère. Ne serait-ce pas une impardonnable dureté de n'être pas touchée de sa vieillesse? Elle pouvait, d'un jour à l'autre, mourir, mourir seule, loin des siens. Ce seraient des regrets, ce seraient des remords d'avoir eu des torts envers elle. Madame Gripat n'hésita pas plus longtemps; et comme sa mère la regardait :

— Dans un mois dit-elle, nous pourrons, je crois, être installés.

V

Depuis deux ans que madame Gripat habitait l'hôtel du parc Monceaux, ce qu'elle avait craint s'était réalisé : — cette installation d'une veuve et de deux enfants dans un palais avait été considérée par bien des gens comme un défi à la conscience publique. Que de cris!

— Elle continue son mari, madame Gripat?

— C'est une insulte aux malheureux qui ont été ruinés par ce voleur de Gripat!

— On n'étale pas ainsi son infamie, on la cache!

On ne s'était pas contenté de crier, on avait agi. De chaque côté de sa grille dorée, l'hôtel était précédé de deux pavillons formant pignon sur la rue, et servant, l'un aux écuries, l'autre au logement du concierge et aux communs. Un matin, on avait trouvé sur la pierre blanche de ces pavillons une inscription au crayon rouge, en lettres longues d'un pied : « Gripat, voleur. », On l'avait grattée au plus vite. Quelques jours après, on en avait trouvé une autre qui n'étant plus une grossière brutalité, n'en était que plus cruelle dans sa forme cherchée :

Vous qui passez, merci ; je vous le dois peut-être.

Et cependant, madame Gripat s'était ingéniée de toutes les manières, elle s'ingéniait chaque jour à se faire pardonner cet argent qui ne passait entre ses doigts que pour les lui brûler.

Combien parmi ceux qui l'enviaient ou l'injuriaient

l'eussent prise en pitié, s'ils avaient assisté à une seule de ses matinées !

Tous les jours, en hiver comme en été, elle quittait sa chambre à sept heures et descendait dans le cabinet de travail que Gripat s'était fait aménager au rez-de-chaussée de l'hôtel et qu'elle avait conservé tel qu'il l'avait disposé pour son usage personnel : point de meubles inutiles dans cette vaste pièce ; deux grandes tables pour étaler les dossiers et les plans, un bureau pour écrire ; sur trois côtés, le long des murs, des armoires en ébène montant à hauteur d'homme et divisées en casiers pour ranger les dossiers et les papiers par ordre alphabétique : le quatrième côté, en face les fenêtres, était entièrement occupé par une immense caisse en fer à huit vantaux, qui était une merveille de serrurerie et la curiosité caractéristique de ce cabinet : c'était là qu'était classé et étiqueté le portefeuille de cette fortune. Dans un des compartiments, et ce n'était pas le moins précieux, se trouvaient les pierreries et les bijoux de madame Gripat. Nulle part on ne voyait de livres. Gripat ne lisant que ce qui servait à ses besoins immédiats. Point d'œuvres d'art, ce n'était pas le lieu ; seulement, pour cacher les murailles, une suite d'admirables cuirs gaufrés à ornements rocaillés, avec des tableaux peints par des artistes hollandais sans doute, au moins à en juger par les sujets, qui représentaient des paysages de mer traités dans le style du dix-septième siècle, avec des ciels gris, des eaux jaunes, des dunes et des galiotes à la dérive.

Aussitôt qu'elle était assise à son bureau madame Gripat pressait la poire d'une sonnerie à air, et presque immédiatement entrait un petit vieux tout ratatiné, parcheminé, mais allègre néanmoins, déjà habillé, cravaté, chaussé soigneusement : M. Puche, son intendant, son secrétaire, qui pour toutes choses, les grandes comme les petites, remplaçait le chef de la famille, mais en tout bien tout honneur, un serviteur zélé, un conseil sûr, un ami.

Compatriote et camarade d'enfance de Gripat, Puche n'avait jamais quitté son ami depuis le jour où il était venu auprès de lui, arrivant de sa province attiré par sa fortune, se pendant à la basque de son habit quand Gripat montait, lui tendant la main quand Gripat tombait, le relevant, l'encourageant. Mais alors que Gripat devenait une puissance financière, Puche, moins hardi et moins entreprenant, plus modeste dans ses goûts, plus modéré dans son ambition et d'une honnêteté scrupuleuse, s'était contenté de gagner à coup sûr, et sans jamais rien risquer, une petite aisance plus que suffisante pour ses besoins. Souvent il avait blâmé Gripat en essayant de le retenir, mais inutilement. Gripat n'écoutait les observations que lorsqu'il éprouvait un échec, jamais quand il réussissait. Ainsi, Puche avait blâmé le mariage de son ami et tout fait pour l'empêcher. Quelle idée! quelle folie! à cet âge! N'ayant pas réussi, il avait pris la jeune femme en horreur. Il avait fallu du temps à celle-ci et aussi de l'adresse, de la diplomatie, pour le gagner. Mais quand il avait été entamé, il s'était donné tout à fait, devenant l'ami de la femme plus encore que du mari. La naissance des enfants avait achevé son esclavage; il ne les aurait pas aimés davantage s'ils avaient été les siens. A la mort de Gripat, il s'était mis tout naturellement à la disposition de sa veuve et, bien qu'il eût atteint l'âge du repos, il avait accepté la gestion de cette grosse fortune, lui donnant son temps et sa peine plutôt par dévouement que pour le profit qu'il tirait. Bien qu'il eût désapprouvé la façon dont Gripat s'était enrichi, il avait maintenant l'orgueil de cette fortune, et il la surveillait, il la soignait comme si elle avait été la sienne. Aussi était-on sûr de le trouver à son poste, et, quand madame Gripat l'appelait, de le voir arriver, ses paperasses sous le bras.

Tout d'abord il y avait échange de paroles affectueuses entre eux; ils s'informaient mutuellement de leur santé; Puche demandait des nouvelles des enfants: s'amusaient-ils? Paule avait-elle fait des conquêtes?

Mais cela se passait en quelques mots rapides, pendant que Puche rangeait ses papiers sur le bureau et s'asseyait; aussitôt qu'il était en place, les affaires sérieuses commençaient.

Puche rendait compte des affaires qu'il avait traitées la veille et exposait celles qui devaient se présenter ce jour même, en donnant son avis sur la solution qu'il jugeait la meilleure. Puis il se retirait, non pour rentrer chez lui, mais pour s'enfermer dans son cabinet, qui joignait celui de madame Gripat, et où il se tenait à la disposition de celle-ci, prêt à son premier appel.

Alors madame Gripat commençait à recevoir les gens qui depuis le matin s'étaient entassés dans le salon d'attente.

Et la collection en était aussi nombreuse que variée ; devant elle défilaient à la queue leu leu des inventeurs qui venaient demander un million pour le bien de l'humanité et la gloire, l'honneur, le bonheur de la France ; — des mendiants qui pouvaient être sauvés avec vingt francs, un prêt bien entendu, non un secours qu'ils n'auraient pas accepté ; — des spéculateurs qui avaient à proposer une affaire merveilleuse de toute sécurité ; — des capitalistes qui avaient besoin de capitaux ; — des comédiens de la misère qui racontaient des histoires d'autant plus pathétiques qu'elles ne servaient pas pour la première fois et que les effets en étaient notés avec pauses, tremblements de voix, attendrissements, larmes et suffocations ; — de vrais pauvres qui ne racontaient rien du tout et ne pouvaient balbutier que quelques mots incompréhensibles ; — des prêtres catholiques ; — des ministres protestants ; — des artistes qui offraient un gage dont n'aurait pas voulu le Mont-de-Piété ; — des femmes du monde dont l'honneur était menacé ; — des joueurs qui avaient en poche leur revolver chargé pour se suicider ; — des jeunes filles naïves, convaincues qu'on devait leur donner une dot pour épouser l'homme aimé.

Il y en avait qui demandaient humblement, s'adressant à elle parce que sa générosité était connue.

D'autres, au contraire, exigeaient plutôt qu'ils ne demandaient ; n'était-elle pas la veuve de Gripat ? Quand on détenait une fortune acquise comme la sienne, c'était un devoir de la mettre au service de ceux qui en avaient besoin.

Assise devant son bureau, ayant sous la main un livre de chèques et dans un tiroir des liasses de billets avec de l'or, elle écoutait toutes ces demandes, quelles qu'elles fussent, sans s'impatienter, sans interrompre jamais, même alors que l'insulte se faisait sentir sous la prière, même alors que la tromperie était grossière ou ridicule; et toujours, qu'elle accordât ou qu'elle refusât, sa réponse était d'une politesse parfaite.

A la voir, il semblait que ceux qui s'adressaient à elle avaient des droits, et qu'elle n'avait que des devoirs.

En tous cas, elle avait celui de gagner le pardon de sa fortune, et c'était parce qu'elle en était convaincue et pénétrée qu'elle avait la force de remplir ce rôle chaque matin, sans jamais se lasser ni jamais se fâcher.

Car elle ne jouissait même pas du plaisir de la générosité; il ne lui était pas permis de donner, pour rien, sans autres raisons déterminantes que sa propre émotion; il fallait qu'elle calculât et qu'elle n'ouvrît sa bourse que pour ceux qui devaient faire sonner fort l'argent qu'ils avaient reçu.

De là toute une catégorie de gens qui étaient certains à l'avance de n'être jamais refusés en s'adressant à la « veuve de Gripat ». Qu'on eût un nom, n'importe lequel, qu'on fût en vue, n'importe pourquoi, et elle vous faisait bon accueil sans chercher à savoir si l'on était digne de sa charité; grand homme malheureux ou coquin tapageur, on n'avait qu'à se présenter. Et même elle n'attendait pas que ceux-là se présentassent : Puche était chargé de les découvrir, d'aller les chercher quand ils ne venaient pas spontanément. Avec eux elle ne devait ni compter ni marchander; c'était seulement avec les misères discrètes et cachées qu'elle pouvait faire des économies. De même, Puche devait être à l'affût des souscriptions à effet qu'ouvraient les journaux, de façon à arriver le premier et que l'offrande de madame Gripat figurât, sinon en tête de la liste, ce qui n'était pas toujours possible, au moins sur la première liste; son gros chiffre la ferait distinguer des autres; point de préférence : catholiques, libres penseurs, légitimistes, bonapartistes, républicains, tous également bons pour elle, puisqu'ils n'étaient qu'une colonne sur laquelle elle affichait le nom de Gripat, une sorte de moulin à prières qui fonctionnait tout seul, une fois qu'on l'avait alimenté, et qui devait lui gagner des indulgences, — tant pour mille francs, tant pour dix mille ; — elle s'était fait un tarif.

C'était sous l'inspiration de cette même idée qu'elle faisait construire, sur le point le plus élevé des environs de Paris, bien en vue, un édifice avec clocher élancé et dôme qui devait mieux encore que les journaux lui obtenir ces indulgences. C'était un orphelinat. A qui était-il destiné? On l'ignorait; elle-même, d'ailleurs, variant à ce sujet, et hésitant entre deux ou trois classes d'infortunes plus sympathiques les unes que les autres. Mais ce qu'on savait, ce qu'on se disait en se promenant au Bois, d'où l'on apercevait ces constructions découpant leurs échafaudages noirs sur le fond d'or du soleil couchant, c'était qu'elles appartenaient à madame Gripat. — La veuve de Gripat le voleur? — Précisément. — Un château? — Non, un orphelinat. — Ah! — Il suffisait pour le moment que ce *Ah!* fût dit; il serait répété ; un jour viendrait où le clocher et le dôme de l'orphelinat parleraient assez haut pour qu'on ne pensât plus à Gripat le voleur; alors elle serait madame Gripat tout court ; pour que cela arrivât elle était décidée à ne rien épargner, ni son temps, ni sa peine, ni fortune — cette fortune qu'on lui reprochait si durement, mais qu'elle finirait bien par racheter sans doute et qu'on pardonnerait à ses enfants.

VI

Bien que ses matinées fussent toutes largement remplies par ses réceptions, il y en avait cependant qui étaient plus chargées que les autres ; et, chose assez curieuse, cela se produisait périodiquement deux fois par an : au printemps, un peu avant l'époque où l'on quitte Paris ; à l'automne, un peu après le moment où l'on revient ; les solliciteurs avaient des besoins avant de partir et ils en avaient en rentrant. Madame Gripat savait si bien cela, qu'elle ne s'en allait que tard à la campagne, et qu'elle en revenait toujours de bonne heure, n'ayant pas le droit de n'être pas chez elle à attendre ceux qui daignaient lui faire l'honneur de venir lui demander son argent.

Un lundi d'octobre, le premier de la saison qu'elle passât à Paris après son retour de Trouville, elle ne trouva pas Puche à son poste, mais comme il y avait déjà du monde dans le salon d'attente, elle commença tout de suite à donner des audiences.

La première personne qui entra fut un ecclésiastique, élégant dans sa tenue et de manières aisées ; il salua d'un air protecteur et en même temps bienveillant mais sans hâter son pas, comme s'il voulait laisser madame Gripat venir au-devant de lui, presque jusqu'à la porte.

— Comment, c'est vous, mon Père !
— Oui, je viens pour les quittances.
— Je vous les aurais envoyées aujourd'hui même par M. Puche, elles sont prêtes.
— Je ne veux pas que M. Puche, ce bon M. Puche, se dérange pour nous ; puis, d'autre part, j'ai quelques petites observations à vous présenter ; enfin je tenais à venir moi-même vous adresser nos remerciements...

Pendant qu'il parlait, elle avait traîné un fauteuil, et tout en continuant son discours le prêtre s'était assis.

— Mon Dieu, dit-elle en l'interrompant respectueusement, je n'ai pu faire que bien peu, j'aurais voulu davantage, mais, vous le savez, j'ai tant à donner.

— Ç'a été très bien, très bien, et franchement. — là-dessus il prit un air moitié bonhomme, moitié railleur, — franchement, vous savez comme moi qu'elles sont rares partout les personnes qui ont assez de charité, — charité bien entendue au reste, — pour abandonner à une œuvre comme la nôtre, dont les besoins sont si grands, les revenus entiers d'une maison de Paris. Ç'a été vraiment une bien heureuse inspiration toute chrétienne qui vous a fait nous envoyer les quittances de vos locataires dans cette maison, pour nous permettre d'en toucher les loyers à votre place.

— Ces quittances, les voici pour octobre, et il en sera ainsi à chaque terme jusqu'à ma mort ; une mère, vous le savez, doit remettre intacte à ses enfants la fortune qu'elle a reçue de son mari.

— Oh ! nous avons très bien compris.

Il avait pris les quittances et, les ayant posées sur le bout du bureau qui était à portée de sa main, il les feuilletait l'une après l'autre, en inscrivant au crayon sur un bout de papier les chiffres qu'elles portaient en marge. Arrivé à la dernière, il fit l'addition de ces chiffres.

— Quatorze, quinze, quinze et trois dix-huit, et deux vingt. Vingt mille francs, c'est bien cela.

Puis, les ayant mises dans la poche de côté de sa soutane, après les avoir pliées avec soin, il continua :

— Les observations que j'ai à vous présenter portent sur des réparations que demandent des locataires du sixième. C'est bien peu de chose, quelques rouleaux de papier à 40 ou 50 centimes le rouleau. Mais c'est le précédent qui a de l'importance. Ces gens des derniers étages usent beaucoup et ils sont insatiables dans leurs demandes. Vous convient-il que nous fassions faire ces réparations ?

— Pas du tout, mon père ; je les ferai faire moi-même ; la maison vous est donnée libre de toutes charges ; je n'entends pas que vous ayez à supporter celles des réparations plus que toutes autres ; c'est mon affaire : je vais en parler à M. Puche.

Le prêtre avait ses quittances ; la question de réparations était terminée selon son secret désir ; il s'était acquitté de son remerciement, il n'avait qu'à se retirer, ce qu'il fit.

Après l'avoir reconduit jusqu'au perron, madame Gripat était revenue à son bureau et avait sonné pour qu'on introduisît une nouvelle personne.

Celui qui se présenta était un homme de mine peu rassurante, plus usé encore par la misère parisienne imprimée dans toute sa personne, son vêtement et sa tenue, que par l'âge : en tout un bohème ou un chenapan. Mais il n'y avait pas là de quoi effrayer madame Gripat, qui voyait surtout des individus de cette espèce et même les préférait aux élégants et aux distingués qui lui coûtaient beaucoup plus cher.

— Madame, dit-il en tenant de la main gauche sa canne et son chapeau aux bords amollis, je n'ai pas l'honneur d'être connu de vous, mais mon nom, je m'en flatte sans fausse modestie, vous apprendra qui je suis : Alphonse Nitard.

Madame Gripat ne parut pas connaître Alphonse Nitard.

Alors, celui-ci ajouta en passant sa main droite dans ce qui lui restait de cheveux :

— Journaliste.

Cela ne faisant pas plus d'effet sur madame Gripat, il poursuivit :

— J'ai travaillé dans les journaux de M. Gripat et c'est là que j'ai appris à l'estimer. Depuis, nous nous sommes séparés; il a pris un chemin, le bon, moi j'en ai pris un autre... pas le même. Je n'ai jamais oublié mon ancien patron, et je l'ai toujours défendu... au besoin C'est le même service que je viens vous rendre.

Madame Gripat était devenue attentive et jusqu'à un certain point inquiète ; elle se tenait sur ses gardes avec ceux qui voulaient lui rendre service.

— Voici ce que c'est, continua Alphonse Nitard ; dans l'imprimerie où se fait le journal auquel je suis attaché, j'ai vu sur le marbre un article dirigé contre la mémoire de votre mari. Ce qu'est cet article je n'ose vous le dire : une infamie. Au reste, en voici une épreuve que j'ai pu me procurer.

S'il n'osait pas dire ce qu'était cette infamie, il osait cependant la montrer ; il avait tiré de sa poche quelques feuillets imprimés d'un seul côté avec de larges marges blanches, il les mit sur le bureau, mais sans les présenter directement à madame Gripat, qui ne les prit pas.

— Je ne lis pas ces choses, dit-elle.

— Vous avez bien raison ; il faut dédaigner les basses attaques, il faut même les ignorer, seulement il faut autant que cela est possible les empêcher ; du moins c'est mon opinion, et je vous demande pardon de vous la dire avec sincérité, mais je croirais manquer à la reconnaissance que je dois à la mémoire de M. Gripat si je ne le faisais point.

Sans doute il attendait un remerciement ; ne le voyant pas venir, il poursuivit :

— Eh bien ! dans l'espèce, je crois que les calomnies de ces coquins pourraient être empêchées, c'est une affaire d'argent ; il n'y a qu'à acheter leur silence. Si vous jetez les yeux sur ces feuillets, vous verrez que c'est un premier article destiné à vous faire chanter par la peur de ceux qui doivent suivre ; il ne faut pas que ces articles paraissent, non seulement ceux qui doivent suivre le premier, mais encore ce premier lui-même. C'est une négociation à entreprendre avec ces misérables et qui, bien conduite, doit réussir. Si vous voulez, je m'en charge ?

Madame Gripat ne répondit pas, elle le regarda en face et il y eut un moment de silence, mais il n'était pas homme à se laisser déconcerter.

— Vous avez des enfants, madame ; un fils, charmant jeune homme que j'ai vu aux courses ; une fille, personne ravissante que j'ai aperçue au théâtre. Ces articles peuvent passer sous leurs yeux ; on peut les envoyer à vos amis ; mademoiselle Gripat est d'âge à se marier ; qui sait s'ils ne peuvent empêcher son mariage ? Avec de l'argent on peut éviter tous ces malheurs.

Comme madame Gripat continuait à ne pas répondre.

— Peut-être ne faudrait-il pas une très grosse somme.

— Ni grosse ni petite, je ne donnerai rien.

— Je comprends cette réponse et, en venant, je la prévoyais ; c'est celle de la dignité ; cependant je vous dirai que, si digne qu'elle soit, elle est peut-être imprudente. Certainement la mémoire de M. Gripat est au-dessus de ces basses injures ; mais enfin qui peut être à l'abri de la calomnie ? Je sais par expérience le mal qu'elle peut faire.

Etait-ce pour avoir subi ce mal ou pour l'avoir fait qu'il avait acquis cette expérience ? ce fut ce qu'il ne jugea pas à propos d'expliquer.

— Dans la vie de tout homme, dit-il, il y a des actions, il y a des faits, il y a des paroles, qui peuvent être interprétés à faux et avec lesquels on peut nous accabler, si honnête qu'on soit. C'est justement ce qu'on a fait dans cet article. Sans doute il est plein de mensonges d'un bout à l'autre, j'en jurerais, et cependant il est accablant. Si vous voulez voir...

Il prit les feuillets d'épreuves pour les mettre sous les yeux de madame Gripat; elle les repoussa:

— Je vous ai dit que je ne donnerais rien; je n'ai jamais cédé devant une tentative de chantage; je suis surprise que vous ne le sachiez pas.

Alphonse Nitard se leva d'un bond.

— Me croyez-vous capable de vous faire chanter, moi, madame! Quoique journaliste, j'ai des principes d'honneur... j'en bénis mon père!

— J'ai dit qu'on voulait me faire chanter, je n'ai point parlé de vous, monsieur; mais, sans m'inquiéter de savoir quels sont ceux qui ont organisé cette tentative de chantage, je vous répète qu'elle ne réussira pas : je donne quand je veux et ce que je veux; on ne me force pas à donner.

Elle se leva; Nitard ne bougea pas.

— Vous venez de prononcer deux paroles qui m'ont été au cœur, dit-il en passant sa main sur son visage comme pour se débarrasser de l'émotion douloureuse qu'avait fait naître la bénédiction donnée à son père. La première, c'est que vous ne me croyez pas capable d'avoir organisé ce chantage.

Madame Gripat n'avait pas dit un mot de cela, mais elle trouva inutile de protester.

— La seconde, continua Nitard, c'est que vous donnez quand vous voulez. Cela m'encourage à vous adresser une demande. Je viens d'être malade. J'ai eu ma mère à faire enterrer. Des rentrées sur lesquelles je comptais m'ont manqué. Bref, je me trouve... momentanément gêné. Si vous vouliez me venir en aide, vous obligeriez un homme qui, je le dis sans fausse modestie, peut rendre quelques services. Ce n'est pas un don que je sollicite, c'est un prêt que je vous rembourserai prochainement.

Comme madame Gripat avait fait un geste de la main :

— Je ne suis pas un mendiant, croyez-le bien ; ma mère était d'une noble famille et je remercie Dieu qui m'a mis dans le cœur la fierté de sa race. Mais tout le monde peut avoir des malheurs, n'est-ce pas? J'en ai eu... d'immérités, je vous le jure, et tous ceux qui me connaissent vous l'affirmeront. Je sais bien que vous ne me devez rien, mais j'espère que l'intention que j'avais en venant ici, me méritera votre bienveillance.

Madame Gripat prit un billet de banque et le tendit à Nitard.

— Mon Dieu, madame, dit celui-ci avec une figure fâchée, je vous avoue franchement que cela ne suffirait pas à me tirer d'embarras ; je vous ai expliqué que c'était un prêt que je sollicitais, et avec une fortune comme la vôtre il me semble que vous ne voudrez pas marchander le service que vous me rendez. N'oubliez pas que j'ai contribué... autrefois... pour une certaine part à cette fortune.

Madame Gripat atteignit un nouveau billet, et soit que cela suffît à tirer Nitard d'embarras, soit que celui-ci comprit qu'il n'obtiendrait pas davantage, il prit ce qui lui était offert sans en demander plus.

— Si vous voulez, dit-il, je vais vous faire une reconnaissance.

Madame Gripat n'accepta pas « ce bon billet ».

Tant que ce mendiant avait été devant elle, elle s'était contenue ; mais lorsqu'il fut parti, elle s'abandonna à un mouvement de colère. Eh ! quoi, cette fortune qui coulait entre ses doigts n'irait donc jamais qu'à des coquins et à des misérables ! Elle eût été si heureuse d'en faire un autre usage. Mais lâchement elle cédait toujours. Journaliste, avait-il dit. Etait-ce vrai? Elle n'avait même pas eu le courage de refuser le second billet. Eût-elle eu cette faiblesse avec un vrai pauvre?

VII

Elle avait sonné.

La porte du salon d'attente s'ouvrit et le domestique annonça :

— Monsieur le duc de Valmondois.

Rares étaient les personnes qui se faisaient annoncer chez madame Gripat ; nombreuses au contraire étaient celles qui entraient par la porte entre-bâillée seulement, en se glissant.

A ce nom « M. le duc de Valmondois » madame Gripat avait fait deux pas au-devant de celui qui arrivait par la porte grande ouverte et qui marchait lentement, la tête haute, en homme habitué à être partout à son aise.

Madame Gripat, qui s'était arrêtée, le regardait venir.

Cinquante ans, les cheveux trop noirs pour cet âge, la tournure, l'allure, la toilette d'un jeune homme, les manières élégantes, les traits nobles, mais l'air haut et vain, avec quelque chose de dur dans le regard et de sarcastique dans la bouche.

Il prit le fauteuil que madame Gripat lui désignait, et quand il se fut commodément installé, il commença :

— Vous savez, je pense, madame, que j'ai eu des relations, il y a quelques années, avec M. Gripat. Ces relations s'établirent à l'occasion d'une affaire considérable à la tête de laquelle il voulait me placer comme président du conseil. Je refusai ; un Valmondois ne risque pas son nom dans des affaires financières, quels que soient les avantages qu'il en pourrait tirer et qu'on lui promet. Mais si je ne voulus pas mettre mon nom dans cette affaire, j'eus la maladresse d'y mettre mon argent, cédant en cela non à une pensée de lucre, je n'ai jamais spéculé, mais aux sollicitations de M. Gripat qui tenait beaucoup à m'avoir d'une façon ostensible ou discrète. Veuillez, je vous prie, noter cela.

Madame Gripat s'inclina, se demandant où le duc voulait en venir ; elle ne tarda pas à le savoir.

Le duc avait atteint une grosse liasse de papiers dans la poche de son pardessus, et il l'avait posée sur le bureau, juste à la même place où quelques instants auparavant, Nitard avait offert ses épreuves à madame Gripat.

— Voici, dit-il, les titres que j'ai souscrits dans cette affaire ; je les ai payés 500 francs chacun ; ils valent aujourd'hui 3 fr. 50 et encore est-il difficile de trouver des acheteurs.

Madame Gripat le regardait, étonnée, ne comprenant pas.

— Je vous les laisse, dit-il, vous verrez, vous qui continuez votre mari et qui avez hérité de l'énorme fortune qu'il avait acquise, ce que vous devez faire pour une des victimes de cette spéculation. Peu de temps avant que M. Gripat mourût, je l'avais vu à ce sujet ; j'avais tout lieu de croire qu'il m'indemniserait du préjudice qui m'a été causé. En un mot c'était chose convenue, et je dois ajouter que je l'avais trouvé fort galant homme dans cette affaire assez délicate. Après sa mort, je n'ai pas voulu venir troubler la douleur d'une veuve, je ne l'aurais sans doute jamais fait si en ces derniers temps je n'avais pas subi des pertes d'argent... considérables.

Sur ce mot, il se leva et déposa sa carte sur le coin du bureau.

Puis, saluant du bout des doigts :

— Au revoir, madame Gripat, dit-il.

Et il sortit comme il était entré, la tête haute, lentement, sans se retourner.

Madame Gripat ne s'inquiéta pas de savoir s'il y avait encore ou s'il n'y avait plus des gens dans le salon d'attente ; en revenant de conduire le duc elle entra chez Puche qui précisément arrivait.

— Savez-vous quelle visite je viens de recevoir ? Celle du duc de Valmondois.

Et elle raconta cette visite.

Puche l'écouta sans un mot ou sans un signe d'interruption ; ce fut seulement quand elle se tut qu'il prit la parole.

— Où sont les titres ? demanda-t-il.

— Sur mon bureau, avec la carte du duc.

— Allons les voir.

Ils passèrent dans le cabinet de madame Gripat, et Puche, ayant pris les titres, les examina attentivement.

— Voulez-vous que je vous donne mon opinion ? dit-il. Eh bien, c'est que cela n'est pas clair.

— Comment ?

— Je veux dire que si c'était un autre que le duc de Valmondois qui vous eût présenté ces titres valant 3 fr.50 pour se les faire rembourser à 500, je serais sûr qu'on veut vous tirer une carotte.

— Le duc de Valmondois !

— Des princes de Verberie, c'est là précisément pourquoi... j'ai des doutes.

— C'est impossible ; pour mon malheur, je vois tous les jours bien des misères, bien des bassesses, bien des infamies, mais jamais je n'admettrai qu'un homme comme le duc soit capable de cette...

— Escroquerie ? c'est possible, cependant.

— Non monsieur Puche, vous ne connaissez pas le duc ; jamais je n'ai vu personne qui ait l'air aussi grand seigneur, aussi noble.

Puche secoua la tête, et toutes les rides de son visage parcheminé se creusèrent par un mouvement de physionomie qui exprimait clairement que l'air grand seigneur et noble ne le touchait pas du tout.

— Je veux bien, dit-il, je veux bien ; mais de votre côté vous me permettrez de faire une enquête. Jamais Gripat ne m'a dit qu'il avait des relations avec le duc de Valmondois, et il est bien évident pour nous que, s'il en en avait eu, il les aurait étalées et non cachées. Dans ce même ordre d'idées, il faut remarquer aussi que si ces relations avaient existé, les titres seraient nominatifs, parce que Gripat les aurait donnés au duc et qu'il aurait voulu tirer parti de sa générosité, tandis qu'ils sont au porteur. Enfin, si le duc de Valmondois a l'air grand seigneur, ce que je ne conteste pas, vous me permettrez de dire que sa démarche auprès de vous n'est pas d'un grand seigneur.

— Il a subi en ces derniers temps des pertes d'argent considérables.

— C'est bien là précisément ce qui provoque mes doutes. Quand on est à la côte et qu'on va se noyer, on fait des choses qu'on ne croyait pas possibles quand on avait bon vent dans ses voiles. Et le duc de Valmondois est à la côte : grande noblesse, un des plus beaux noms de notre pays, mais de fortune, point ; il en a eu, il n'en a plus ; disparue, dévorée.

— Comment savez-vous cela ?

— Vaguement, parce que ces propos courent le monde ; mais donnez-moi quelques jours et nous saurons à quoi nous en tenir ; si le duc vous a laissé sa carte, c'est qu'il ne doit pas revenir avant que vous ne lui ayez fait connaître vos intentions ; nous avons donc du temps à nous ; je sais à quelles portes frapper pour mon enquête.

VII

L'enquête de Puche ne lui prit pas beaucoup de temps.

Le jeudi matin, madame Gripat le vit entrer avec un air épanoui et une allure triomphante, lui qui d'ordinaire arrivait maussade ou tout au moins préoccupé, affairé. Cela sautait si bien aux yeux que madame Gripat ne put pas ne pas le remarquer, et qu'au lieu de lui demander comme tous les matins : « Comment allez-vous ? » elle lui dit :

— Qu'avez-vous donc ?

Il se frotta les mains.

— J'ai fait mon enquête, elle a confirmé ce que je pensais : ruiné, le duc de Valmondois, ruiné à plat ; tout dévoré ; il ne reste rien ; il ne reste rien ; la duchesse travaille pour vivre.

— Et c'est là ce qui vous rend si joyeux ?

Il cligna de l'œil.

— Oui.

— Alors cela vous a confirmé aussi dans votre idée d'escroquerie ?

Vivement il mit son doigt sur ses lèvres.

— Chut ! ne parlons pas de cela, ne prononçons pas ce mot, écartons cette idée qui même ne se sera jamais présentée à notre esprit. Le duc a-t-il voulu vous tirer une carotte ? Je n'en sais rien ; je ne veux pas le savoir, car je suis d'avis que vous devez lui rembourser ces titres à cinq cents francs sans vous inquiéter de leur origine.

Comme madame Gripat le regardait stupéfaite, comprenant d'autant moins ces étranges paroles que le premier mot de Puche était toujours : « Ne payez pas ; » il se mit à rire en se frottant les mains plus fort :

— Je vais m'expliquer. Vous savez quelle est l'ambition de ma vie, au moins mon espérance, si mon intervention n'est pas utile : Edgard et Paule font un grand mariage : Edgard épouse une duchesse, Paule un prince. Si cela ne s'est pas réalisé, sinon pour Egard qui n'est pas d'âge encore à se marier, en tout cas pour Paule, ce n'est pas ma faute. J'ai fait ce que j'ai pu, et si nous n'avons pas réussi, il n'en faut accuser que les circonstances.

— Notre situation, mon bon Puche.

Mais Puche se fâcha.

— Notre situation est celle de bien d'autres, et ces autres ont néanmoins fait de grands mariages : la fortune de Maurès a été acquise comme la nôtre et mademoiselle Maurès a épousé le prince d'Escoublac ; les millions de M. Leblond ont été gagnés dans les tripots, et deux familles qui ont du sang royal dans les veines les ont trouvés bons à ramasser ; mademoiselle Jean, dont le grand-père s'appelait Jean le faussaire, a épousé le duc de Jodoigne ; et dix autres, et vingt autres. La fortune de Paule vaut mieux que ces fortunes ; il faut que Paule fasse un mariage qui vaille ces mariages. Et elle le fera. Elle peut le faire. J'ai le mari. Voilà pourquoi vous me voyez si joyeux ; n'y a-t-il pas de quoi vraiment ?

Et l'émotion lui coupa un moment la parole.

— Oh ! mon cher Puche, s'écria madame Gripat incapable d'attendre.

— J'y suis, madame, j'y suis. En un mot et pour ne pas vous faire languir, c'est Odet de Saint-Hermine, prince de Verberie, le fils, le propre fils du duc de Valmondois. Voici comment cette idée m'est venue et, si vous voulez bien me suivre, vous verrez qu'elle est réalisable. Je vous ai dit que le duc de Valmondois était ruiné, mais cela ne l'empêche pas de mener joyeuse existence. Il lui a toujours fallu la vie de plaisir, il la lui faut encore, il la lui faudra toujours. C'est même là-dessus que je compte pour notre mariage : il a des besoins, le duc, et il n'a plus de ressources.

— Sa famille ?

— Mal avec sa famille, qui a fait de grands sacrifices pour lui ; plus mal encore avec la famille de la duchesse, qui ne lui pardonne pas d'avoir gaspillé la fortune de celle-ci, et si complètement, que madame de Valmondois, à qui il ne reste rien, ce qui s'appelle rien, en est réduite à écrire des petits livres pour les jeunes enfants, mais en cachette bien entendu et pas sous son nom. Au reste c'est une personne vénérable, digne de tous les respects, une sainte, qui en a vu de cruelles près de son mari ; avec cela, encore belle ; quand je dis encore, elle n'a pas quarante-cinq ans ; aussi noble que le duc, plus noble peut-être, au moins de noblesse plus ancienne, une Carami, très fière de son nom, ayant hérité en cela de son père qui, tous les matins en revenant de la messe, s'en allait en procession avec sa famille faire des révérences devant les portraits de ses ancêtres.

— Et malgré cela, vous avez eu cette idée de mariage ?

— Ce n'est pas sur la duchesse que je compte, c'est sur le duc et sur ses besoins. La duchesse habite, rue Vanneau, un très modeste et tout petit appartement au-dessus des communs, dans un vieil hôtel, propriété d'un membre de sa famille, appartement qu'elle ne paie pas. C'est là qu'elle travaille courageusement non seulement pour elle, mais encore pour son fils, le prince de Verberie, qui ne peut pas vivre avec ses appointements de sous-lieutenant de hussards. Il est évident que nous n'aurions pas grande prise sur une pareille femme. Mais avec le duc de Valmondois, de même qu'avec le prince de Verberie, il en est autrement. Il a des dettes, le jeune prince, beaucoup de dettes, ce qui est bien naturel, n'est-ce pas ? et il est aux abois, menacé de tous les côtés, par ses créanciers aussi bien que par ses chefs ; sa position est très sérieusement compromise. Celle du père est beaucoup plus mauvaise encore : si le fils n'a que vingt-quatre ans, le père en a cinquante, et, depuis vingt ans, il a si bien fait qu'il ne trouve plus une bourse qui s'ouvre pour lui ; mais cela ne l'amène pas à changer son genre de vie. Tandis que la duchesse travaille rue Vanneau, le duc, séparé d'elle de fait, sinon légalement, s'amuse rue Royale, où il occupe un appartement de garçon, — ainsi qualifié, sans doute, parce que les femmes s'y succèdent du matin au soir et du soir au matin.

Et Puche se frotta les mains de plus fort en plus fort.

— Vous voyez, vous voyez, reprit-il en triomphant, que la situation se présente à merveille : le père et le fils ayant des besoins autant l'un que l'autre, croyez-vous qu'ils seront insensibles à une fortune comme celle de Paule ?

— Il y a la mère.

— Sans doute ; mais en supposant qu'elle s'oppose à ce mariage, n'aura-t-elle pas la main forcée par le père et le fils réunis ?

— Comme vous allez, mon bon monsieur Puche !

— Comme je désire, il est vrai ; mais non à l'aventure cependant. Vous voyez que les probabilités sont pour nous.

— Mais le prince de Verberie, quel est-il ? Si je souhaite que ma fille fasse un grand mariage, — et il faut bien qu'il en soit ainsi, — je ne consentirai jamais à la sacrifier.

Puche appliqua une claque vigoureuse sur le bureau :

— La sacrifier ! Croyez-vous que je sois homme à la sacrifier moi-même, ma chère petite Paule, que j'aime comme si elle était ma fille ? Non, madame, non ; ce n'est point la sacrifier que la donner au prince de Verberie.

Disant cela, il tira son portefeuille et en tira son portrait-carte :

— Tenez, madame, regardez si elle sera sacrifiée avec un mari comme celui-là. Vous n'avez jamais vu personne m'avez-vous dit, qui ait l'air aussi grand seigneur, aussi noble, que le duc de Valmondois. Et son fils, quel air trouvez-vous qu'il ait ?

Madame Gripat avait vivement pris la photographie que Puche lui tendait, et elle l'examinait.

C'était vraiment l'air charmant qu'il avait, le prince de

Verberie, avec une tête gracieuse, aux traits fins et réguliers, le profil allongé partant d'un front carré et finissant à un petit menton en pointe, les cheveux frisés, et la moustache mince plus claire, qui semblait devoir être de couleur fauve, les yeux longs.

Puche regardait la photographie par-dessus l'épaule de madame Gripat, ou plutôt il l'admirait. Incapable d'attendre que madame Gripat se fût prononcée, il s'écria :

— Et qui est-ce qui fera bientôt retourner toutes les têtes, dans l'avenue des Champs-Élysées et au Bois, quand passera la calèche armoriée du prince et de la princesse de Verberie ? Ce sera la jolie princesse aux beaux cheveux roux et à la peau blanche comme le camélia : ce sera le prince, avec cette gracieuse tête brune. On les admirera, on les enviera. Et qui est-ce qui aura fait ce beau mariage ? Je n'ose pas dire : ce sera Puche pour une petite part ; mais je dis hautement : ce sera une mère qui n'a d'autre souci que l'honneur et le bonheur de ses enfants, et qui, jeune encore, belle, ne veut pas se remarier pour ne pas diminuer la fortune de son fils et de sa fille. Oh ! madame Gripat, ne serons-nous pas heureux, chère madame Gripat ?

— Vous voyez ce mariage fait ; il ne l'est pas.

— Il se fera, Paule sera princesse, et non princesse étrangère, ce qui n'est pas grand'chose, mais princesse française. Je vous en donne ma parole.

— Nous ne pouvons pas demander la main du prince de Verberie pour Paule.

— Non, assurément. Ce sera le duc de Valmondois qui demandera la main de Paule pour le prince

— Comment cela ?

— Je ne sais pas ; mais nous trouverons un moyen pour l'amener à vous adresser sa demande. Ce moyen est à chercher. Je vais y penser.

DEUXIÈME PARTIE

I

Puche n'eut pas le loisir de se livrer à ses réflexions et de trouver un moyen pour amener le duc de Valmondois à demander la main de Paule.

C'était son habitude, lorsqu'il revenait de sa conférence avec madame Gripat, de parcourir les journaux du matin qu'on avait amoncelés sur son bureau, non pas quelques journaux de ceux qui caressaient ses opinions ou les choquaient, mais tous les journaux, qu'ils eussent ou n'eussent pas d'intérêt pour lui. Cela rentrait dans ses fonctions : c'était en quelque sorte un devoir de sa charge. Ce qu'il cherchait dans ces journaux ce n'était ni les nouvelles politiques, ni les nouvelles financières, mais tout simplement le nom de Gripat. Toujours sur la défensive, toujours inquiet, il exerçait surtout sa surveillance sur les journaux de chantage ou de scandale. N'allait-il pas trouver là quelque attaque qu'on pouvait arrêter avec de l'argent? Il s'était fait allouer pour cela des fonds secrets, dont madame Gripat elle-même ne connaissait pas l'emploi, au moins par le menu. Il était devenu presque aussi habile qu'un bon secrétaire de rédaction, dans cet art, plus difficile qu'on ne l'imagine, de parcourir rapidement un journal sans laisser échapper ce qu'on cherche : tout de suite un G en capitale lui sautait aux yeux.

Comme il venait de déplier un de ces journaux, son attention fut attirée par quelque chose qui ressemblait au nom de Gripat : il regarda ; ce n'était pas Gripat cependant, c'était Grippe-sou.

Ce n'était pas seulement les attaques directes qu'il cherchait dans ces journaux ; c'était aussi celles plus ou moins détournées qui procédaient par insinuations, par allusions : n'y avait-il pas quelque chose de ce genre sous ce nom ainsi arrangé ? Il lut l'article :

« *A père voleur, fils avare.*

« Il paraît qu'il en est des proverbes comme de toute chose ; ils se transforment ; ceux qui étaient vrais il y a cent ans sont usés ; pour qu'ils servent encore il faut les retourner ; il y a cent ans on disait : « A père avare, fils prodigue ; » aujourd'hui il faut dire ; A père voleur, fils avare ; » au moins c'est ce qu'enseigne l'expérience.

» Voyez ce jeune... comment l'appeler? Gentleman? Ma foi non. Mettons Grippe-sou. Au reste, ce nom se conjugue comme un verbe : indicatif : je grippe, tu grippes, il grippe ; prétérit défini (ainsi appelé parce qu'il définit bien le personnage) ; je grippai, tu grippas, il grippa ; les deux *p* sont facultatifs, mais le G majuscule est indispensable. »

L'article continuait sur ce ton pendant deux colonnes, remplaçant l'esprit par la violence et la grossièreté : le fond était maigre, il disait simplement que quand on avait eu un père voleur on devait se laisser gruger sans se plaindre et sans marchander ; il était signé « Feu-Follet ».

Ce n'était pas le premier article de ce genre que lisait Puche, mais aucun encore n'avait été si brutal dans la personnalité.

Quel était ce Feu-Follet ? C'était la première fois qu'il lisait ce nom. Un homme ? Une femme ? Puche n'avait aucune des qualités du critique littéraire, et ce n'était pas en lisant les journaux avec la seule préoccupation de chercher un G majuscule qu'il aurait acquis ou développé ces qualités ; cependant il crut reconnaître, ou plutôt sentir, que l'article était d'une femme.

Dans la colère qui l'avait jeté hors de lui, ce fut un soulagement : on ne se bat pas avec une femme. Si

Edgard lisait cet article abominable, il ne pourrait pas en tirer vengeance. Et Puche ne voulait pas qu'Edgard se battît. C'était pour que cela n'arrivât pas qu'il surveillait les journaux. Combien d'attaques avait-il déjà arrêtées ! Il verrait à empêcher cette Feu-Follet ou ce Feu-Follet de continuer, et il ne ménagerait pas l'argent, si, comme la chose était vraisemblable, ce n'était qu'une affaire de chantage. Le pauvre garçon, quel coup pour lui s'il lisait cette infamie !

Il ne fallait pas qu'il la lût, et Puche serra précieusement le journal dans sa poche, en se disant qu'il y avait bien des chances pour qu'Edgard, qui n'était pas liseur de journaux, ne connût jamais cet article.

Cependant, quoiqu'il se répétât cela à chaque instant, il ne parvint pas à se rassurer, et il ne put pas, comme il l'avait espéré, rêver aux moyens d'assurer le mariage de Paule avec le prince de Verberie : son esprit n'était pas libre, l'indignation le soulevait, l'inquiétude l'enfiévrait, et toujours les mots violents de cet article lui passaient devant les yeux. Comment s'occuper de mariage dans de pareilles conditions! Comment imaginer des plans, les combiner, les examiner ! Ce n'était pas à Paule qu'il pensait, c'était à Edgard ; c'était lui qu'il voyait, une épée à la main, ou bien couché dans une voiture qui, doucement, le rapportait blessé à l'hôtel.

Vers dix heures il eut un mouvement de poignante émotion en voyant entrer Edgard, le visage sombre.

— Bonjour, Puche, tu vas bien ?

— Bien, merci, et toi ? Tu as l'air préoccupé. Si tu es... contrarié, si tu as quelque affaire désagréable, tu sais que tu peux compter sur moi, tu n'auras jamais d'ami plus dévoué que ton vieux Puche ; parle.

C'était s'inquiéter bien vite : mais Puche ne pensait qu'à l'article, n'imaginant pas qu'Edgard pût se tourmenter pour autre chose.

— C'est un conseil que je viens te demander.

Et Edgard fouilla dans la poche de côté de son veston.

— L'article ! se dit Puche, surpris qu'Edgard restât si calme ; le pauvre garçon, quels efforts doit-il faire pour se contenir !

— Voici une lettre, continua Edgard, par laquelle on me demande deux mille louis.

Puche poussa un soupir de soulagement, et tout de suite, dans l'emportement de sa joie, il s'écria :

— Il faut les donner.

Puis se reprenant :

— C'est-à-dire que tu peux les donner si tu les as, et si celui qui te les demande les mérite.

— C'est là justement qu'est la question. J'ai l'argent et cela ne me gêne en rien de le sortir de ma poche.

— Alors sors-le, cela te fera un ami.

— En es-tu sûr ?

— Il me semble.

— Moi aussi, j'ai cru que je me faisais des amis de ceux que j'obligeais ; enfant, j'ai largement distribué autour de moi l'argent de ma pension ; depuis que je jouis de mes revenus, je les ai employés pour une bonne part de la même manière. Eh bien, cela ne m'a pas fait des amis, au contraire. Il semble que je n'oblige pas ceux à qui je donne mon argent, mais que ce sont eux qui m'obligent en le prenant, de sorte que je leur dois de la reconnaissance pour le service qu'ils me rendent, et qu'eux ne m'en doivent pas.

— Il ne faut pas se montrer trop exigeant en fait de reconnaissance.

— Parfaitement ; je veux bien qu'on ne m'en témoigne pas ; mais au moins faut-il qu'en place on ne me témoigne pas du mépris ou de l'hostilité. Si tu savais de quelle étrange manière mes amis me demandent mon argent, avec quels airs de grandeur, de supériorité, de protection. C'est à croire qu'ils lui font honneur en le prenant, qu'ils le réhabilitent. Je le donne cependant. Alors on me tourne le dos, on m'évite, ou bien on me cherche une mauvaise querelle pour se brouiller. Plus d'une fois cela m'a exaspéré, et, sous le coup de la colère, j'ai refusé. Alors ç'a été autre chose. — Je n'ai pas le droit, paraît-il, de refuser ceux qui s'adressent à moi, et l'on me fait sentir que quand un argent a été gagné comme le mien, il appartient à tout le monde.

— Ne t'imagine donc pas cela.

— Je ne m'imagine pas, je vois, j'entends. Tu ne sais pas quelles sont les difficultés de ma situation. Ainsi, depuis que j'ai des chevaux de course, je n'ai jamais fait un pari sur mes chevaux ; je ne dis pas contre, ce qui est d'un filou ; mais pour, ce que font tous les propriétaires : j'ai toujours couru droit pour arriver premier et jamais pour gagner un bon poids dans un handicap ; eh bien, on me le reproche ; on dit que c'est de l'affectation et qu'il est bien facile d'afficher le mépris de l'argent quand on n'a pas eu de peine à gagner une grosse fortune comme la nôtre. Toujours le même reproche, le même grief. Que je jette mon argent à pleines mains, c'est un crime. Que je le garde, c'en est un autre. Que veux-tu que je fasse ?

Ordinairement, Puche n'était pas pour qu'on jetât l'argent à pleines mains ; qu'on le dépensât utilement, c'était bien, et il n'y avait pas à le compter quand il devait rapporter quelque chose ; qu'on le jetât, c'était trop. Mais en ce moment, il était sous l'impression de l'article : « A père voleur, fils avare ; » et ce fut cette impression qui lui inspira sa réponse :

— Jette-le, dit-il ; mieux vaut encore qu'on t'accuse de prodigalité que d'avarice ; au moins tu as la satisfaction d'avoir donné, la seule vraie, la seule solide ; dans l'espèce, je prêterais les deux mille louis qu'on te demande.

— Alors je vais les porter moi-même, tout de suite.

Puche craignit d'avoir commis une imprudence : le mieux, évidemment, était qu'Edgard ne sortît point et ne vît personne ce jour-là.

— Veux-tu que je t'en évite la peine ?
— Non, merci.
— Tu peux envoyer un chèque, insista Puche.
— J'aime mieux y aller moi-même.
— Tu n'as donc pas peur du temps ?
— Allons donc !
— Positivement il va pleuvoir ; tu ferais mieux de rester à la maison ; moi, j'ai à sortir, c'est bien différent.
— Tu te moques de moi, dit Edgard en riant, adieu !
— Quelle fichue bête je suis ! pensa Puche lorsque Edgard fut parti ; si je lui avais conseillé de ne pas prê-

ter ces quarante mille francs, il ne serait peut-être pas sorti ; tandis que, maintenant, qui sait s'il ne va pas rencontrer quelqu'un qui lui parlera de ce maudit article ?

Et ce fut aux conséquences de cet article que Puche pensa, non au mariage de Paule.

II

Bien que Puche passât la plus grande partie de son temps à l'hôtel Gripat, où il arrivait tous les matins à sept heures et d'où il ne partait jamais avant une ou deux de l'après-midi, il n'y demeurait pas, cependant ; il avait un logement particulier dans le faubourg Saint-Honoré : quatre petites pièces, au cinquième étage, sous les toits, qui ne ressemblaient en rien au bel appartement que madame Gripat avait voulu lui faire aménager dans l'hôtel du parc Monceaux, mais qu'il n'avait pas voulu accepter, sans que rien pût faire céder sa résistance. Quoiqu'il vécût avec la famille Gripat dans une sorte de domesticité amicale, ou peut-être même à cause de cette domesticité, il tenait à une certaine indépendance. Depuis trente-cinq ans, il avait la manie de collectionner les éventails, et cette curieuse collection, où il y avait de vraies richesses artistiques, était disposée dans ces quatre pièces d'une façon qu'il aimait, à laquelle il était habitué et qu'il n'aurait point retrouvée dans l'appartement que madame Gripat voulait lui donner : c'eût été mieux peut-être, à coup sûr plus luxueux, mais ce n'eût plus été ça. D'ailleurs, il y avait plusieurs collections dans l'hôtel Gripat : collection de tableaux anciens et de tableaux modernes ; collection de bronzes ; collection de chinoiseries, toutes plus riches les unes que les autres, et la sienne, si charmante qu'elle fût, eût souffert de ce voisinage.

C'était dans ce petit logement qu'il rentrait tous les jours régulièrement à six heures pour dîner tout seul, et qu'aussitôt après son dîner il se mettait au travail pour réparer ou restaurer quelque acquisition nouvelle ; taillant une pièce d'écaille ou d'ivoire, recollant un morceau de soie, se risquant même à repeindre quelque partie effacée du sujet ou des ornements.

C'étaient les seules heures de la journée où il s'appartînt, où il eût le loisir de faire quelque chose pour lui ; aussi ne se fût-il pas laissé facilement arrêter, lorsque vers cinq heures quarante-cinq ou cinquante minutes il suivait le faubourg Saint-Honoré pour rentrer chez lui, et qu'il marchait allègrement en pensant à quelque restauration qui tromperait les plus malins. Mais, ce jour-là, c'était lentement qu'il marchait ; retenu pendant toute l'après-midi chez le notaire de madame Gripat, il n'avait pas pu aller aux bureaux du journal qui avait publié l'article, et il en était mécontent. D'autre part, il était inquiet aussi pour Edgard, et de temps en temps, se parlant à lui-même, il se répétait : » Quelle fichue bête je suis ! » Pour la première fois, depuis des années, il ne se sentait pas faim et son estomac manquait d'imagination, ce qui était véritablement extraordinaire.

Il y avait à peine cinq minutes qu'il était rentré, quand un coup de sonnette retentit si fort, si précipité, que Puche alla lui-même voir qui se présentait ainsi chez lui.

C'était Edgard pâle, frémissant, en proie à une émotion violente.

— J'ai à te parler, dit-il.

— Passons dans le salon, répondit Puche de plus en plus désespéré de sa fichue bêtise.

Quand la porte se fut refermée, Edgard tira un journal de sa poche.

— Pourquoi ne m'as-tu pas montré ce journal ce matin ? demanda-t-il.

Puche ne répondit pas.

— Tu l'avais lu cependant, et ça été parce que tu l'avais lu que tu m'as dit qu'il valait mieux qu'on m'accusât de prodigalité que d'avarice ; ç'a été parce que tu as eu peur que quelqu'un ne m'en parlât que tu as voulu m'empêcher de sortir. Tu n'as donc pas pensé que tu me déshonorais ?

— On ne se déshonore pas parce qu'on ne répond pas aux injures d'une femme.

— Qui t'a dit que l'auteur de cette infamie était une femme ?

— N'en est-ce point une ?

— Si.

— Eh bien, alors, que peux-tu contre elle ?

— Rien ; mais ce journal a un gérant qui accepte la responsabilité de cet article, et je vais le tuer.

— Te battre !

— Et que veux-tu donc que je fasse ?

Ce que Puche voulait, c'était qu'Edgard ne se battît point, parce que selon lui le duel était une sottise et une duperie : on ne se bat pas pour s'exposer à être tué, quand on a vingt ans et un million de rente. Mais cela ne pouvait pas être dit sous cette forme, car, s'il l'essayait, Edgard bien certainement l'arrêterait au premier mot.

— C'est vrai, dit-il, je ne veux pas que tu te battes.

— C'est toi, Puche, toi notre ami, qui me conseilles de laisser insulter la mémoire de mon père, de me laisser insulter moi-même pour que je devienne un objet de mépris et de risée !

— Si je ne veux pas que tu te battes, c'est en ce moment seulement, et tu n'es pas juste en m'accusant de ne pas prendre souci de l'honneur de ton père et du tien ; tu sais bien, Edgard, que cela n'est pas juste, tu le sais bien.

Malgré la colère qui l'exaltait, Edgard fut touché de ces paroles, que Puche avait lancées avec émotion, et il baissa la tête.

— En voulant que tu ne te battes pas, continua Puche, j'ai une raison, une raison capitale ; ton honneur justement, c'est-à-dire l'honneur de ta famille. J'aurais voulu ne pas parler encore, mais puisque tu m'y obliges, sache que ta mère et moi nous espérons arranger un mariage entre le prince de Verberie et ta sœur, un mariage que ton duel peut faire manquer.

— Le prince de Verberie, le fils du duc de Valmondois !

— Sans doute.

— Paule connaît ce projet de mariage ?

— Non, pas encore.

— C'est donc une idée en l'air comme tu en as déjà eu tant, non un projet ?

— C'est un projet, un projet sérieux qui a toutes chances de réussir, si ton duel ne le fait pas manquer.

— Je ne comprends pas comment il pourrait le faire manquer : un fils qui se bat pour défendre l'honneur de son père n'est point une honte pour une famille.

— Ce n'est pas ainsi qu'il faut poser la question : si tu te bats, tout le monde lit cet article ; si tu ne te bats point, il passe ignoré.

— Tout le monde l'a lu déjà ; j'entends ceux qui nous connaissent. Si tu avais vu la façon dont on me regardait aujourd'hui dans la rue, tu ne dirais pas que cet article est ignoré ; si tu avais entendu ceux qui m'en ont parlé, soit avec ironie, soit charitablement pour m'avertir, tu le dirais encore moins. On connaît cet article. On sait que je l'ai lu. Il y avait dix personnes dans les bureaux du journal quand je m'y suis présenté.

— Tu as été au journal !

— Et tu veux que maintenant, quand on attend avec une curiosité méchante ce que je vais faire, tu veux que je tende l'autre joue pour recevoir un second soufflet qui fasse la paire ! Tu vois bien, mon pauvre Puche, qu'il faut que je me batte, et que, quand même je serais le dernier des lâches, je ne pourrais pas éviter ce duel. Mais ce n'est pas tout.

Puche était atterré ; il avait cru que l'argument du mariage serait décisif, et voilà qu'il devait reconnaître qu'au point où en étaient les choses il avait perdu toute importance. Que dire maintenant ? Par quels moyens empêcher ce duel ? Et même était-il sage de vouloir l'empêcher ?

— Comme je t'ai dit, continua Edgard, l'article lu, j'ai couru aux bureaux du journal ; je croyais savoir que l'auteur était une femme qui n'a pas pu tirer de moi ce qu'elle espérait ; mais c'était une certitude qu'il me fallait. On m'a refusé le nom que je voulais. Je te passe la discussion qui s'est alors engagée ; elle est inutile, elle me serait trop cruelle à rapporter. Je suis enfin sorti en annonçant que j'allais envoyer mes témoins ; et tout de suite je me suis occupé de trouver ceux que je voulais charger de cette mission. Naturellement, j'ai pensé à prendre l'ami dont je t'ai parlé ce matin: son nom, sa position aussi bien que nos relations le désignaient à mon choix, et puis je venais de lui rendre un assez grand service en lui prêtant ces deux mille louis, pour me croire autorisé à en réclamer un de lui. Eh bien, Puche, il m'a refusé.

— Refusé ! s'écria Puche, qui brusquement s'arrêta en détournant les yeux.

— Tu n'oses pas me demander pourquoi, continua Edgard, tu n'oses même pas me regarder. Eh bien ! oui, ce que tu soupçonnes est vrai. Il m'a refusé, parce qu'il a compris que ce duel allait faire du bruit, qu'il faudrait peut-être paraître devant les tribunaux, et il n'a pas voulu que son nom, que le nom que lui ont laissé ses pères, fût accolé à celui de Gripat.

— Mon pauvre enfant !

— Le plus malheureux des hommes.

Et des larmes de honte roulèrent dans ses yeux ; cependant il ne s'abandonna pas.

— Tout cela, on ne me l'a pas dit franchement ; on s'est retranché derrière des raisons de famille, des engagements pris, des promesses, des serments ; mais la vérité n'était que trop facile à comprendre, malheureusement. Je n'ai point insisté. Et je le croyais mon ami, et je venais de l'obliger, et plusieurs fois il a servi de témoin à des gens qui n'étaient pas liés avec lui comme je le suis : tu vois combien sa répulsion a été profonde.

Il s'arrêta, frémissant ; puis, après un court instant, il poursuivit.

— J'étais sorti et je marchais sur le boulevard, ne voyant personne, lorsqu'un garçon pour qui je n'ai ni estime ni sympathie m'aborda et me serra la main avec toutes sortes de protestations d'amitié. Evidemment il avait lu l'article celui-là et il se mettait à ma disposition. Je n'acceptai point, car s'il est des témoins que je veux, il en est d'autres que je ne veux pas ; mais ceux que je veux, voudront-ils de moi ? Voilà où en sont les choses.

Désespéré, affolé, je viens à toi, mon bon Puche, à toi notre ami, à toi le seul homme devant qui j'ose parler, devant qui j'ose pleurer.

Et il cacha son front rougi entre ses mains tremblantes.

C'était la première fois qu'il se livrait ainsi. Bien souvent Puche s'était demandé, pour Edgard comme pour Paule, s'ils avaient conscience de la situation qui leur était faite ; car c'était un garçon si concentré, qu'il était difficile de démêler ses vrais sentiments et de lire ce qui se cachait sous sa retenue et sous sa bizarrerie d'humeur. Il n'y avait plus à en douter : le pauvre enfant savait la vérité, depuis longtemps il la connaissait.

Et le regardant là, écrasé, Puche fut pris d'une grande pitié et d'un attendrissement paternel.

Ce n'était pas un enfant débile, à la sensiblerie maladive, pleurant ou s'emportant pour des riens, mais un jeune homme, un homme déjà, vigoureux, solide, bien équilibré, chez qui les exercices corporels, l'escrime surtout, avaient développé les muscles plus que les nerfs.

Comme Puche restait le regardant, ne trouvant point de paroles pour adoucir ce désespoir, pas plus que pour le tromper, Edgard releva la tête.

Après l'accablement, la révolte ; la flamme dans ses yeux avait séché les larmes :

— Maintenant, tu comprends, n'est-ce pas, Puche, que rien n'empêchera ce duel. Il y a longtemps déjà que j'aurais dû me battre. Dix fois, vingt fois, je l'ai voulu. Ce ne sont pas les occasions qui m'ont manqué, les provocations. Je me suis retenu. Je n'ai pas osé. Non par lâcheté ; mais par peur. Tu sais quelle peur. Tu vois comme j'ai eu tort ; ce qui arrive aujourd'hui aurait été prévenu. On m'a cru lâche, et les lâches m'ont attaqué. Quand on aura peur de moi on nous respectera. J'aurais voulu gagner ce respect par l'honorabilité de ma vie, je l'imposerai par la force. Tu vas me trouver des témoins. Tu sais ceux qu'il nous faut. A nous deux, cherchons.

Ils se regardèrent un moment sans parler ; tout à coup, Edgard saisit la main de Puche et la serrant dans un mouvement de rage :

— Ainsi, s'écria-t-il, pour que le monde accepte les enfants de Michel Gripat, il faut que le fils tue un homme et que la fille achète un mari !

III

Les témoins que Puche trouva ne furent pas précisément ceux qu'Edgard aurait pris s'il avait eu toute liberté dans son choix ; mais enfin, par leur nom et leur situation, ils étaient suffisants pour faire bonne figure dans les journaux.

Les conditions du duel furent donc arrangées : l'arme, le pistolet ; le lieu, le parc d'un château aux environs de Meaux, que Gripat avait acheté quelques mois avant de mourir, non pas tant pour la beauté de cette terre ni pour l'agrément du pays, que parce qu'elle avait été, au dix-huitième siècle, la propriété d'un des frères Pâris, et que c'était son système de se mettre toujours dans le rayonnement d'une réputation ou d'une gloire quelconque. Quand il avait acheté des tableaux anciens, leur mérite avait eu moins d'influence sur sa décision que les noms de ceux qui les avaient possédés. Et quand il en avait commandé de modernes, il s'était plus inquiété de savoir dans quelles galeries célèbres les artistes en avaient déjà, que du talent et de la valeur vraie de ces artistes : ils étaient cotés ; on les voyait en bon lieu ; cela lui suffisait ; leur réputation lui ferait honneur. De même, dans le choix de cette propriété, ce qui l'avait ébloui, lui parvenu, c'avait été la pensée de remplacer un financier célèbre, parti de plus bas que lui encore, puisque ce financier était le fils d'un aubergiste : il ferait réparer ce vieux château délabré, il l'arrangerait luxueusement ; on en parlerait et le nom de Gripat se trouverait associé à celui de Pâris : c'était quelque chose cela, au moins pour lui.

Il avait été convenu que les deux adversaires et leurs témoins, ainsi que le médecin qu'ils emmenaient, prendraient le premier train du matin à la gare de Strasbourg et, pour qu'on ne s'inquiétât pas de son absence, Edgard avait annoncé à sa mère qu'il irait à la chasse.

Évidemment il n'y avait rien que de très simple dans cette annonce ; il n'était plus un petit garçon qu'on garde à la maison, et l'on avait trop l'habitude de le voir aller, venir, rentrer ou ne pas rentrer, pour s'inquiéter quand il annonçait une partie de chasse.

Cependant Paule n'avait pas trouvé naturelle la façon dont il avait parlé de cette partie de chasse ; il l'avait trop bien préparée, trop bien expliquée, justifiée, avec un luxe de détails plus que superflus pour une chose aussi simple.

De même il lui avait semblé, le soir qui avait précédé ce départ, qu'il était plus tendre avec elles que d'ordinaire, ce qui ne s'expliquait guère vraiment s'il ne les quittait que pour aller chasser. Ils avaient passé la soirée seuls tous les trois, car cet hôtel, si animé le matin, à l'heure des solliciteurs et des mendiants, était solitaire le soir, à l'heure des amis. Habituellement, lorsqu'ils restaient ainsi dans l'intimité de la famille, — et cela arrivait toutes les fois qu'ils n'allaient pas au théâtre, car bien rares, très rares étaient les visites qu'ils recevaient, — elle se mettait au piano et jouait ce qui lui passait par la tête ou lui tombait sous la main, tantôt de la musique sérieuse, tantôt de la musique de danse, tandis que sa mère et son frère lisaient et que sa grand'mère sommeillait dans un fauteuil ; cela emplissait un peu, cela égayait ces vastes salons dans lesquels ils étaient comme perdus. Ce soir-là, pour changer l'humeur sombre d'Edgard, elle s'était mise à jouer de la musique gaie, et après quelques valses et polkas de Strauss, elle allait entamer le répertoire des Fahrbach junior et senior quand il l'avait interrompue en venant se pencher sur son épaule :

— Qu'as-tu donc dans les jambes ?

— Rien. Ce n'était pas pour moi que je jouais, c'était pour toi, pour te distraire de ce que tu sembles avoir dans la tête ou dans le cœur.

— Je n'ai rien ce soir dans la tête ni dans le cœur qui n'y soit tous les jours.

— Veux-tu que je ferme le piano ?
— Au contraire.
— Alors que veux-tu que je joue ?
— Du Chopin ou du Mendelssohn, *des romances sans paroles*.

Aussitôt elle avait fait ce qu'il demandait ; mais si le Strauss l'avait agacé, le Mendelssohn l'avait attendri sans qu'il fût facile de s'expliquer d'où venait cet attendrissement, car l'humeur sentimentale et expansive n'était point son fait.

Tout en jouant, elle l'avait examiné, tantôt à la dérobée, tantôt dans une glace, tantôt dans le piano même dont le vernis faisait miroir, et comme il marchait de long en large dans le salon, elle avait pu surprendre les mouvements de sa physionomie quand il passait derrière elle. Et ce qu'elle trahissait, cette physionomie, ce qui se lisait sur ce visage au front plissé, aux yeux sombres, aux narines dilatées, à la lèvre supérieure relevée, c'était l'inquiétude, l'angoisse, la tristesse.

Pourquoi cette angoisse ? Pourquoi cette tristesse ?

Elle avait remarqué les allées et venues de Puche, ses airs mystérieux, ses conciliabules secrets avec Edgard, et elle avait trouvé son frère bien affairé, bien effaré.

Que se passait-il ?

Elle avait cessé de jouer.

Edgard avait continué sa promenade pendant quelques instants encore ; puis tout à coup, l'interrompant, il s'était penché sur sa mère et, avec une tendresse émue, comme sous une impulsion nerveuse et inconsciente, il l'avait embrassée ; puis s'asseyant près d'elle, il lui avait pris la main et l'avait gardée dans les siennes, la caressant.

Alors madame Gripat, quittant sa lecture, avait tourné les yeux sur son fils, et souriante elle l'avait regardé.

— Quel brave garçon tu es, avait-elle dit.

Puis s'adressant à lui, en même temps qu'à sa fille :

— Et il y a des gens qui envient une belle fortune pour jouir de toutes sortes de plaisirs extraordinaires, comme si ce qu'il y a de meilleur en ce monde n'était pas le bonheur de l'intimité !

— Oh ! c'est bien vrai ! s'écria Edgard.

Et se levant, il prit sa mère dans ses deux bras pour l'embrasser, tandis que Paule, le regardant, cherchait à deviner ce qui provoquait une pareille exaltation de tendresse.

A le voir se serrer contre sa mère et la contempler, c'était à croire qu'il avait peur de la perdre.

Mais c'eût été là de la folie, car jamais assurément elle n'avait été en meilleure santé.

Alors ?

Et cette question examinée sous toutes ses faces, en augmentant les craintes de Paule, les précisait ; si leur mère n'était point en danger, c'était lui qui se croyait, qui se sentait menacé.

Comment pouvait-il l'être, si ce n'est par un duel ?

Il était donc à la veille de se battre, la logique le disait ; de là son émotion.

Arrivée à cette conclusion, Paule détourna les yeux de dessus son frère, s'attachant à ne plus le regarder : ce ne serait certes pas elle qui le ferait se trahir ; elle l'aiderait à tromper leur mère. A la pensée que son frère allait se battre et que dans ce duel il serait peut-être blessé, peut-être tué, elle venait d'éprouver un saisissement qui l'avait paralysée ; son cœur s'était serré ; son sang s'était arrêté ; elle étouffait, elle ne voyait plus, elle n'entendait plus. Et cependant depuis longtemps elle avait pensé qu'un jour ou l'autre il devait se battre pour l'honneur de leur nom, et elle croyait s'être habituée à cette idée. Mais qu'elles ressemblent peu aux angoisses de la réalité, celles qu'on imagine ! qu'il y a loin de ce qui sera à ce qui est !

Élevés ensemble, ils avaient toujours eu l'un pour l'autre une très vive affection, dont les tristesses de leur situation avaient resserré les liens, à l'âge précisément où la séparation aurait pu les relâcher. Sans amis chez les Carmes et les Pères Jésuites, sans camarades chez les Dames Anglaises, ne rencontrant chacun de son côté que l'hostilité, le dédain ou le mépris, ils revenaient l'un à l'autre avec un égal besoin de se consoler dans leurs confidences réciproques. C'était ainsi qu'en dehors et au-dessus de leur fraternité naturelle s'était établie entre eux une fraternité morale de pensées et de sentiments, qui les unissait étroitement. C'était non seulement en frère et en sœur qu'ils s'aimaient, en enfants de la même mère, en camarades de jeu, mais encore en amis.

Elle voulut lui venir en aide et partager le rôle qu'il jouait pour empêcher leur mère de soupçonner la vérité, mais aux premiers mots qu'elle prononça, elle fut forcée de s'arrêter : sa voix sonnait rauque, et elle se sentait embarrassée pour trouver des paroles comme si elle était sur un théâtre.

Alors ce fut Edgard qui, à son tour, la regarda avec surprise, se demandant évidemment ce qu'elle avait.

Enfin la soirée s'acheva tant bien que mal, et l'heure sonna où ils avaient coutume de s'aller coucher : d'un même mouvement, et comme s'ils s'étaient donné le mot, Edgard et Paule se trouvèrent debout prêts à monter.

— Vous avez sommeil? dit madame Gripat.

Paule voulut répondre.

— Edgard partira demain de si bonne heure! dit-elle.

— C'est vrai, je n'y pensais pas; adieu, Edgard!

— Au revoir, maman; à demain!

Et il l'embrassa comme tous les soirs, mais un peu plus longuement que tous les soirs, avec réserve cependant et sans s'abandonner.

— A demain, mon enfant!

— Oui, maman, à demain!

Il vint à sa sœur et l'embrassa comme il avait embrassé sa mère; alors, à l'étreinte émue avec laquelle il la serrait rapidement, elle sentit les larmes lui monter aux yeux, il lui fallut un effort pour les refouler; c'était son adieu qu'il lui adressait comme il venait de l'adresser à sa mère, avec la pensée que c'était le dernier peut-être.

On se sépara et chacun parut n'avoir d'autre idée que de dormir; mais si madame Gripat se mit immédiatement au lit, il n'en fut pas de même pour Edgard et pour

Paule, qui, rentrés dans leur appartement, ne se couchèrent point. Edgard se mit à un bureau pour écrire : Paule, après s'être fait déshabiller par sa femme de chambre, la renvoya au plus vite et, ayant passé un peignoir, s'assit dans un fauteuil où elle resta sans bouger, écoutant.

Quand les bruits de l'hôtel se furent éteints et qu'elle jugea que sa mère devait être endormie, elle sortit de chez elle, doucement, marchant avec précaution, à pas glissés, sur le tapis du vestibule, guidée par les Carcel à demi baissées. Arrivée à l'appartement de son frère, séparé du sien par celui de leur mère, elle ouvrit la porte sans bruit et entra.

S'il était couché, assurément il ne dormait pas, elle en était sûre ; il avait été, il était trop agité pour trouver le sommeil si vite.

Il n'était point couché ; assis à un bureau, il écrivait sous la lumière d'une lampe, tournant le dos à la porte.

Elle ne voulut pas le surprendre.

— Edgard, murmura-t-elle.

Mais, malgré cette précaution, il se leva en sursaut en poussant un cri nerveux.

Puis la reconnaissant.

— Ah ! c'est toi.

Et vivement il jeta dans un tiroir la feuille de papier sur laquelle il était en train d'écrire ; cela ne fut pas si vite fait que Paule ne vît que ce papier était timbré : son testament.

Pendant le temps où elle était restée dans son fauteuil, elle avait préparé ce qu'elle dirait, mais ce testament lui fit perdre la tête, et il lui fallut un certain temps pour se remettre.

— Que veux-tu ? demanda-t-il. Qu'as-tu ?

— Tu vas te battre ?

— Qui t'a dit ?

— Ton émotion avec maman ce soir, la tendresse avec laquelle tu m'as embrassée, ce testament.

Il resta un moment sans répondre, mais la tromper était assurément impossible.

— On a insulté la mémoire de notre père, dit-il, un article infâme...

— Quelle arme ?
— Le pistolet.
— Pourquoi pas l'épée ? N'avais-tu pas le choix des armes ?
— Mon adversaire n'a jamais tenu une épée ; il n'a consenti à me rendre raison que si nous acceptions le pistolet.
— Il tire bien ?
— Je ne sais pas.
— Où ?
— Dans notre parc de Mauvoisin.
— Tu vas le tuer.

Il ne répondit pas, mais il fit un signe d'une énergie farouche.

Elle lui prit la main et fortement elle la lui serra. Elle était brûlante, cette main, et sa chaleur, autant que sa sécheresse, trahissait une fièvre violente ; par là Paule comprit les angoisses de son frère.

— Est-ce notre faute ? dit-elle. Ah ! si j'étais un homme ! si j'étais à ta place, je n'aurais ni hésitation, ni scrupules. Pourquoi nous attaque-t-on ? pourquoi nous poursuit-on ? Nous nous défendons. Aurais-tu des scrupules à tirer sur celui qui voudrait t'assassiner ? Moi, je n'en aurais pas. Rassure-toi, calme-toi !

Et tendrement elle lui passa le bras autour du cou.

— Il faut que ta main soit calme demain, qu'elle soit ferme ; il le faut pour notre honneur. Il le faut pour ta vie et la nôtre. Pense à nous ; pense à mère ; pense à moi. Mais non avec émotion, comme ce soir. Avec fermeté, au contraire, en te disant que tu dois vivre pour nous.

Puis l'embrassant :

— Est-ce qu'on fait son testament la veille d'un duel !

— Crois-tu que je l'aurais fait si j'avais été dans une situation autre que la nôtre ? Il fallait employer cette fortune.

— Et comment l'as-tu donc employée ? demanda-t-elle avec inquiétude.

— Sois tranquille, je ne l'ai pas donnée tout entière, non parce que vous en avez besoin, mère et toi, mais parce que c'eût été renier père ; en dehors de ce qui revient à mère et de ce que je te laisse, j'ai distribué le reste comme j'ai pu, au hasard malheureusement, bien plus qu'au choix ; quel que soit cet emploi, je crois que si j'étais tué, il serait honorable.

— Mais tu ne seras pas tué.

— Je puis l'être ; un soldat n'est pas moins brave parce qu'en marchant au feu il se dit qu'une balle peut le frapper. Enfin si j'étais tué j'aurais fait mon devoir : je t'assure que cette pensée donne du cœur. Il te resterait à toi de faire le tien.

— Sois certain que je le ferais. Et mère ?...

Il l'interrompit :

— Ce n'est pas de mère que je veux parler : ce ne serais pas pour mère que j'aurais donné ma vie, ce serait pour père ; ce serait à père que tu devrais penser, à son nom, à notre honneur ; par ton mariage tu peux faire plus que moi en donnant ma vie.

Elle lui prit les deux mains et le regardant en face, dans les yeux, avec une résolution fière :

— Si c'est pour toi un soutien en allant à ce duel de te dire, que moi, femme, je serai digne de l'exemple que tu me donnes, sois tranquille. Je jure que ce que tu veux pour le nom de notre père et pour notre honneur, je le ferai.

Elle avait posé la main étendue sur l'épaule de son frère.

— Et plus encore peut-être.

— Et quoi ?

— Je t'expliquerai cela ; je te consulterai. Ce que tu poursuis de ton côté, je l'ai cherché du mien, moi qui ne peux pas comme toi me battre, et j'ai trouvé. Demain, quand tu rentreras et que tu pourras m'écouter, je te dirai tout. Ce n'est pas l'heure en ce moment. Tu dois te coucher, tu dois dormir. Dors, je t'en prie, dors. Il faut que ta main soit ferme.

Et elle le serra dans une longue étreinte.

Puis, doucement et avec précaution, comme elle était venue, elle rentra chez elle ; mais au lieu de se mettre au lit, elle se jeta sur un prie-Dieu et, la tête appuyée sur ses mains jointes, elle resta là longtemps à prier.

IV

Edgard arriva le premier à la gare de l'Est; bientôt il vit entrer ses témoins et le médecin que ceux-ci avaient amené dans leur voiture; puis ce fut le tour de son adversaire, qui parut suivi de ses témoins. On se salua.

Pendant qu'on prenait les billets de place, Edgard put examiner celui contre qui il allait se battre. Il ne le connaissait pas pour ainsi dire, car, fou de colère, il l'avait à peine vu lorsqu'il s'était présenté aux bureaux du journal. C'était un homme de trente ans, à la physionomie sympathique, à l'air intelligent, aux yeux doux, avec quelque chose de triste et de résigné dans toute sa personne.

— Voilà bien le type de l'homme qui n'a jamais eu de chance, dit le médecin à l'un des témoins d'Edgard.

— Espérons que sa guigne va continuer aujourd'hui.

— C'est raide tout de même de s'exposer à se faire tuer pour un autre.

— Dame ! il est payé pour ça.

— Et il est marié, m'a dit le baron.

— Une petite femme très gentille, à ce qu'il paraît; deux enfants; tout ce monde crevait de misère quand il a eu la chance de trouver cette place de gérant.

— Est-ce bien une chance?

— C'est à voir.

En arrivant à Meaux, ils trouvèrent à la gare deux voitures qui avaient été commandées à l'avance, et qui, en une demi-heure, les conduisirent à l'une des entrées du parc de Mauvoisin. Un garde avec ses chiens attendait devant la grille, croyant que son maître venait chasser. C'était un ancien soldat ; lorsqu'il vit ces sept hommes à la tenue sérieuse et à l'air grave, il comprit que c'était un duel.

— Montez sur le siège à côté du cocher, lui dit Edgard, et conduisez-nous au poteau de la Harasserie.

Les voitures s'engagèrent sous bois dans une allée cahoteuse qui, depuis longtemps, n'était plus entretenue et où avaient poussé de place en place des touffes de ronces, de fougères et de genêts. La matinée était fraîche et les brumes de la nuit, que le soleil n'avait pas encore vaporisées, flottaient sur les clairières jaunies par les premières gelées de l'automne. On allait lentement. Personne ne parlait. Dans le calme des bois que ne troublait aucun bruit, on n'entendait que le craquement des harnais mêlé au souffle des chevaux, et de temps en temps l'envolement des faisans effrayés.

On ne tarda pas à arriver au poteau de la Harasserie. Quand tout le monde fut descendu, Edgard renvoya le garde et les voitures en fixant un endroit où elles devaient attendre.

Puis tout le monde se dirigea vers une prairie entourée de hauts arbres et qui, plus longue que large, semblait avoir été dessinée exprès par un architecte prévoyant pour servir de champ de duel : le sol uni, le gazon dru et moelleux.

Les préparatifs furent vite faits, et tandis que les témoins plaçaient les adversaires en face l'un de l'autre, le médecin s'éloigna de quelques pas.

Les deux adversaires étaient l'un et l'autre extrêmement pâles, mais ils paraissaient également résolus : Edgard avec une rage contenue, son adversaire avec une résignation recueillie.

Quant aux témoins, ils semblaient perdre un peu la tête, comme s'ils venaient de se rendre compte tout à coup de la gravité de la situation, et de comprendre pour la première fois que ce duel pouvait se terminer d'une façon tragique.

Le sort avait favorisé le journaliste, qui devait tirer le premier.

Au signal, il abaissa son arme et tira rapidement.

Edgard n'avait pas été atteint; à son tour il abaissa son pistolet d'une main ferme; le coup partit; le journaliste fit un demi tour et chancela; ses témoins, qui accoururent, le reçurent dans leurs bras.

Edgard, en le voyant tourner, avait fait quelques pas en avant, mais ses témoins se jetèrent sur lui et le retinrent.

— Ce n'est pas correct.

Était-il tué? Était-il blessé seulement?

Après un rapide examen, le médecin déclara qu'il n'y avait que blessure, mais blessure grave, très grave, la balle ayant pénétré dans la poitrine et causé des désordres intérieurs qui pouvaient être mortels : il fallait transporter avec précaution le blessé dans la maison la plus proche.

— Au château, dit Edgard.

Et il s'occupa d'organiser ce transport, heureux d'échapper au lugubre tableau qu'il avait devant lui et dont il ne pouvait détourner les yeux : son adversaire, couché sur l'herbe, à moitié nu, le haut du corps ensanglanté, le visage décoloré, les yeux mi-clos, paraissant cruellement souffrir, mais ne se plaignant pas, n'adressant même pas un mot à ses amis qui s'empressaient autour de lui.

Après avoir amené les voitures sur le lieu du combat, et pendant qu'on chargeait le blessé en le transportant tant bien que mal sur un coussin soutenu par des bâtons, Edgard prit les devants pour courir au château et faire préparer un lit.

La mort ayant surpris Gripat peu de temps après qu'il eut fait l'acquisition de cette terre, aucun des projets qu'il avait préparés pour sa transformation ne s'était réalisé, de sorte qu'elle était restée telle que l'avaient laissée ses anciens propriétaires, trop pauvres pour l'entretenir, c'est à dire fort délabrée, à peine meublée d'un ancien mobilier de grand prix comme curiosité, mais peu propre à l'usage dans son état de vétusté. Jamais madame Gripat n'avait habité le château, et rarement Edgard y avait couché; quelquefois seulement, à l'automne et à l'hiver, quand il venait chasser et que le mauvais temps l'empêchait de rentrer le soir même à Paris.

Ce fut sa chambre qu'il fit arranger par la femme du jardinier; et comme celle-ci, en vraie paysanne qu'elle était, calme et flegmatique, ne se pressait point, il voulut, pour aller plus vite, l'aider à mettre les draps au lit; mais ses mains, fermes pendant le combat, étaient maintenant tremblantes, et cela étonnait si fort la jardinière, qu'elle restait les bras ballants à le regarder au lieu de travailler. Évidemment elle ne comprenait pas cette émotion.

— Puisque c'est vous-même qui avez blessé ce monsieur en vous battant contre lui, dit-elle, c'est que vous aviez des raisons pour ça. Pour lors il ne faut pas vous manger le sang.

Oui, sans doute, il avait des raisons pour ça, et légitimes et sacrées; mais lui, le malheureux!

La chambre prête, Edgard descendit sur le perron; la grande allée droite, en charmilles autrefois bien taillées, qui du parc aboutissait au parterre et au château, était déserte. Il écouta. Aucun bruit. Alors l'anxiété lui serra le cœur et une sueur froide lui mouilla les mains.

Il était mort en chemin sans doute!

Eh bien, quand cela serait! Ne voulait-il pas le tuer?... Il avait des raisons pour ça, comme disait la jardinière; alors pourquoi cette lâche faiblesse?

Tout à coup il crut entendre des bruits, et bientôt il vit déboucher la voiture dans la grande allée; elle avançait lentement, au pas, suivie des témoins à pied.

Son premier mouvement fut d'aller au-devant d'elle, pour savoir; mais après avoir descendu deux marches il les remonta, n'osant pas.

Longue et cruelle fut l'attente; il lui semblait que ce cortège, qui avait l'air d'un enterrement, n'arriverait jamais au château.

Il arriva cependant.

— Eh bien? demanda Edgard à l'un de ses témoins.

— Ça va mal; nous avons dû arrêter plusieurs fois pour qu'il n'étouffe pas.

Pendant qu'on descendait son adversaire, Edgard s'éloigna de quelques pas, regardant de loin ; mais il y eut un moment où, malgré la distance, ses yeux rencontrèrent ceux du blessé perdus dans le vague de la mort, et bien que celui-ci ne l'eût assurément pas vu, un tressaillement le secoua de la tête aux pieds.

Pendant qu'on montait le blessé, Edgard resta seul au rez-de-chaussée, dans le vaste vestibule sonore, où ses témoins vinrent bientôt le rejoindre.

Il les vit s'avancer vers lui les mains tendues :

— Mes félicitations, mon cher, très chic, votre coup de pistolet.

— Vous avez été crâne.

— Positivement, vous faites honneur à vos témoins.

Il se laissa presser les mains de mauvaise grâce : était-ce donc parce qu'ils avaient imaginé qu'il les déshonorerait, ou bien parce qu'il avait tué un homme, qu'ils étaient maintenant si fiers de lui, après s'être montrés, le matin et la veille, si réservés, si inquiets ?

Un des témoins du blessé descendit l'escalier, et, s'adressant à Edgard :

— Le médecin déclare la vie de notre ami en danger, dit-il ; dans ces conditions nous ne pouvons songer à le transporter à Paris.

— Le chateau est à vous, interrompit Edgard, usez-en ainsi que des domestiques, comme si vous étiez à l'hôtel ; votre ami est chez lui.

— Alors, pendant que l'un de nous va rester ici près de lui, l'autre va aller à Paris ; il a le sentiment qu'il est perdu, et il demande sa femme et ses enfants ; il est impossible d'avertir la malheureuse qui l'adore par une simple dépêche.

Les témoins d'Edgard intervinrent.

— Si l'un de vous doit partir, il serait convenable de rédiger auparavant un procès-verbal.

Edgard les introduisit dans la salle à manger, où il y avait une table et des chaises, mais on manquait de ce qu'il fallait pour écrire ; ce fut une affaire pour trouver du papier, une plume, de l'encre, et il dut aller chez le jardinier ; lorsqu'il eut tout apporté, il se retira.

Le commencement du procès-verbal alla couramment ; c'était le témoin du blessé qui tenait la plume, et en sa qualité de journaliste il ne cherchait pas ses phrases, qu'il lisait haut à mesure qu'il les écrivait ; lorsqu'on arriva à la fin, un des témoins d'Edgard prit la parole :

— Tout ça, c'est très bien, dit-il, mais nous ?

— Comment vous ?

— J'entends nous les témoins : voilà un procès-verbal qui sera publié par les journaux, tout le monde va en parler, il sera lu en justice ; eh bien, il me semble convenable que nous ne figurions pas là dedans seulement comme des comparses : les témoins ont un rôle aussi ; vous comprenez ?

— Nous signons ?

— Évidemment, mais ce n'est pas assez ; je voudrais quelque chose qui précisât le rôle que nous avons rempli et qui dégageât notre responsabilité ; vous comprenez ; c'est bien légitime, il me semble.

Une discussion s'étant engagée sur ce point, on alla chercher le second témoin resté auprès du blessé. Enfin, après bien des paroles, on se mit d'accord sur le fond. Mais alors il fallut trouver la forme à donner à ce quelque chose, et ce fut une affaire.

— Dictez, dit celui qui tenait la plume, j'écris.

Justement c'était là le délicat : un à peu près, cela s'expliquait tant bien que mal, « vous comprenez » ; mais si un à peu près se dit dans la discussion, il ne se dicte pas ; il faut préciser, donner une forme à son idée, — le diable. Et puis il y avait encore une autre difficulté : les amis d'Edgard auraient voulu qu'on ne pût pas les accuser d'avoir été les témoins d'un homme qui avait besoin d'un duel ; et cela ils ne pouvaient pas l'expliquer franchement : « vous comprenez. »

Enfin on trouva une phrase entortillée et obscure, qui ne disait rien si on la lisait vite, mais qui, étudiée attentivement, prouvait que les témoins de ce duel n'avaient pas été de simples comparses : ils avaient rempli un rôle, un rôle actif, et si on avait écouté leurs conseils, le résultat qu'ils déploraient ne se serait pas produit.

Edgard ne voulut pas rentrer à Paris, et bien qu'il ne

pût pas être utile au blessé, au moins directement, il crut qu'il était de son devoir de rester à Mauvoisin. Mais pour que sa sœur et Puche ne restassent pas dans l'inquiétude, il remit à l'un de ses témoins une dépêche pour Paule.

Les heures lui parurent éternelles ; il n'osait pas s'éloigner du château ; il tournait dans les allées du parterre, revenant de temps en temps pour demander des nouvelles à la jardinière, qui montait alors au premier étage et rapportait ce que lui disait l'ami resté auprès du blessé.

Et chaque fois les nouvelles étaient plus mauvaises : c'était une agonie.

Après avoir commencé par espérer le mieux, Edgard en était venu à trouver une sorte de soulagement dans la pensée que le malheureux aurait au moins la consolation suprême d'embrasser sa femme et ses enfants avant de mourir.

Mais il se trompait ; comme il venait d'envoyer la jardinière pour la dixième fois au premier étage, ce fut l'ami qui descendit :

— Il est mort, monsieur.

Edgard resta anéanti. Que dire ? A quoi bon des paroles ?

Pour ne pas se trahir, il sortit dans le parterre ; mais il avait à peine fait quelques pas qu'il entendit un roulement de voiture.

La femme, sans doute, qui arrivait avec les enfants.

Vivement, il se sauva derrière un massif d'arbustes, tremblant.

Ce n'était ni la femme ni les enfants, mais madame Gripat et Paule.

Il courut à elles : elles se jetèrent sur lui.

Ce fut seulement après quelques instants qu'il put parler et annoncer la terrible nouvelle : puis il expliqua l'émotion qu'il avait éprouvée en entendant le roulement de la voiture et en croyant que c'était la femme, — la veuve, qui arrivait.

— Mais elle nous suit, dit Paule, nous avons vu à la gare de Meaux une femme désespérée, accompagnée de deux enfants ; sa voiture était derrière la nôtre, elle va arriver.

— Rentrons, dit madame Gripat, il ne faut pas que la malheureuse nous voie, ce serait insulter à sa douleur.

Comme ils entraient tous les trois dans la salle à manger, une voiture s'arrêta, et une jeune femme sauta à terre, tenant un enfant dans ses bras, tandis que celui des témoins qui avait été la chercher descendait portant un autre enfant.

On les entendit passer en courant, et le bruit de leurs pas précipités retentit dans l'escalier, puis presque aussitôt éclatèrent des cris et des gémissements.

Edgard se cacha la tête entre ses deux mains :

— Oh ! mon Dieu, s'écria-t-il, c'est horrible..

— Les malheureux ! dit madame Gripat.

Paule était restée immobile, mais tout à coup ses yeux s'emplirent de larmes :

— A quel prix ! murmura-t-elle.

V

Le duel avait empêché Puche de s'occuper de l'affaire du duc de Valmondois, mais non de penser à son projet de mariage et de l'étudier.

Il avait trouvé plusieurs combinaisons ; mais comment les mettre à exécution ? Il fallait attendre. Et quoi qu'il lui en coûtât, il avait attendu. Seulement, pour ne pas perdre son temps et préparer à l'avance ses moyens, il s'était occupé à faire acheter un certain nombre de créances sur le duc de Valmondois et sur le prince de Verberie. Une fois que ces créances seraient entre les mains d'un de ses agents, elles pourraient être très efficaces, si l'on savait s'en servir à propos, pour influencer le père et le fils. Ce sont d'utiles instruments matrimoniaux que messieurs les huissiers. Elles ne devaient pas être chères, ces créances ; on les aurait sans doute à bon compte ; et plus tard on se les ferait payer intégralement.

Même de ce chef il y aurait bénéfice. Et à cette pensée Puche riait en se frottant les mains. Ne serait-ce pas vraiment une chose originale que le mariage de Paule fit entrer dans la caisse de madame Gripat un peu de l'argent qu'il en aurait fait tirer? Comme Gripat aurait ri s'il avait vu cela !

L'attente avait eu au moins cela de bon pour Puche qu'elle lui avait permis de bien agencer son plan et, tout en le compliquant, de le travailler assez pour lui donner l'apparence de la chose la plus simple et la plus naturelle; n'est-ce pas là le triomphe de l'art ?

Enfin, un matin, ayant serré dans les vastes poches de sa serviette, qui voyaient tant de millions entrer dans leurs plis et en sortir, les titres remis à madame Gripat par le duc de Valmondois et quelques liasses de billets de banque, il se rendit rue Royale.

L'appartement du duc était à l'entresol ; au coup de sonnette de Puche, un valet de chambre en tablier blanc ouvrit la porte si vite, qu'assurément il devait être derrière.

En effet, il tenait une brosse à la main, et dans le vestibule, posés sur des chaises ou accrochés à un porte-habits, se trouvaient des vêtements qu'il était en train de brosser.

Bien que cela manquât de tenue, Puche n'en fut pas trop surpris en pensant à la situation financière du duc ; mais ce qui le stupéfia, ce fut d'apercevoir une robe et des bottines de femme. Et quelle robe encore! une traîne crottée et dont la roue était trouée. Et quelles bottines! le talon usé et le quartier éculé. Il était donc tombé bien bas, M. le duc de Valmondois ; mais cela n'était pas fait pour désoler Puche, au contraire.

A la demande de Puche, le valet de chambre répondit que « M. le duc était encore au lit et ne pouvait pas recevoir ».

— Dites à M. le duc que je viens de la part de madame Gripat et que je le prie de me fixer l'heure à laquelle je pourrai me présenter.

Le duc fit répondre que dans une heure il recevrait l'envoyé de madame Gripat, et Puche n'eut qu'à attendre en se promenant dans les Champs-Élysées, où tout en marchant sur les feuilles mortes, il repassa son rôle : il dirait ceci, et puis cela.

Quand il se présenta à nouveau, le valet de chambre le fit entrer dans un petit salon banal et misérable, où se voyaient cependant quelques restes de splendeur, mais sans valeur vénale aucune.

Il n'eut pas le temps de se livrer à un long examen ; le duc fit son entrée, vêtu d'un costume du matin plus que fatigué.

Puche salua respectueusement.

— Seyez-vous ! dit le duc.

— Je vous demande pardon, monsieur le duc, de venir si tardivement vous apporter la réponse de madame Gripat à la réclamation... à la juste réclamation...

Le duc inclina la tête.

— ...A la juste réclamation que vous lui avez adressée ; mais nous avons été en ces derniers temps terriblement bouleversés ; ce duel funeste...

— Oui, je sais ; très bien conduit, ce jeune homme ; joli coup de pistolet.

— Ah ! c'est un grand malheur pour nous.

— Pourquoi donc ?... Pourquoi donc ? N'a eu que ce qu'il méritait ; de quoi se mêlait-il ? c'est une bonne leçon ; ça servira aux autres peut-être.

— Enfin, je vous prie d'accepter les excuses de madame Gripat. Nous avons soumis votre réclamation à nos conseils ; après examen, ils ont été d'avis, à l'unanimité...

Puche fit une pause et regarda le duc, car il était arrivé à un des effets sur lesquels il comptait ; mais M. de Valmondois ne sourcilla pas.

— Ils ont été d'avis... à l'unanimité, qu'elle n'était pas fondée.

— Hein ? interrompit le duc avec hauteur.

— En droit ! insinua Puche.

C'était encore un de ses effets ; il porta, celui-là.

— Mais ce n'est pas par les règles du droit, continua Puche, que madame Gripat se laisse diriger, c'est par celles de sa conscience. Elle a donc estimé que, si légalement elle ne vous devait pas le remboursement des titres que vous avez...

Il allait dire « souscrits », car c'était aussi un de ses effets, mais au moment de lâcher ce mot un peu gros, il en eut peur.

— ...Que vous lui avez remis, dit-il, elle vous le devait moralement... à cause des circonstances toutes particulières dans lesquelles vous les avez souscrits. Et ce remboursement, je vous l'apporte.

Disant cela, Puche ouvrit sa serviette et en tira les liasses de billets de banque, qu'il mit sur une console.

Le duc ne posa pas la main dessus, mais dissimulant son élan de joie sous une indifférence dédaigneuse :

— C'est bien, dit-il, c'est très bien ; j'irai faire mes compliments à madame Gripat ; je la croyais une femme de finance.

— Mon Dieu ! interrompit Puche avec bonhomie, il est cependant connu qu'elle a l'argent facile.

Mais cela fut jeté légèrement, et au lieu d'insister, il se fit de plus en plus bonhomme, presque bête ; il était arrivé au point important de sa démarche, et ce n'était pas trop de toute son application pour dire ce qu'il avait à dire ; il avait compté sur des remerciements de la part du duc, et voilà que la façon dont celui-ci acceptait « ce remboursement » dérangeait son plan, et lui coupait sa transition pour parler de Paule.

— Je vois, dit-il, que monsieur le duc ignore que madame Gripat est de la noblesse ; elle est la fille d'un brave soldat, le baron de la Ricotière, mort colonel au moment où il allait passer général.

Mais la naissance de madame Gripat laissa le duc parfaitement froid ; cependant Puche continua :

— C'est cette naissance qui rend madame Gripat si exigeante pour le mariage de sa fille ; car avec la beauté de notre chère Paule, une beauté éclatante, robuste ; avec sa dot de vingt cinq millions et la grosse fortune qu'elle aura plus tard ; avec son intelligence, son esprit brillant, son éducation, enfin avec toutes les qualités qui font d'elle une femme accomplie, elle serait déjà mariée,

— et elle n'a que dix-huit cependant, — si sa mère ne tenait pas tant à la naissance. Ah! ce ne sont pas les prétendants qui nous ont manqué, car on nous poursuit, le mot n'est que juste. De tous les côtés on nous assiège. Quand on n'a pas réussi par l'insinuation, on arrive à la menace. Vous ne sauriez vous imaginer jusqu'où l'on va.

Tout cela n'était pas très habilement enchaîné. Puche le sentait. Quelles raisons pouvait-il avoir pour conter cette histoire à M. de Valmondois, si ce n'est sa raison à lui, qu'il ne pouvait pas dire? Mais ce n'était pas sa faute; pourquoi le duc ne l'avait-il pas remercié? Avec ce remerciement pour point de départ, il allait tout seul, tandis que maintenant il fallait tâcher de justifier ses paroles, qui devaient paraître du simple bavardage.

— C'est là un trait de mœurs intéressant, n'est-il pas vrai? dit-il. Croiriez-vous qu'il y a quelques mois un personnage belge, un comte, a demandé la main de Paule, et comme nous la lui avons refusée, il nous adresse à chaque instant des lettres pleines de menaces. Mais voici qui est plus fort. Un gentilhomme normand, je n'hésite pas à le nommer, M. le comte de Flancourt, vous le connaissez sans doute, de la grande famille des Flancourt, les Flancourt de Louis XIV...

M. de Valmondois fit un signe ennuyé.

— Eh bien! poursuivit lentement Puche, qui avait appris au Théâtre-Français que pour faire passer une chose longue il ne faut pas la dire vite, eh bien! M. le comte de Flancourt a écrit à madame Gripat une lettre, toujours pour demander Paule, si extraordinaire, qu'on ne voudrait pas la croire vraie, si je la racontais sans la montrer.

Et il fit mine de tirer cette lettre de son portefeuille, mais le duc l'arrêta d'un geste de la main, et Puche se le tint pour dit.

— Mon Dieu! continua-t-il, nos prétentions ne sont pas telles que le mariage de Paule soit impossible. La fortune, nous ne la demandons pas, en ayant une assez belle, Dieu merci, pour deux. Mais nous tenons à la naissance, et voilà pourquoi les Flancourt et autres ne sont pas suffisants pour nous. Là-dessus les exigences de madame Gripat sont rigoureuses : ou sa fille épousera un homme d'un grand nom, ou bien, tant qu'elle ne l'aura pas rencontré, elle attendra ; mais il y a tout lieu de croire qu'elle n'attendra pas longtemps. Vous voyez, monsieur le duc, que la femme qui pense ainsi n'est pas une femme de finance ; ce que je voulais démontrer et ce qui vous a valu ce long bavardage, pour lequel je vous demande pardon.

Et Puche se leva.

— Trouve-t-on madame Gripat chez elle à d'autres heures que celles de la matinée? demanda M. de Valmondois.

— Elle reçoit tout les jeudis.

— Eh bien ! un de ces jeudis j'irai la voir, en passant.

Puche salua respectueusement et sortit le dos voûté, mais dans l'escalier il se redressa, et quand il fut dans la rue il se haussa orgueilleusement.

— Seyez-vous, murmura-t-il, seyez-vous! Eh bien! tout sis que j'étais, je vous ai roulé, monsieur le duc. Maintenant, que la fête de messieurs les huissiers commence, et ce ne sera pas un de ces jeudis que vous ferez votre visite à madame Gripat, en passant ; ce sera jeudi prochain, en venant tout exprès pour la voir.

Et il se rendit chez son huissier, riant tout seul silencieusement en marchant, sans rien voir autour de lui : princesse de Verberie ! Et qui est-ce qui serait heureuse ? Qui est-ce qui serait fière de son vieux Puche? Ce serait cette chère petite Paule, qui n'aurait qu'à jouir de son bonheur, sans savoir jamais comment il aurait été préparé.

Et il fit cette réflexion philosophique que c'étaient vraiment des naïfs, ceux qui s'imaginaient que le bonheur vient en dormant, et qu'il n'y a qu'à l'attendre de la Providence ou d'une bonne chance.

La Providence, c'était lui Puche, hé ! hé !

VI

Si Puche avait mieux connu M. de Valmondois, ou bien s'il l'avait mieux examiné pendant cet entretien, il se serait sans doute dispensé de sa visite à son huissier pour donner l'ordre à celui-ci de commencer la fête.

Mais, absorbé par ce qu'il avait à dire, tout entier aux effets qu'il avait préparés et à l'exécution de son plan, il n'avait pas vu que cette fête était inutile et que M. de Valmondois n'avait pas besoin d'être poussé par messieurs les huissiers pour être sensible aux mérites de Paule, sinon à ceux de sa beauté éclatante et robuste, de son esprit brillant, de son éducation, au moins à ceux de sa dot.

Aussitôt que Puche fut parti, M. de Valmondois s'assit devant un petit bureau et d'une main rapide écrivit cette dépêche :

« Viens dîner ce soir, huit heures, café Riche ; affaire importante pour toi. »

Puis tout de suite il envoya son valet de chambre porter cette dépêche au télégraphe.

A huit heures moins cinq minutes, le duc entrait dans le salon qu'il avait retenu en venant commander lui-même son dîner, car il ne s'en remettait à personne pour discuter une chose de cette gravité ; quelques instants après arrivait le prince de Verberie.

— Bonjour, Odet, dit le duc en tendant la main à son fils, tu vois que je t'attendais.

— J'ai pourtant failli ne pas venir.

— Oui, mais comme j'ai eu la précaution de mettre dans ma dépêche qu'il s'agissait d'une affaire importante... pour toi, tu es venu.

— C'est pour moi seul qu'elle est importante, cette affaire ?

— Pour moi aussi... comme père.

— Ah !

Le duc ne parut pas se scandaliser de ce *Ah !* peu révérencieux dans la bouche d'un fils.

— Débarrasse-toi de ton pardessus, dit-il, et dînons; nous causerons quand nous ne serons plus dérangés.

Malgré l'importance de l'affaire qu'il avait à traiter, M. de Valmondois n'abrégea pas son dîner, car ce n'était pas son habitude de sacrifier son plaisir aux affaires, et pour lui, bien dîner, était un vif plaisir.

Ce fut donc seulement quand le café, les liqueurs, les cigares furent servis et que les garçons n'eurent plus à entrer dans leur salon que le duc aborda l'entretien.

— Mon cher Odet, dit-il en se penchant en avant, les deux coudes appuyés sur la nappe de façon à se rapprocher de son fils assis vis-à-vis de lui, le moment est venu pour moi de te faire connaître franchement ma situation : elle est désespérée.

— Vous m'effrayez, interrompit Odet d'un ton moitié sérieux, moitié ironique ; est-elle vraiment si désespérée que cela?

— Rassure-toi, je ne t'ai pas fait venir pour te demander ta signature.

— Au prix qu'elle vaut, je crois qu'elle ne vous rendrait pas de grands services.

— C'est précisément parce qu'elle ne vaut rien, pas plus que la mienne, d'ailleurs, que je t'ai appelé, et puisque tu te rends si bien compte de ta situation, il est inutile que j'insiste : c'est là un sujet qui ne m'est pas agréable.

— Ni à moi.

— Eh bien, alors, le mieux, au lieu de nous livrer à des constatations superflues, est de chercher à sortir de cette situation.

— Vous avez un moyen?

— Pour toi, oui ; pour moi, non ; mais il ne s'agit pas de moi.

Le jeune prince eut encore un sourire qui en disait long sur les relations du père et du fils : mais M. de Valmondois ne s'en fâcha pas bien qu'il l'eût vu et qu'il en eût compris l'ironie.

— Et ce moyen? demanda Odet.

— Un mariage.

— Oh! oh!

— Ne va pas te récrier.
— Vous avez la femme ?
— Je l'ai: vingt-cinq millions de dot, je dis de dot, sans parler du reste.

Le duc se renversa sur son canapé, écartant de la main le nuage de fumée qui l'enveloppait, afin de bien voir quel effet avait produit le chiffre de cette dot.

Odet ne laissa rien paraître sur son visage pâle et dans ses yeux, qu'il avait fixés sur ceux de son père, il fut impossible de rien lire.

— Et la femme ? dit-il enfin.

Vivement M. de Valmondois lui tendit la main par-dessus la table.

— Voilà le mot que j'attendais, dit-il, le cri qui, j'en étais sûr, sortirait le premier de tes lèvres. La femme ? Sois tranquille, elle est ce que tu peux désirer. Tu dois bien penser que si elle était autre, je ne te parlerais pas de ce mariage. Beauté éclatante et robuste, intelligence, esprit brillant...

Il hésita un moment, cherchant ce que Puche lui avait dit encore, car ce n'était pas tout; mais il lui fut impossible de retrouver le reste.

— Enfin une femme accomplie, dit-il vivement.
— Son âge !
— Dix-huit ans.
— Brune, blonde ?

M. de Valmondois n'avait pas pensé à cela ; il hésita un moment.

— Heu, heu... comme toutes les femmes.
— Je la connais ?
— Je ne crois pas... à moins que tu ne l'aies vue...

Il allait dire par hasard, mais il se retint à temps.

— A moins que tu ne l'aies vue, répéta-t-il.
— C'est ?

Cette fois il ne fallait pas hésiter.

— Mademoiselle Gripat, dit M. de Valmondois avec autorité.

Odet fit un brusque mouvement de recul.

— Mademoiselle Gripat ?

Puis revenant, en homme qui veut être fixé :

— Gripat ! Qui ça, Gripat ? Ce n'est pas la fille de Gripat le voleur ?

— Pourquoi le voleur ? En quoi Gripat a-t-il été plus voleur que les autres financiers ? On peut appeler tous ces gens-là voleurs. Où veux-tu qu'ils prennent leur fortune ? Ah çà ! mais est-ce que tu aurais des préjugés bourgeois ?

— Préjugés !

— Il faut aller au fond des choses et ne pas se payer de mots. Nous sommes ruinés. Plus que ruinés, sans ressources. Je ne suis pas un financier. Toi tu n'es pas un industriel. Nous n'avons donc ni l'un ni l'autre les moyens de faire fortune. Ou plutôt nous en avons un ; c'est-à-dire que toi tu en as un : le mariage. Connais-tu dans notre monde une femme de notre rang qui soit disposée à t'épouser et qui t'apporte vingt-cinq millions de dot ? La connais-tu, cette femme ?

Odet ne répondit pas.

— Si tu la connais, continua M. de Valmondois, je n'ai pas un mot à te dire de mademoiselle Gripat. Mais tu ne la connais pas, par cette raison malheureuse qu'il n'y en a pas. Alors je reviens à mademoiselle Gripat. Prends-tu son nom ? C'est elle qui prend le tien. Vos enfants ne seront pas Gripat, ils seront Valmondois. Des Gripat ils n'auront que la fortune ; le seul point à considérer. Il faut être de son temps ; et notre temps est le siècle du million. On vaut par ce qu'on a, et non par ce qu'on est. La naissance, rien ; le talent, rien ; l'argent, tout, même quand il est seul, mais s'il est réuni à la naissance ou au talent, le maître du monde. Tu as la naissance. Veux-tu l'argent ? Si oui, et je ne te ferai pas l'injure de supposer que tu peux hésiter ; si oui, tu n'as qu'à te baisser pour le prendre.

— Ah ! voilà.

— Eh mon Dieu ! il faut se baisser, je le sais bien, et ce n'est pas moi qui te dirai le contraire. Cela est fâcheux, désagréable, tout ce que tu voudras. Je pense comme toi. Mais enfin, n'est-ce pas l'attitude de ceux qui gagnent ? « Tu gagneras ton pain à la sueur de ton visage et tu ramperas sur le ventre ; » c'est la loi divine. Et dans l'espèce elle n'est vraiment pas bien terrible : suer avec mademoiselle Gripat, hé, hé, elle est fort bien mademoiselle Gripat ; tu sais : beauté éclatante et robuste.

Odet resta assez longtemps silencieux, son père l'examinant et suivant sur son visage changeant les idées opposées par lesquelles il passait.

— Où peut-on la voir, mademoiselle Gripat ? dit-il enfin sans lever les yeux.

— Ah ! mon cher enfant, s'écria M. de Valmondois, mon cher enfant, tu relèveras notre maison. Je comprends que tu ne veuilles pas t'engager à la légère et que tu ne te prononces qu'après avoir vu la jeune fille. La mère a sa loge à l'Opéra. Je ne me rappelle plus son jour. Je vais m'en informer. Tu verras Paule... elle s'appelle Paule. Et nous déciderons ensuite ce qu'il y a à faire.

VII

Le vendredi était le jour d'Opéra de madame Gripat, et elle avait sa loge au premier étage entre les colonnes.

Donc, le vendredi qui suivit le dîner au café Riche, M de Valmondois et Odet vinrent tous deux en même temps occuper les fauteuils qu'ils avaient loués, et que le duc avait choisis de façon qu'en tournant le dos à la scène, il fît face à la loge de madame Gripat : s'il voulait qu'Odet vît bien Paule, lui-même tenait à étudier sa future belle-fille : « cette beauté éclatante et robuste » qu'il avait célébrée sans même savoir si elle était grande ou petite, brune ou blonde.

La toile venait de se lever sur le premier acte du *Prophète* et les paysans, leurs outils à la main, les meuniers chargés de sacs de farine chantaient en chœur :

La brise est muette,
Le jour est serein.

Mais ce n'était pas de ce qui se passait sur la scène que M. de Valmondois et Odet avaient souci : en gagnant leurs places ils n'eurent d'yeux que pour la loge de madame Gripat.

Elle était vide.

Alors ils s'assirent.

— J'aurais pu moins me presser, dit Odet.

— Cet empressement me prouve que tu as réfléchi à ce que je t'ai dit.

— On m'a fait réfléchir.

Qui ça, on ?

Odet se pencha vers son père :

— Les huissiers qui m'ont poursuivi à outrance.

— Tiens, moi aussi ; voilà une fâcheuse coïncidence.

Le chœur chantait :

> Le vent qui s'arrête
> Arrête le moulin.

On pouvait parler sans déranger ses voisins et sans crainte d'être entendu d'eux.

— Ces poursuites, continua Odet, ne sont pour vous qu'un ennui...

— Saisie, vente, c'est honteux.

— Pour moi elles me perdent : le colonel m'a fait appeler ce matin et ne m'a pas caché qu'il était à bout. Il m'a soutenu jusqu'à présent par faiblesse pour sa femme, dont la vanité est flattée d'avoir dans son salon un prince qu'elle exhibe comme un phénomène, et dont elle se pare pour faire enrager ses amies ; mais comme c'est un bonhomme d'ordre, au fond, il est exaspéré. Il veut que je paye mes dettes. Et je crois que s'il avait l'argent nécessaire pour cela il me le prêterait.

— Mais il ne l'a pas.

— Il veut que je me marie.

— C'est un homme intelligent.

Ils durent s'arrêter ; le chœur était fini ; Berthe venait de commencer sa cavatine, il n'était plus possible de causer librement.

Mais pour ne point parler, le duc n'en fut pas plus attentif à ce qui se passait sur le théâtre : que lui importait « cette vassale » dont il avait entendu les plaintes vingt fois ? A chaque instant il se retournait, et comme s'il lorgnait la salle entière, il regardait la loge de madame Gripat qui continuait à rester vide.

— Êtes-vous bien certain que le vendredi soit son jour ? demanda Odet.

— Parfaitement, répondit M. de Valmondois, enchanté de cette inquiétude qui prouvait que son fils avait réfléchi, et que la réflexion avait fait taire les objections par lesquelles il avait tout d'abord accueilli ce projet de mariage.

L'acte s'acheva sans que la loge fût occupée ; à l'entr'acte le duc et son fils ne quittèrent point leurs fauteuils, mais tournant le dos à la scène ils lorgnèrent la salle, envoyant des saluts ou des signes de mains aux personnes qu'ils connaissaient ; on les regardait curieusement, et l'on se demandait pourquoi ce soir-là ils étaient ensemble ; cela était extraordinaire.

A un certain moment une lueur éclaira le fond de la loge sombre ; la porte venait de s'ouvrir.

— La voilà, dit le duc.

Mais l'avertissement était inutile : sa lorgnette à la main et braquée sur le second étage, comme s'il s'intéressait à ce qui se passait là, Odet regardait la loge de madame Gripat, avec ses yeux qui étaient bons.

Il vit entrer tout d'abord une femme de quarante ans, en robe de velours vert, avec un seul diamant attaché au cou par un ruban, mais si gros, si brillant, qu'i faisait un point lumineux dans la loge ; puis une jeune fille rousse, en robe de tulle bleu pâle, les épaules nues, les bras nus, sans bijoux, sans fleurs dans les cheveux, en fille du vrai monde qui a le mépris de la parure et met sa confiance dans sa seule beauté ; et il trouva que cette confiance superbe était justifiée par le caractère gracieux de sa physionomie, et surtout par l'éclat de sa carnation nacrée, par l'étrangeté de sa rousseur vénitienne ; le jeune homme qui les accompagnait n'était pas mal, mais son regard était trop mobile, trop effaré ; il y avait dans toute sa personne une souplesse, une sécheresse nerveuse, avec quelque chose d'épuisé et d'essoufflé, qu'on remarque souvent chez ceux qui pratiquent l'escrime passionnément.

Mais ce n'était pas pour le jeune homme qu'Odet avait des yeux, c'était pour la jeune fille.

Le duc n'en avait pas moins que lui.

— Mais elle est très bien, tout à fait bien, murmura-t-il.

— Vous ne la connaissiez donc pas? demanda Odet surpris.

— Comment! je ne la connais pas! beauté robuste; est-ce cela, ou n'est-ce pas cela?

— Mais elle est rousse.

— Parbleu! comme toutes les femmes.

A ce moment, madame Gripat regarda du côté du duc, et celui-ci salua de la tête et de la main, ostensiblement, en homme qui veut être remarqué.

— Comment la trouves-tu? demanda M. de Valmondois.

— Ah! si elle n'était pas Gripat!

— Alors elle te plaît? cela suffit; quand vous serez mariés, elle sera princesse de Verberie; à l'entr'acte suivant j'irai faire ma visite à madame Gripat; je trouverai un moyen pour te présenter.

— Mais...

— Qu'a dit ton colonel?

Le second acte commença.

— Tu peux te retourner de temps en temps, dit le duc à son fils; une belle fille n'est jamais fâchée qu'on l'admire.

Si Odet ne se retourna pas pour admirer Paule, en tous cas, ce fut pour la regarder, pour l'étudier.

Elle était vraiment bien, très bien, cette rousse; pas régulièrement jolie, mais brillante, élégante; c'était la beauté robuste dont avait parlé son père, saine, vivante, et cela c'est bon pour les enfants, pour remonter une race; ah! si elle n'avait pas été Gripat!

Il est vrai que si elle n'avait pas été Gripat, elle n'aurait pas eu vingt-cinq millions de dot. Ce n'était pas une fille noble qui avait une pareille fortune. Et cherchant, dans son monde, les beaux mariages qui s'étaient faits, il ne trouvait que des filles de parvenus, financiers, industriels qui, avec leur argent, avaient acheté un grand nom ; et le grand nom ne s'était pas toujours vendu très cher. Quelles familles nobles tenant encore un rang aujourd'hui n'ont pas engraissé leurs terres, à un moment donné, avec l'argent des financiers ?

L'acte s'acheva, et aussitôt que la toile fut baissée, M. de Valmondois quitta sa place pour monter à la loge de madame Gripat.

Sans entrer dans tous les détails de son plan, Puche avait annoncé à madame Gripat la visite prochaine du duc pour un jeudi, et madame Gripat avait attendu cette visite ; mais ne l'ayant pas reçue elle n'avait pas été très surprise. Il y avait tant de raisons, dont elle sentait la force, pour que M. de Valmondois ne vînt point à l'hôtel Gripat, un jour de réception. Quand elle le vit entrer dans sa loge, elle éprouva un saisissement de joie ; car si le prince de Verberie s'était souvent tourné de leur côté, elle ne l'avait pas elle-même quitté des yeux, le trouvant charmant, plus charmant encore que ne le montraient ses portraits, et elle s'était dit qu'il était vraiment digne de Paule. Cette visite se produisant au moment même où elle admettait la possibilité de ce mariage, en était presque la consécration. Et puis, le duc de Valmondois était, malgré tout, le duc de Valmondois, c'est-à-dire un des plus beaux noms de France, et elle ne pouvait pas ne pas se laisser emporter par un souffle de fierté en le voyant entrer, devant tout Paris, dans sa loge, et le saluer avec les démonstrations du respect. Bien qu'elle n'eût pas d'yeux pour la salle, elle sentait les lorgnettes braquées sur sa loge, et l'orgueilleuse satisfaction de la minute présente effaçait le souvenir des humiliations qu'elle avait eu si souvent à supporter. Enfin !

Le duc avait pris le fauteuil que, de la main, elle lui avait indiqué, et il s'était assis faisant face à la salle.

— J'aurais eu l'honneur d'aller vous faire une visite depuis plusieurs jours déjà, dit-il, si je n'en avais été empêché par des affaires importantes ; aussi, en vous apercevant ce soir, n'ai-je pas voulu retarder plus longtemps ce plaisir et ce devoir, malgré ce que cette façon de se présenter a de peu correct.

Sorti de ce préambule un peu long, M. de Valmondois adressa plus brièvement ses félicitations à madame Gripat pour la délicatesse qu'elle avait apportée au règlement de leur affaire, puis tout de suite il complimenta Paule pour sa beauté, et Edgard pour son duel : chacun eut son mot.

Ce duel, d'ailleurs, n'arrivait pas là par hasard et M. de Valmondois ne l'avait amené que pour pouvoir parler d'Odet.

— Il fait le sujet de toutes les conversations, votre duel, continua M. de Valmondois, et mon fils me disait tout à l'heure, — c'est avec mon fils que je suis venu ce soir à l'Opéra, — mon fils me disait que, parmi les officiers de son régiment, il y avait unanimité à approuver la leçon que vous avez donnée à ces coquins. Sans doute, il est désagréable d'avoir tué un homme, c'est une pensée qui est gênante les jours où l'on a ses nerfs...

— Tous les jours, dit Edgard gravement.

— Comme vous dites cela, jeune homme. Je regrette que vous n'ayez pas entendu mon fils.

Puis, s'arrêtant, il regarda Edgard attentivement, et après quelques instants, se tournant vers madame Gripat :

— Voulez-vous me permettre de vous présenter mon fils, madame ?

Et il souligna cette demande d'un coup d'œil qui disait qu'il ne pouvait être que bon pour Edgard, dans les dispositions où il se trouvait, de causer avec le prince de Verberie et d'entendre ce que celui-ci pensait de ce duel.

Cette proposition répondait trop bien aux secrètes inquiétudes de madame Gripat sur l'état moral d'Edgard pour qu'elle ne l'accueillît pas avec empressement : et puis, d'autre part, n'avait-elle pas toutes sortes de raisons pour désirer voir de près le prince de Verberie ?

M. de Valmondois s'était levé ; de la main, il avait fait un signe, qui était un appel à Odet, resté à sa place, les yeux tournés vers la loge, et celui-ci ne s'était pas fait attendre longtemps.

Ce fut une présentation plutôt qu'une visite ; mais si courte que fût cette présentation, elle permit cependant à Odet, aidé par son père, de se montrer à son avantage, — gracieux et charmant.

Au moins ces deux mots furent ceux dont M. de Valmondois se servit en sortant de la loge.

Et, de même, ce furent aussi ceux que prononça madame Gripat lorsqu'elle se retrouva seule avec ses enfants :

— Il est charmant, le prince de Verberie, dit-elle en s'adressant à Paule bien plus qu'à Edgard.

— Tout à fait charmant, répondit Edgard, et ce que je viens de voir de près confirme l'impression qu'il m'a faite souvent de loin.

Comme Paule ne disait rien, sa mère l'interrogea directement :

— Et toi ? demanda-t-elle, comment le trouves-tu ?

Le rideau venait de se lever sur le camp des anabaptistes ; Paule regarda la scène et ne répondit pas ; alors sa mère insista :

— Comment trouves-tu le prince de Verberie ?

— Il est bien.

— Tu dis cela comme si tu ne l'avais pas regardé.

— Je l'ai regardé, dit-elle nonchalamment ; il est bien.

Sa mère l'examina ; elle tenait ses yeux fixés sur l'orchestre, mais du côté opposé à celui où M. de Valmondois et Odet avaient leurs fauteuils.

Alors se penchant vers Paule pendant que le chœur hurlait : « Du sang ! du sang ! »

— Comme mari ?

— Et pour qui ?

L'allégro féroce de l'orchestre emplissait la salle ; cependant, comme elles se touchaient, elles pouvaient s'entendre, mais sans que leurs voix arrivassent directement à Edgard, placé derrière elles.

— Il n'y a rien d'arrêté ; mais la visite insolite du duc de Valmondois, et celle non moins étrange du prince de

Verberie, sont, il me semble, significatives. D'ailleurs, je sais que M. de Valmondois pense à ce mariage.

— Mais je n'en veux pas ! dit Paule avec énergie.

— Comment ! tu n'en veux pas ! Et pourquoi ?

Et comme Paule allait répondre, madame Gripat lui coupa sa parole : «

— Ce n'est pas le moment de nous expliquer; nous parlerons de cela plus tard.

— De quoi s'agit-il donc ? demanda Edgard.

— Rien.

Paule avait repris sa place sur le devant de la loge, comme si elle s'intéressait à ce que se chantait; cependant ce n'était point sur la scène qui se fixaient ses regards, mais sur l'orchestre. Là, au premier rang des fauteuils, se trouvait un spectateur qui, lui aussi, ne s'inquiétait guère de ce qui passait sur le théâtre, mais qui, à chaque instant, se retournait du côté de la salle. C'était un homme de trente-cinq ans environ, à la chevelure noire, abondante et longue, rejetée en arrière, au visage complètement rasé comme celui d'un prêtre ou d'un comédien, au torse vigoureux, à la tête puissante, avec une physionomie énigmatique qui ne se laissait pas percer : l'intelligence, la volonté, l'énergie, on les lisait dans ses yeux noirs; mais à quoi cette volonté et cette intelligence s'employaient-elles ? C'était ce qu'on ne pouvait guère deviner : un artiste? peut-être; un avocat? c'était possible ; un homme politique? tout aussi bien; en tout cas, quelqu'un.

A un moment où il était tourné vers la loge de madame Gripat, Paule porta son éventail fermé à son oreille, et elle resta assez longtemps dans cette attitude.

Madame Gripat se pencha vers sa fille, qui, instantanément, abaissa son éventail.

— M. Rampal est à l'orchestre, dit madame Gripat.

— Je l'ai vu, répondit Paule.

— Parbleu, dit Edgard se penchant entre elles, il est toujours à l'Opéra quand Melcha danse ; Rampal à l'orchestre, cela veut dire que nous allons voir Melcha dans le ballet.

Paule se retourna vers son frère :

— Je croyais que M. Rampal ne s'intéressait plus à elle, dit-elle.

— Alors tu es mieux que moi au courant des choses.

Un léger mouvement de trouble empêcha Paule de répondre tout de suite.

— J'ai lu cela quelque part, dit-elle enfin.

— Ah ! tu as lu.

— Moi aussi, dit madame Gripat.

— Tu vois, s'écria Paule.

— Qu'est-ce que cela prouve ? continua Edgard. Je n'ai pas dit que vous n'aviez pas lu. Que ne lit-on pas ? Seulement, je dis que Melcha pouvait avoir intérêt à ce qu'on lût cela.

— Est-ce qu'une femme comme Melcha ne doit pas être fière qu'on connaisse sa liaison avec un homme comme M. Rampal ? demanda Paule d'un ton sec.

— Fierté et intérêt sont deux ; et son intérêt bien entendu a pu être qu'on crût qu'elle était libre ; les juives sont plus sensibles à l'intérêt qu'à la fierté. Maintenant il se peut très bien que ce soit Rampal qui ait trouvé utile qu'on crût que c'était fini.

— Tu conviendras bien aussi, n'est-ce pas, qu'il se peut de même que ce soit tout simplement vrai, répliqua Paule.

— Oh ! parfaitement ; si cela te fait plaisir, dit Edgard en riant.

— Et pourquoi voudrais-tu que cela me fît plaisir ? demanda Paule en fixant sur son frère un regard interrogateur.

— Oh ! cela, répondit Edgard, je serais bien embarrassé pour le dire.

Et prenant sa lorgnette il la dirigea sur la scène ; le ballet allait commencer et le chœur chantait ces vers étonnants :

> Voici les fermières...
> Leurs pieds, sur la glace
> Courant avec grâce,
> Sans laisser de trace
> Glissent sur les flots.

— Justement, voici Melcha, dit Edgard.

Parmi les patineuses qui glissaient sur la glace sans laisser de trace sur les flots, venait d'apparaître en costume de Frisonne une femme très brune, au torse admirablement modelé, long et souple, au visage d'un ovale pur, aux sourcils arqués, aux yeux de velours, ressemblant beaucoup plus à une Orientale qu'à une fermière de la Frise.

— Où trouver une femme mieux faite que celle-là ? dit Edgard la lorgnette aux yeux.

— Dans les ateliers de peintres et de sculpteurs, répliqua Paule, parmi celles qui l'ont remplacée et qui probablement la valent bien.

— Il n'est pas si sûr que cela qu'elles la valent, puisque c'est celle-là qu'on a été chercher pour la montrer dans toutes les apothéoses des féeries ; tu sais, quand on a subi en maillot l'épreuve de la lumière électrique, c'est un brevet de perfection plastique, cela.

— Ce qui n'empêche pas qu'elle a le nez crochu et le menton pointu, dit Paule.

— Oh ! maman, protesta Edgard en prenant madame Gripat pour juge.

— Laissez donc mademoiselle Melcha, répondit madame Gripat d'un ton qui disait que cette conversation lui déplaisait.

— Enfin elle a quarante ans, dit Paule, et je voudrais bien savoir comment on a engagé à l'Opéra une femme qui n'avait d'autre talent que de faire de la suspension aérienne dans les féeries.

— Ça, répliqua Edgard en riant, il faudra le demander à Rampal quand tu le verras.

On ne tarda pas à le voir ; comme la toile venait de tomber sur le défilé des anabaptistes, il entra dans la loge.

— Nous parlions de vous, dit Edgard en regardant sa sœur.

— Vraiment, j'aurais voulu être là, répondit Rampal avec un accent méridional qui bien évidemment n'avait jamais voulu se corriger ; je suis toujours heureux qu'on s'occupe de moi ; quand on en dit du mal, c'est bon.

— Ah ! monsieur Rampal, s'écria Paule.

Rampal s'inclina :

— Quand on en dit du bien, c'est mieux. Et il se renversa sur le dossier de son fauteuil, dans une attitude d'abandon, en homme qui ne s'inquiète pas de donner de mauvais plis à son habit, ni de froisser son linge.

— Nous avons vu avec plaisir, dit madame Gripat, que vous vous portiez député.

— On me porte, madame, je ne me porte pas.

— Et pourquoi donc ? demanda Paule avec un mouvement de contrariété.

— Mon heure n'est pas venue ; laissons passer ces jours de transition.

— Mais c'est du temps perdu, continua Paule.

— Peut-être, mais c'est du terrain gagné.

A l'arrivée de Rampal, Edgard lui avait cédé sa place et il se tenait debout, l'épaule appuyée contre la tenture de la loge ; en levant son éventail comme pour répondre à ces derniers mots, Paule le laissa tomber ; elle se baissa pour le ramasser, mais plus prompt qu'elle, Rampal s'était baissé aussi, de sorte que leurs deux têtes se touchèrent presque.

— Demain soir, murmura Paule.

Et ce fut avec un sourire de remerciement qu'elle reçut son éventail de la main de Rampal.

La conversation continua pendant quelques instants, allant d'un sujet à l'autre, insignifiante, puis Rampal se leva et se retira.

— Eh bien ! dit Edgard, tu ne lui as pas demandé comment on avait engagé Melcha à l'Opéra ; cependant je t'avais préparé un pont.

Elle ne répondit pas, et jusqu'à la fin de la représentation elle se montra préoccupée.

Quand elles descendirent, madame Gripat marchant seule et Edgard donnant le bras à sa sœur, elles trouvèrent dans le vestibule, faisant la haie sur leur passage, d'un côté de l'escalier le duc de Valmondois avec le prince de Verberie qui les saluèrent très bas, et juste en face, de l'autre côté, Rampal qui s'inclina mais en relevant tout de suite la tête avec un air d'assurance et de fierté.

TROISIÈME PARTIE

I

Le lendemain matin, pendant que madame Gripat recevait comme à l'ordinaire ses solliciteurs et ses mendiants, Paule et Edgard, accompagnés d'un groom anglais qui les suivait à soixante pas, montèrent à cheval pour aller au Bois.

Edgard aimait ces promenades matinales, non seulement pour la promenade elle-même, mais encore pour le plaisir de monter ses chevaux. C'étaient des bêtes superbes, qu'il avait été lui-même choisir à Londres et dont il était fier, car toutes les fois qu'il sortait avec sa sœur, il voyait les têtes se retourner sur leur passage et les yeux les suivre avec un sentiment d'admiration ou d'envie. Peut-être eût-il pu se demander si Paule n'était pour rien dans cette curiosité admirative, et si ce qui attirait les regards n'était point la hardiesse gracieuse avec laquelle elle maniait son cheval, ou bien l'élégance de sa taille longue et flexible modelée par son corsage de drap noir, ou bien l'éclat de sa carnation, que l'air vif teintait de rose, ou bien encore la splendeur de sa lourde chevelure. Mais il n'y pensait pas. Dans Paule il n'avait jamais vu qu'une sœur, qu'une camarade, et jamais songé à la regarder avec d'autres yeux que ceux d'un grand frère pour une petite sœur. Quand il galopait derrière Paule, ce qu'il voyait, ce qui l'éblouissait c'était l'alezan clair aux reflets dorés de la robe du cheval ; ce n'était point la rousseur des cheveux de la femme.

Arrivée aux abords du lac, Paule voulut marcher à pied, bien que le temps fût triste et froid, et qu'une petite pluie de brouillard eût mouillé les allées pendant la nuit.

Ce fut l'observation que lui adressa Edgard, qui n'avait jamais assez de la promenade à cheval; mais elle ne l'écouta pas.

— Ce n'est pas pour le plaisir de la promenade à pied, dit-elle, mais j'ai à te parler... sérieusement, et je ne trouverai la liberté qui m'est nécessaire pour cela que si je n'ai pas à m'occuper de mon cheval.

Sur un signe d'Edgard, le groom vint prendre les chevaux, et alors le frère et la sœur s'engagèrent dans une petite allée sous bois.

Bien qu'elle fût déserte, cette allée, ils marchèrent assez longtemps côte à côte sans que Paule prît la parole; elle se tenait la tête baissée et, machinalement, elle regardait les feuilles mortes qu'elle soulevait du bout de ses bottes; autour d'eux, le silence; on entendait seulement de temps en temps les feuilles qui tombaient de branche en branche avec de petits bruits secs.

— Ce que tu as à me dire est donc bien grave? demanda Edgard pour l'encourager à parler.

Elle releva la tête mais sans regarder son frère :

— Très grave, dit-elle; c'est de ma vie qu'il s'agit, de mon bonheur, de notre honneur, et si j'hésite à parler, ce n'est pas par manque de confiance en toi, mais par manque de confiance en moi, parce que j'ai peur de mal dire ce que je voudrais exprimer si bien.

— Avec moi faut-il donc des précautions ?

— Cet entretien est la suite de celui que nous avons eu la veille de ton duel et que nous devions continuer, mais que nous n'avons pas repris, précisément à cause de ce sentiment de responsabilité qui me retient encore en ce moment même.

— Quelle est donc, cette responsabilité ?

— Il y a des jeunes filles qui arrivent à mon âge, n'est-ce pas, sans avoir eu à réfléchir; elle n'ont eu qu'à se laisser vivre. De même pour leur avenir; elles n'ont qu'à laisser aller. Ce n'a pas été mon cas dans le passé: ce ne l'est pas dans le présent. J'ai eu et j'ai toujours ma fortune à me faire pardonner par le monde. J'ai ma rousseur à faire accepter par mon mari.

— Quelle folie! et comment réunir ainsi deux choses si différentes ;

— Je sais quelles ne sont pas de même importance : mais enfin ne vas pas t'imaginer que, pour une fille ce n'est rien que de n'être pas comme toutes les autres.

— L'originalité est-elle une tare ?

— Oui, si elle n'est pas acceptée. Aimé, un défaut devient une qualité ; non aimé, il reste un défaut, s'il ne devient pas un sujet d'horreur.

— Les cheveux roux n'ont jamais été un défaut, c'est très joli.

— Tu répètes ce que tu m'as entendu dire cent fois, et ce que j'ai dit précisément pour qu'on le croie et qu'on le répète. Je ne suis pas la première qui tout haut déclare une chose belle que tout bas elle trouve laide, et cela uniquement parce que cette chose lui appartient ; mais enfin il n'en est pas moins vrai, malgré ce que j'ai pu déclarer et malgré les citations que j'ai apportées à l'appui de mes paroles, la maîtresse du Titien et les autres rousses fameuses, car je les connais toutes, il n'en est pas moins vrai qu'au lieu d'être fière de ma rousseur, j'en suis très embarrassée... au moins j'en étais très inquiète et peinée.

— Est-ce drôle, les petites filles ! interrompit Edgard.

— Je suis ainsi. Peut-être cela m'eût-il moins préoccupée, si sous les autres rapports, j'avais été comme tout le monde. Mais tout se tient. Ce n'est pas, je l'avoue, à propos de ma rousseur que mes doutes et mes interrogations ont commencé. Une fois qu'ils se sont formulés à peu près nettement, ils ont porté sur tout, sur ma personne aussi bien que sur ma situation, c'est-à-dire sur ma situation d'abord, puis, l'inquiétude éveillée, sur ma personne; car ça été ainsi que les choses ont débuté. Toi, quand tu as ressenti les tourments de cette situation, tu t'es dit que tu te la ferais pardonner par la dignité de ta vie, et que si tu ne réussissais pas, tu l'imposerais par la force. Moi, je ne peux pas employer la force. Il ne me reste que la dignité de ma vie. Mais, nous autres femmes, nous ne faisons pas notre vie, nous la recevons de notre mari.

Edgard la prit par le bras, et, la regardant :

— Tu le connais, ce mari ?

Elle inclina la tête.

— Qui ? demanda-t-il vivement.

— Tu le sauras tout à l'heure ; laisse-moi suivre l'ordre que je me suis tracé ; c'est seulement comme cela que tu peux comprendre les raisons qui ont guidé mes réflexions et auxquelles j'obéis. Pas plus que toi, je n'ai jamais eu la pensée de renoncer, le jour où la loi me rendait maîtresse de mes actes, à la fortune que m'a laissée notre père. Et cela non par une pensée d'avarice ni parce que je tiens à la richesse ; combien de fois ai-je souhaité la pauvreté ! la pauvreté avec l'indépendance, avec la fierté ; la pauvreté qui vous permet d'aller et venir partout la tête haute, de faire ce qu'on veut, sans prendre souci de rien ni de personne. Mais renoncer à cette fortune serait insulter la mémoire de père, un abandon, une lâcheté ; pas plus que toi, je ne l'ai jamais admis. Cependant, sans renoncer à cette fortune, j'ai voulu l'employer de façon à me la faire pardonner.

— Il n'y a qu'à suivre l'exemple de mère.

— Mère fait ce qui lui est possible dans sa position. Moi, j'ai pensé que je pouvais faire autrement dans la mienne.

— Un grand mariage.

— Grand, oui ; mais d'une grandeur autre que celle que le monde comprend. Ce grand mariage, j'en ai entendu parler depuis dix ans, sur tous les tons et à satiété ; c'était l'ambition de père, c'était l'idée de Puche, c'est l'espérance de mère ; et ce que père voulait pour moi, ce que veulent Puche et mère, c'est un homme d'illustre naissance, — un prince de Verberie.

— C'est donc lui ?

— Non. Si le prince est un des maris que mère désire, ce n'est pas celui que j'ai choisi.

— Sa naissance n'est pas assez illustre ?

— Je ne veux pas un homme d'une illustre naissance. L'ambition de père, les idées de Puche, les espérances de mère, n'ont jamais été les miennes. Un homme d'une haute naissance me ferait une grâce en me prenant pour femme ; il m'honorerait de son nom ; il m'accepterait. Je ne veux pas cela. J'ai une autre manière de me faire pardonner ma fortune ; c'est de l'employer utilement, noblement.

Edgard s'était arrêté, et il l'examinait.

— Je t'étonne, poursuivit-elle ; c'est que tu n'as jamais daigné abaisser tes regards jusqu'à moi : un grand frère avec sa petite sœur, c'est tout naturel. Eh bien, je n'ai jamais admis l'idée de ce mariage avec un homme de haute naissance qui me prenait pour mes millions et non pour moi, car je veux aimer mon mari et je veux être aimée de lui.

— Est-ce qu'un homme de haute naissance ne peut pas aimer et être aimé ?

— Est-ce que, dans les projets qu'on formait pour moi, on ne supprimait pas toujours cette question de l'amour du mari pour la femme, et de la femme pour son mari ? Est-ce que je ne savais pas que l'amour ne serait pour rien dans mon mariage ? Eh bien, un pareil mariage je ne l'accepterai jamais. Puisque tu me connais si peu, il faut que je t'apprenne, mon cher Edgard, que je suis une âme tendre. Je reconnais très volontiers que tu as pu te laisser tromper par ce que tu voyais, et croire que je suis réellement ce que je me montre le plus souvent, c'est-à-dire dure, arrogante, dominée par l'orgueil. Mais cela c'est une pose, et cette arrogance, cet orgueil, sont une conséquence de ma situation. Au fond, et j'espère que personnellement tu as pu t'en apercevoir, c'est la tendresse qui se trouve dans mon cœur, car j'ai un cœur.

— Il n'est pas nécessaire que tu me le dises pour que je le sache.

— Sans camarades, sans amies, n'ayant pas d'autres affections que celle de mère et la tienne, j'ai toujours eu un ardent besoin d'amour : tu as vu comme j'ai aimé mes chats, mes chiens, mes oiseaux. Il arrive un âge où chats, chiens, oiseaux, ne suffisent plus. Quand cet âge est arrivé pour moi, je n'ai plus pris intérêt qu'à ce qui parlait la langue du cœur, et cela, en tout, dans la poésie, dans le roman, dans la musique ; si je te disais mes idées et mes rêveries, tu te moquerais de moi. Il suffit que tu me connaisses telle que je suis. C'est à ce moment que j'ai décidé quel serait l'homme que j'épouserais. Il ne serait pas riche, il ne serait pas jeune, au moins tout jeune ; riche, il ne me devrait pas tout ; jeune, il ne saurait pas aimer et ne connaîtrait rien à la vie. A côté de ces exigences négatives, j'en avais d'autres actives : il aurait un nom, une situation dans le monde des arts ou de la politique, et pour que ce nom grandît, pour que cette situation devînt éminente et brillante, il ne lui aurait manqué jusqu'à ce jour que la fortune ; je la lui apportais ; et grâce à elle je faisais de lui un grand homme ; il me devait la gloire ; à quel plus bel usage pouvait être employée cette fortune qu'on ne me reprocherait plus ? Voilà quel était mon rêve.

Une fois encore, Edgard s'arrêta pour l'examiner.

— Et tu l'as réalisé, ce rêve ? demanda-t-il.

— Oui.

— Tu as découvert ce grand homme ?

Comme cette question était posée d'un ton ironique, Paule n'y répondit pas directement.

— Mon voyage de découverte a été long, dit-elle ; j'ai cherché et consciencieusement cherché. C'est alors que tu m'as vue suivre les cours du Collège de France et de la Sorbonne ; assister aux séances de la Chambre des députés ; visiter les ateliers de peintres et de sculpteurs. Que n'ai-je pas lu ! que n'ai-je pas vu ! que n'ai-je pas écouté ! J'avoue que les déceptions ont été nombreuses : j'ai admiré des savants qui n'étaient que des pédants ; des écrivains qui n'étaient que des monstres d'orgueil, si infatués qu'ils s'imaginaient que le monde entier vivait les yeux fixés sur eux ; — des artistes qui n'étaient que d'étroits bourgeois abêtis par la passion de l'argent ; — des hommes politiques qui, vus de près, n'étaient que des mannequins pour les oiseaux ; — enfin un tas de gens, ou trop remplis d'eux-mêmes, ou trop absorbés par leur métier, ou trop esclaves de leur intérêt personnel, pour pouvoir rien donner à une femme ; mais tous capables de se donner, de se vendre à une fortune. Je commençais à désespérer et à me dire que je poursuivais une chimère irréalisable, lorsqu'il y a trois mois j'ai enfin rencontré celui que je cherchais, l'homme puissant par le talent, grand par le caractère, l'esprit élevé, l'âme haute, le cœur passionné, à qui il n'a manqué que des circonstances favorables pour prendre la place dont il est digne.

— Mais qui ? qui ? s'écria Edgard incapable de contenir sa curiosité et son impatience.

— Je venais de lire un livre dont le succès avait été éclatant, mais dont le mérite m'avait paru de beaucoup au-dessus du succès cependant; il m'avait bouleversée et il m'avait ravie; il m'avait pris entièrement le cœur aussi bien que l'esprit. Je ne connaissais pas son auteur et ne savais de lui que ce que disent les journaux, du bien et du mal, car il n'est pas de ceux qu'on embaume dans la banalité de l'éloge ; on l'aime passionnément ou on le hait. Je voulus le voir et j'arrangeai les choses pour le rencontrer. Il y a trois mois, à Trouville...

— A Trouville, il y a trois mois... interrompit Edgard, mais alors je l'ai vu ?

Elle inclina la tête.

— Rampal ! s'écria-t-il ; est-ce que c'est Rampal ?

— C'est lui.

— Mais Rampal...

Elle l'interrompit vivement :

— Tu ne le connais pas; tu m'as bien prouvé, en parlant de lui hier à l'Opéra comme tu l'as fait, que tu ne le connais pas.

— N'est-ce pas toi, une petite fille, qui va m'apprendre à le connaître ? Je sais de lui ce qui est notoire, un bohème.

— Qu'il ait commencé par la bohème, c'est possible ; n'est-ce pas de la bohème que partent ceux qui entrent dans la vie sans famille, sans fortune ? Faut-il te citer tous ceux qui sont arrivés aujourd'hui à de grandes situations et qui ont été des bohèmes.

— Où est-il arrivé ? Il n'est rien.

— Il sera ce qu'il voudra : grand écrivain, grand politique, ministre, homme d'Etat.

— Roi !

— Pourquoi pas ! Bonaparte a bien été empereur grâce à Joséphine.

— Enfin il n'est même pas député.

— Parce qu'il s'est réservé ; il le serait depuis longtemps s'il avait voulu.

Edgard haussa les épaules.

— Je te dis que tu ne le connais pas, continua Paule.

— Alors la faute en est à lui, qui ne s'est pas fait connaître.

— Moi je le connais.

— Et tu trouves en lui le grand homme que tu as rêvé ?

— Assurément.

Edgard s'était arrêté, il prit sa sœur par le bras et, l'attirant à lui, il l'embrassa :

— Ma pauvre petite Paule !

Mais elle ne voulait pas être plainte.

— Si tu savais comme je suis heureuse, s'écria-t-elle avec exaltation.

— Il t'a dit qu'il t'aimait ?

— Si tu l'avais entendu parler de son amour, tu verrais qu'il n'est pas l'homme que tu crois.

— Et toi ?

— Moi, je l'aime.

— Tu le lui as dit ?

— Il le sait.

Edgard hésita un moment, mais par un effort de volonté il refoula les paroles qui lui étaient venues sur les lèvres :

— Et mère ? demanda-t-il.

— Je ne lui ai encore rien avoué, mais demain elle saura tout ; j'ai voulu te parler tout d'abord ; n'es-tu pas mon camarade, mon seul ami, mon frère ?

— Pourquoi ne l'as-tu pas fait plus tôt ?

Elle resta embarrassée, ne sachant trop ce qu'il y avait sous cette question : un reproche, ou simplement un regret.

— Qu'importe, puisque tu es le premier! Et puis, plus tôt, je ne t'aurais pas parlé avec cette assurance, avec cette confiance; tout était trouble et confusion en moi.

— Et maintenant, est-ce seulement parce que tu as cette assurance et cette confiance que tu parles?

— D'abord pour cela et aussi parce que j'ai besoin de ton appui auprès de mère. Mère veut un mariage grand par la naissance, le prince de Verberie, Il faut que tu lui fasses comprendre qu'il y a un mariage plus grand, plus beau, celui que je t'ai expliqué; toi qui as souffert des fatalités de notre situation, tu sais qu'il y a un plus noble usage à faire de notre fortune que de l'employer à redorer le blason des ducs de Valmondois.

Et comme il ne répondait pas :

— Ne sens-tu donc pas ainsi? demanda-t-elle; ne veux-tu pas m'appuyer auprès de mère?

Il marcha assez longtemps sans répondre tandis qu'elle le regardait anxieusement.

— Ce que je peux te répondre, dit-il enfin, c'est que je ne t'appuierai ou te combattrai auprès de mère qu'après avoir réfléchi; aujourd'hui, je suis stupéfié, hors de moi, et je ne peux pas prendre un engagement. Je croyais connaître Rampal. Tu me dis que je ne le connais pas. Nous verrons.

— Mais...

— As-tu donc peur pour Rampal?

Elle leva la tête superbement :

— S'il en est ainsi je n'ajoute pas un mot; sache ce qu'il est, tu verras que je ne me suis pas trompée.

Et lui prenant le bras :

— Rentrons à Paris; et tout de suite commence ton enquête; ce que je te demande, c'est de la faire complète.

II

Il ne convenait pas à Paule que l'entretien sur le prince de Verberie, dont sa mère l'avait menacée à l'Opéra, eût lieu ce jour-là. Avant de répondre franchement et de s'engager à fond, il fallait qu'elle eût vu Rampal et qu'elle eût précisément arrêté ses réponses avec celui-ci. C'était son sort à lui, aussi bien que le sien à elle, qui allait se décider, et elle ne voulait rien dire, elle ne voulait rien faire avant de l'avoir consulté. Elle n'avait pas à hésiter sur son non, mais il pouvait y avoir plusieurs manières de le prononcer et c'était à lui, l'homme habile, le politique, le diplomate, l'esprit subtil et sûr qu'il appartenait de décider laquelle était la bonne. Il ne pouvait pas se tromper ; quand il aurait parlé, elle n'aurait qu'à suivre la route qu'il aurait tracée, tranquille et confiante.

Pour que sa mère ne pût pas aborder cet entretien, il n'y avait donc qu'à s'arranger pour ne point rester seule avec elle de toute la journée : ce qu'elle fit.

C'était un plaisir pour madame de la Ricotière de sortir avec sa petite-fille et de s'en aller en voiture de gala faire des visites ou courir les magasins, surtout courir les magasins. Toujours habillée de toilettes jeunes et tapageuses, les cheveux teints, le visage peint, on la voyait descendre entre ses deux valets de pied, et sautillante, guillerette, elle traversait le trottoir en regardant à droite et à gauche pour juger de l'effet qu'elle produisait sur les badauds arrêtés. Alors avant d'entrer dans le magasin, elle avait une manière de lancer à Paule un : « Viens-tu, ma fille ? » qui provoquait la curiosité. Cela la rendait toute joyeuse : « On nous prend pour la mère et la fille », se disait-elle. Non seulement elle le disait, mais elle le croyait, car c'était une de ses maximes favorites « qu'on n'a réellement que l'âge qu'on paraît avoir », et elle était convaincue qu'on ne pouvait lui donner que les quarante-huit ou cinquante ans qu'elle se donnait elle-même tous les matins devant son miroir en se faisant sa tête : n'avait-elle pas les cheveux blonds, les dents blanches, le visage rosé ?

Cela n'était pas pour plaire à Paule, qui avait l'horreur de toutes les prétentions. Aussi se dispensait-elle autant que possible de ces promenades; mais dans les circonstances présentes elle n'avait pas à prendre souci de ce qui pouvait lui plaire ou lui déplaire ; avant tout, il fallait qu'elle échappât au tête-à-tête avec sa mère.

En rentrant du Bois et avant même de quitter son costume de cheval, elle monta donc à l'appartement de sa grand'mère ; elle trouva celle-ci devant une grande psyché à volets, achevant de se faire coiffer.

— Sortez-vous aujourd'hui, grand'maman ?

— Oui, j'ai des emplettes à faire.

— Eh bien, si vous voulez, je vous accompagnerai.

— Volontiers. Mais qu'est-ce que tu vas mettre ? Le temps est beau ; je voudrais que nos toilettes fussent en harmonie.

— Mon costume de peluche grise et mon grand feutre noir.

— Ah ! tu n'y penses pas ; c'est beaucoup trop vieux ; ainsi, moi j'aurai une petite capote de velours bleu, robe pareille, gilet et tablier de faille blanche et jaquette ; table là-dessus ; ne te fagote pas en vieille ; ne t'enlaidis pas à plaisir.

Madame de la Ricotière fut si contente de son tablier de faille blanche et aussi des : « Viens, ma fille » dont elle poursuivit Paule, qu'elle prolongea elle-même sa promenade jusqu'à l'heure du dîner, de sorte qu'en rentrant il ne put pas être question du prince de Verberie. Le soir, Paule se déclara fatiguée, parla de migraine, et monta de bonne heure à sa chambre pour se coucher tout de suite et dormir, bien certaine que sa mère, si pressée qu'elle pût être de parler, ne troublerait pas son sommeil.

Cependant, si elle se coucha tout de suite comme elle l'avait annoncé, elle ne dormit point ; mais, les yeux fermés, elle resta l'esprit éveillé, écoutant les faibles bruits de la maison, comptant les heures et les demies que sonnaient les pendules.

Bien qu'elle eût un appartement en propre, il y avait, par son cabinet de toilette et sa salle de bain, une communication directe entre cet appartement et celui de sa mère.

Comme onze heures sonnaient, elle entendit un faible bruit de portes et presque aussitôt elle sentit, à travers ses paupières closes, qu'une lumière venait d'éclairer sa chambre : sa mère qui venait avec précaution voir si elle était endormie.

Alors elle s'appliqua à rendre régulière sa respiration agitée.

Madame Gripat, une main écartée devant la bougie, s'approcha du lit ; marchant sur la pointe des pieds et se penchant en avant, elle écouta ; puis, après quelques instants, trompée par ce sommeil si calme, elle s'éloigna rassurée : la fatigue.

Ce fut seulement après avoir entendu les portes se refermer que Paule ouvrit les yeux et respira librement : maintenant elle n'avait plus rien à craindre et pouvait tranquillement attendre.

La demie après onze heures sonna, puis minuit, puis la demie après minuit ; alors elle se leva et, sans allumer une bougie, elle s'habilla lentement, ne risquant un pas ou un mouvement après s'être bien assuré qu'elle ne pouvait heurter aucun meuble. Si lentement qu'elle procédât à sa toilette, elle fût prête avant le moment qu'elle s'était fixé, et de nouveau elle attendit immobile au milieu de sa chambre. Ce fut seulement quand une heure sonna qu'elle ouvrit sa porte. Le vestibule étant éclairé, elle n'eut pas de peine à se diriger et à descendre au rez-de-chaussée, glissant sur le tapis à pas légers, sans faire plus de bruit qu'une souris. Mais là l'obscurité reprenait, et ce fut à tâtons qu'elle traversa le salon de réception qui, par une porte-fenêtre, communiquait avec une serre occupant une partie du jardin du côté du parc Monceaux. Cette serre aussi était sombre, mais le murmure d'un filet d'eau, qui tombait le long des pierres d'une cascade, lui fut une indication pour se diriger et gagner la porte de sortie par une petite allée circulaire où le feuillage pendant des dracœnas et des lataniers lui fouettait le visage.

Enfin, elle se trouva dans le jardin ; mais avant de sortir de l'ombre de la serre, elle s'arrêta pour regarder autour d'elle et écouter : la nuit sans lune était encore assombrie par des nuages épais que roulait le vent d'ouest ; pas de lumières aux fenêtres de l'hôtel ; pas d'autres bruits dans le parc que ceux de la rafale à travers les branches dépouillées de feuilles.

Elle resta assez longtemps ainsi, penchée en avant retenant sa respiration pour mieux entendre. Un faible bruit de pas retentit sur le gravier de l'allée du parc ; il devint plus fort ; puis une ombre parut se coller aux barreaux de la grille de clôture. Alors elle n'hésita plus, et bien qu'elle ne pût pas reconnaître cette ombre, elle marcha dessus.

— C'est moi ! murmura la voix de Rampal.

— Me voici !

Elle se jeta sur la grille : il lui prit les deux mains et longuement ils les embrassa.

Un certain temps s'écoula ; ce fut lui qui le premier rompit ce silence éloquent :

— Que se passe-t-il ?

— Une chose terrible. On veut me faire épouser le prince de Verberie.

— J'aurais dû m'en douter en le voyant dans votre loge avec son père.

— Une présentation.

— Et qu'avez-vous dit ?

— Vous le demandez ?

— Je vous en prie, répondez-moi : ce que vous avez dit, tout ce que vous avez dit.

— Un seul mot ; que je n'en voulais pas.

— Et votre mère ?

— Nous devions reprendre cet entretien aujourd'hui ; je me suis arrangée pour que cela fût impossible ; ne faut-il pas que nous nous soyons entendus auparavant sur ce que je dois faire ?

— Mais ce que vous voudrez.

— Oh ! Maxime !

Elle recula comme si elle avait été frappée d'un coup en pleine poitrine ; mais presque aussitôt elle revint et, cherchant les mains de Rampal à travers la grille, elle les prit et les serra dans les siennes.

— Je comprends que l'idée de ce mariage vous bouleverse, dit-elle ; je sens l'angoisse qu'elle doit vous causer ; à votre place, sans doute, je serais comme vous, injuste comme vous ; mais je ne vous adresse pas de reproches ; ce n'est pas pour cela que je vous ai fait venir ici, au milieu de la nuit, au risque d'être surpris. Que serions-nous devenus, qu'aurions-nous fait, si vous n'aviez pas usé de vos relations pour vous procurer cette clé au moyen de laquelle vous pouvez vous introduire dans le parc. Je ne voulais pas ; j'avais peur, peur qu'on cherchât à savoir pour qui vous veniez dans le parc, peur des indiscrétions, peur de tout. Vous, vous avez voulu contre moi, et vous avez eu raison comme vous aurez encore raison dans ce que vous allez décider pour nous.

Elle parlait en lui tenant toujours les mains dans les siennes ; il les lui pressa en les flattant :

— Comme je reconnais là l'amour de ma petite Paule, sa foi !

Il dit ces quelques mots d'une voix molle, avec son accent méridional qui était une musique, et bien qu'il se fût attendri, sans perdre cependant son ton de supériorité.

— Quand j'aurai de nouveau répété à ma mère, reprit Paule, que je ne veux pas du prince de Verberie, il faudra que je lui donne mes raisons pour expliquer mon refus. Je n'en ai qu'une : mon amour. Le moment est-il venu d'avouer que nous nous aimons? Le puis-je ?

Elle n'obtint pas tout de suite la réponse qu'elle attendait. Les mains qu'elle tenait dans les siennes n'eurent pas un élan, les yeux qu'elle cherchait dans l'obscurité n'eurent pas un éclair.

— Eh quoi? murmura-t-elle.

— Chère Paule, vous avez confiance en moi ; vous savez que je n'ai pas d'autre pensée, d'autre espérance, d'autre but que d'assurer notre bonheur. Ne le compromettons pas. Si vous avouez notre amour, il faut que demain je vous demande à votre mère. Croyez-vous que dans ma position présente, n'étant rien autre que ce que je suis, elle vous donnera à moi? Non, n'est-ce pas?

— Et voilà bien pourquoi je vous disais hier à l'Opéra...

— ... D'accepter cette candidature. Est-ce possible, puisqu'à l'avance je suis à peu près sûr de ne pas réussir? Ah! je vous en prie, ne me poussez pas à un échec qui m'amoindrirait. Je vous en conjure, ne me poussez pas à une demande qui, rejetée aujourd'hui, ne pourrait plus être présentée plus tard. Cette foi dont vous m'avez donné tant de preuves depuis que nous nous aimons, montrez-la-moi encore, laissez-moi choisir mon heure. Dans quelques jours, j'aurai un journal à moi; dans trois mois je serai député; vienne alors une circonstance favorable, un hasard de la politique et, ce que je vaux, je l'affirmerai hautement. Ce sera le moment de parler à votre mère, qui verra l'homme que je suis, ce qu'elle ne peut pas savoir, elle qui n'a pas eu pour me deviner cette intuition divine que l'amour a mise dans votre cœur.

— Oh! attendre, murmura-t-elle avec une tristesse qui faisait effort pour se résigner.

— L'attente sera-t-elle moins cruelle pour moi que pour vous? C'est quelques semaines et, après, la certitude du succès; tandis qu'aujourd'hui, c'est la certitude de l'échec.

— Mais le prince de Verberie! dit-elle avec effroi.

— Je m'en charge; dites demain que vous ne voulez pas de lui, dites-le fermement, et avant peu madame Gripat dira comme vous; elle ne connaît ni le prince ni son père.

— Si je ne sais rien, j'ai le pressentiment qu'on peut dire bien des choses contre eux; mais il ne faudrait pas qu'on pût parler contre vous.

— Et que peut-on dire?

Elle hésita un moment, et, comme elle avait baissé la tête dans un mouvement de douleur et de confusion, ce ne fut qu'un faible murmure que Rampal entendit, un nom, qu'un autre que lui sans doute n'eût pas saisi :

— Melcha!

— Et qui a osé?

— Hier, à l'Opéra...

— Melcha! Vous n'avez donc pas lu?

— Oh! moi. Mais les autres; mais le monde; mais ce

qu'on dit. Vous avez parlé, je vous crois. Les autres, c'est pour eux qu'il faut des preuves.

— Les autres, n'en prenez donc pas souci, chère petite ; nous n'avons à nous inquiéter que de ceux qui, un jour, connaîtront notre amour. Alors comment voulez-vous qu'ils admettent que l'homme qui est aimé de Paule...

Il se reprit pour ajouter :

— De Paule Gripat, de la belle, de l'admirable fille qui m'a révélé la beauté ; comment voulez-vous qu'ils admettent que, du jour où il l'a vue, il a pu avoir des yeux pour une autre femme ?

— C'est donc vrai que vous me trouvez belle ? Ah ! vous ne savez pas combien souvent il faut l'entendre dire pour le croire.

— Eh quoi ?

— Ce qu'on imagine, n'est-ce pas ? Ce qu'on se répète tout bas en rêvant, est-ce que cela compte ? Il n'y a qu'une parole qui donne la certitude : celle de l'homme aimé. Ce que j'étais, je n'en savais rien ; pour admettre que je pouvais être vraiment... belle, il a fallu que je vous plaise ; pour que je le croie, il faut que vous me le disiez, que vous me le disiez encore, que vous me le disiez toujours. Vous comprenez, vous sentez cela, n'est-ce pas ?

— Oui, je le sens, chère Paule, et d'autant plus vivement que ce que ma parole est pour vous, la vôtre l'est pour moi. Vous n'avez cru à votre beauté que le jour où je l'ai affirmée ; moi je n'ai cru à mon talent que le jour où vous y avez cru vous-même, et où la confiance que je lisais dans vos yeux si pleins de douceur et de tendresse est passée en moi. Qu'on doute de la beauté, cela est possible ; mais enfin c'est une chose réelle qui se manifeste par des signes certains. Tandis que le talent ! Qui prouve qu'on a du talent et qu'on est vraiment l'homme qu'on s'imagine être ? Le succès ? Il faudrait pour cela ne pas voir comment et de quoi est faite la vogue de ses rivaux. L'approbation de ses amis ? Il faudrait, pour cela, croire à la sincérité de l'amitié. L'applaudissement de la foule ? Il faudrait, pour cela, n'avoir pas le mépris du vulgaire.

Mais tout cela ne compte pas, et ce que vous disiez pour la beauté, je le dis pour le talent ; il n'y a qu'une parole qui donne la certitude et qui emplisse le cœur aussi bien que l'esprit : celle de la femme aimée, la vôtre, chère enfant.

Entraîné, oublieux de l'endroit où ils se trouvaient et du danger qu'ils couraient, il aurait voulu la serrer dans ses bras, mais les durs barreaux de la grille les séparaient ; il eut un mouvement d'irritation :

— Pourquoi n'avez-vous pas voulu faire faire une clé pour cette porte? dit-il ; nous serions ensemble, au lieu d'avoir entre nous cette grille exaspérante et de rester exposés au hasard d'une rencontre, au froid, à la pluie.

Depuis quelques instants, un nuage qui traînait avait laissé tomber de larges gouttes que Paule recevait dans la figure, mais auxquelles elle n'avait pas été sensible : ce mot de Rampal la rappela à la réalité, il ne fallait pas qu'il fût mouillé :

— Partez, dit-elle ; la prochaine fois, j'aurai la clé ; je vous le promets.

Et comme il l'attirait fortement :

— Partez, la pluie va augmenter, partez !

III

Lorsque Rampal avait voulu voir Paule la nuit, il avait pensé à l'un de ses amis, dont l'hôtel communiquait par un jardin avec le parc Monceaux. Cet ami, grand collectionneur, possédait une bibliothèque riche en ouvrages rares se rapportant à la Révolution, et il n'y avait rien d'extraordinaire à ce qu'un journaliste eût un travail à faire d'après ces ouvrages. Ç'avait été le prétexte qu'il avait mis en avant, et l'ami absent de Paris pour plusieurs mois encore, avait répondu en envoyant à son concierge l'ordre de recevoir M. Rampal quand celui-ci se présenterait, le jour comme la nuit. Une fois installé dans la bibliothèque qui ouvrait sur le jardin, et le concierge couché, Rampal était maître de la maison.

Après avoir quitté Paule, il ne s'attarda point à travailler : il avait mieux à faire que de consulter les ouvrages sur la Révolution.

Ce que Paule lui avait dit de Melcha était grave ; il fallait agir de ce côté et se mettre à l'abri de tout danger ; car s'il allait attaquer M. de Valmondois et le prince, ceux-ci se défendraient ; en un pareil moment, il devait donc veiller sur lui et ne donner aucune prise à ses adversaires.

S'il n'avait pas jusqu'à ce jour rompu avec Melcha, malgré ce qu'on avait pu lire dans certains journaux, c'est que ses affaires avec Paule n'étaient pas assez avancées pour qu'il quittât une maîtresse, en somme, agréable.

D'ailleurs, en dehors de l'agrément, elle lui était utile, cette maîtresse : elle lui faisait trouver une partie du capital nécessaire à la fondation du journal qui devait être le point de départ de sa fortune : et ce n'était pas après avoir poursuivi ce capital pendant des années, sans jamais pouvoir l'attraper, qu'il allait le sacrifier au moment où elle le lui apportait.

Mais ce calcul, bon quand il s'imaginait que ses amours avec cette petite fille pouvaient se soutenir assez longtemps encore dans les régions du bleu, serait maintenant une maladresse bête et une grosse imprudence.

Evidemment, il ne lui était plus possible de poursuivre deux choses à la fois, et l'une était tellement au-dessus de l'autre, si extraordinaire, si merveilleuse, si inespérée, qu'il devait désormais se donner à elle tout entier.

Enfin, il allait mettre la main sur la fortune ; encore un pas, il la tenait.

A quoi ne pourrait-il pas prétendre quand il s'appuierait sur les millions de la famille Gripat ?

Quel rêve ! Et descendant le boulevard Malesherbes, il marchait la tête haute, les épaules effacées, frappant l'asphalte de son talon ; à lui ce Paris où il était débarqué si misérable quinze ans auparavant, à lui le monde.

Qui lui eût dit, lorsqu'il avait quitté Toulouse, sa ville natale, qu'il en arriverait là ?

Son ambition alors était tout simplement littéraire : une grande pièce, un beau livre, se faire un nom sonore.

Il est vrai que ce n'était pas seulement la gloire qu'il

voulait, mais aussi les satisfactions matérielles qu'elle peut donner à ceux qui savent l'exploiter : de l'argent, des maîtresses, des femmes brillantes

Il était le fils d'une couturière qu'on appelait mademoiselle Rampal; dans la maison maternelle il n'avait vu venant régulièrement qu'un homme à qui il disait : « Mon oncle », sans savoir pourquoi tant qu'il était resté petit, le sachant trop bien devenu grand. Tout enfant, sa distraction et son plaisir avaient été de jouer avec les morceaux d'étoffe et les chiffons soyeux que sa mère avait coupés dans la journée ; il les fripait, il les drapait, aussi amoureux de leur musique que de leurs chatoyantes couleurs. Il n'était jamais plus heureux que quand il pouvait rester en contemplation devant une robe riche qu'on allait livrer. Et plus tard, sa mère l'avait bien souvent surpris, l'œil au trou de la serrure, en admiration devant les belles villageoises qui venaient à la ville essayer leurs toilettes de cérémonie.

Il lui fallait avant tout le luxe dans la femme, ou tout au moins l'éclat et le tapage du luxe; et lorsqu'était venu l'âge des premières amours, il n'avait aimé ni des petites bourgeoises ni des jeunes filles qui n'auraient eu à lui donner que la beauté, que la jeunesse, que la tendresse, mais auxquelles aurait manqué le plumage.

Sans fortune, sans relations, il n'avait pu trouver ce plumage que chez des cocottes vieillies et des comédiennes farineuses, qui avaient été heureuses de se faire aimer, — oh! mais là ce qui s'appelle du vrai amour, ma chère, — par un beau garçon, jeune, bien bâti, amusant et pas gênant.

C'était ainsi qu'après avoir passé par tous les théâtres de Paris, il était arrivé à Melcha, sa dernière maîtresse.

Le travail est un maître austère, exigeant et jaloux, qui veut qu'on se donne à lui tout entier : la grande pièce, le beau livre qu'il devait faire, il ne les avait point faits, tiraillé, fatigué, amolli, ennuyé ou distrait par les exigences de cette vie irrégulière qui le condamnait à se dépenser sans cesse.

En attendant ce beau livre, qui restait à faire et qu'il ferait sûrement quand il se trouverait dans un autre milieu, il avait dû se rabattre sur des œuvres plus faciles, qui pour n'être point ce qu'il aurait voulu, ce qu'il aurait pu, lui avaient cependant conquis un nom : l'une, philosophique, à visées politiques, qui devait pousser son auteur à la Chambre ; l'autre, un roman qui n'était qu'une histoire personnelle, longtemps promenée et racontée dans les brasseries, les coudes sur la table « Vous verrez ça, mes enfants. » C'était le récit de ses amours de théâtre, écrit avec un accent original et passionné, où il avait trouvé le moyen de faire voir l'homme qu'il voulait être, bien plus que celui qu'il était réellement ; et cela dans ses ambitions les plus hautes, avec des élans vers la pureté, la poésie, l'idéal et l'horreur de la bohème.

Et cependant, de la vie de bohème à laquelle il avait été condamné lors de ses débuts, il avait conservé certaines habitudes dont il savait adroitement tirer parti. Le temps n'était plus où il ne pouvait trouver, le soir, la lumière et la chaleur que dans une salle de brasserie, et où, pour sortir de son isolement, il ne pouvait avoir que les banales relations de café. Pourtant il ne laissait point passer une soirée sans faire une courte visite à ses amis d'autrefois, s'asseyant avec eux, offrant largement des bocks à ceux qui s'approchaient de sa table, bon enfant avec ceux qui avaient raté la chance, ouvert et affable avec tous. Et cette cordialité démonstrative de méridional, qui cause, rit, flatte, promet, blague tout, se blague lui-même, on la lui payait en une camaraderie formidable qui, pour beaucoup, avait fait ses succès.

Avec cela, homme d'affaires sans en avoir l'air, avisé, retors, ténébreux sous des apparences de légèreté. Ses liaisons avec des femmes lancées lui avaient valu des relations dans le monde des financiers et des faiseurs. Pour un autre, elles fussent peut-être restées insignifiantes ; mais avec son caractère liant, son habileté à introduire partout son intérêt et à le dégager finalement coûte que coûte, il avait su se les rendre utiles et productives. C'était ainsi qu'entre gens séparés, souvent par des barrières infranchissables, il était devenu un intermédiaire auquel on pensait volontiers dans un moment d'embarras et dont on aimait à se servir.

Mais ces expédients, dont il avait vécu, ne lui avaient inspiré qu'une profonde lassitude.

Cela l'exaspérait d'être obligé de partager, avec des directeurs de journaux qu'il méprisait, l'argent qu'il obtenait pour certains articles.

Le journalisme ainsi pratiqué le dégoûtait.

Et, d'autre part, la littérature vraie lui paraissait un métier de dupe qui ne rend pas ce qu'elle prend.

Plusieurs fois, il est vrai, on lui avait offert des situations qui le tiraient de sa galère ; mais elles lui avaient paru insuffisantes, il les trouvait au-dessous de lui, elles le bornaient, et il les avait toujours refusées, préférant encore à la certitude du présent les grandes espérances du lendemain.

Il attendrait.

Mais ce lendemain ne s'était pas levé ; les occasions avaient passé ; il n'était rien et, chose plus grave, on se méfiait de lui comme d'un malin avec qui on serait obligé de compter un jour.

A trente-six ans, il se demandait s'il n'avait pas fait fausse route ; il s'inquiétait, s'irritait ; et en voyant où étaient arrivés ceux qui étaient partis avec lui et qui ne le valaient pas, il commençait à perdre patience.

Les millions Gripat allaient lui permettre de rattraper le temps perdu et de conquérir, haut la main, la place qu'il voulait.

C'était ces millions qui tout d'abord l'avaient séduit, lorsque, à Trouville, il avait remarqué Paule. Il ne connaissait rien aux jeunes filles, et sceptique à l'endroit du talent, de celui des autres comme du sien, il n'avait point imaginé les effets qu'il pouvait produire dans une âme neuve. Aussi, quand il s'était entendu expliquer par elle, mieux qu'il n'aurait pu s'expliquer lui-même ; quand il l'avait vue découvrir dans son esprit et dans son caractère toutes sortes de mérites extraordinaires qu'il ne se connaissait pas encore, mais auxquels il avait cru ; quand elle avait affirmé l'avenir glorieux qu'elle prévoyait pour lui, avec un enthousiasme qui dépassait celui dont il s'était bercé dans ses heures de griserie, il avait eu un moment de surprise triomphante.

— Elle était, ma foi, très bien, cette petite, jolie, intelligente ; comme elle l'avait tout de suite finement jugé ! Et quelle fortune !

Alors, flatté par cette admiration raisonnée, touché par cette foi instinctive, séduit par cette jeunesse, ébloui par ces millions, il s'était trouvé tout à coup passionné, et sous cette impulsion il avait tendu à un but positif : le mariage par l'amour.

Elle n'avait rien pour le gêner ni l'embarrasser, la fortune des Gripat ; sans doute, il lui eût préféré une autre origine ; mais quoi ! elle était ainsi : c'était à prendre ou à laisser ; quand il l'aurait il materait bien les envieux.

L'inquiétant, dans cette affaire qui se présentait si bien, c'était la famille : la mère, le frère, qui ne le voyaient pas avec les mêmes yeux que Paule.

Quelles objections ne soulèveraient-ils pas contre ce mariage ? C'était pour les prévenir et les écarter qu'il aurait voulu se présenter avec plus de surface : directeur d'un grand journal, député.

C'était pour ne pas leur offrir des raisons valables d'opposition, c'était pour ne pas donner prise aux attaques du duc de Valmondois et de son fils qui allaient vouloir se défendre et le perdre, qu'il devait maintenant, tout de suite, rompre avec Melcha.

Ce qu'il allait faire.

IV

Justement, l'heure était à souhait pour une rupture.

Sa soirée prise par son rendez-vous, il avait prévenu Melcha qu'elle ne devait pas l'attendre, parce qu'il allait en province préparer sa candidature ; et telle qu'il la connaissait, il y avait des probabilités pour croire qu'elle avait voulu profiter de sa liberté.

Dans ces conditions, ou il n'allait pas la trouver chez elle, ou s'il la trouvait, elle ne serait pas seule.

Et dans l'un, comme dans l'autre cas c'était la rupture nette et immédiate, sans défense possible, sans retour ;

— précisément ce qu'il désirait en ce moment. Du coup il était débarrassé de Melcha, et à jamais, ce qui était aussi commode qu'économique. Il est vrai qu'il s'exposait à sacrifier ainsi la part de capital qu'elle faisait apporter dans son journal, mais c'était un risque à courir, auquel il faudrait bien qu'il se résignât si, en manœuvrant adroitement, il ne parvenait pas à l'éviter.

Les projets du duc de Valmondois ne lui laissaient pas, par malheur, le choix des moyens à employer, ni l'heure, et entre deux dangers menaçants il devait, coûte que coûte, parer au plus grave ; quelques milliers de francs se retrouvent ; une Paule Gripat perdue ne se retrouve pas.

C'était en suivant la rue de Madrid pour gagner la rue de Boulogne, où Melcha occupait seule un petit hôtel fort modeste, qu'il raisonnait ainsi, aussi libre, plus libre que s'il avait été dans sa chambre, car à cette heure Paris endormi était solitaire et silencieux ; la place de l'Europe elle-même, où tant de lumières se croisent ordinairement, où tant de bruits s'entre-choquent, était morne ; rien autour de lui, rien devant lui, qui pût occuper ses oreilles, distraire ses yeux.

Il n'y avait pas de concierge chez Melcha. Il entra en se servant de sa clé, et doucement, avec précaution, il referma la porte.

Le bec de gaz qui brûlait dans l'escalier le surprit. Pourquoi le gaz n'était-il pas éteint, puisqu'il avait dit qu'il ne rentrerait pas ?

A pas rapide mais légers, il monta au premier étage, et vivement il traversa le boudoir qui précédait la chambre de Melcha. Avec la longue habitude qu'il avait de la maison, il se dirigea sûrement. Tout de suite il mit la main sur le bouton de la porte et ouvrit.

Alors il s'arrêta pour écouter : aucun bruit.

Les volets clos et les rideaux fermés faisaient la nuit noire dans la chambre. Il attendit. Rien.

Il tira une boîte de sa poche et frotta une allumette : la chambre en ordre, le lit vide, la couverture bien faite disaient qu'on ne s'était pas couché.

Il eut un geste de dépit : puisque, ainsi qu'il l'avait

prévu, il était trompé, il lui aurait été plus commode de le voir, au moins ç'aurait été fini tout de suite.

Maintenant il fallait attendre ; attendre qu'elle rentrât ; et cela allait faire une scène ; elle se défendrait ; il faudrait des explications ; quel ennui !

Et ce fut de très mauvaise humeur qu'il alla s'étendre sur le canapé, où il se retourna longtemps avant de pouvoir s'endormir : comme il eût été bien mieux dans son lit, l'esprit satisfait de s'être débarrassé de cette affaire fâcheuse.

Et puis, s'il était heureux de trouver si bien à point nn motif de rupture quand il en avait besoin, d'autre part il était humilié dans son amour-propre : elle tenait donc bien peu à lui, qu'elle ne se gênait pas davantage ?

Ce fut le bruit d'une porte qui, au matin, le réveilla : c'était Melcha.

Instantanément il fut debout.

— Tu étais là ! s'écria-t-elle.

— Et toi tu n'y étais pas.

Allant à la fenêtre il tira les rideaux, puis revenant :

— En ne te trouvant pas, lorsque je suis entré, ma première pensée a été de te laisser un mot pour te dire que c'était fini entre nous ; je ne suis resté que pour que tu ne me poursuives pas sous prétexte d'explication.

Elle était debout contre la porte, enveloppée dans un grand manteau, la tête couverte d'un fichu de dentelle blanche, et elle le regardait stupéfaite :

— Mais qu'as-tu ? murmura-t-elle, que te prend-il donc ?

Il s'approcha d'elle et, du bout des doigts, il écarta le manteau qui l'enveloppait : elle apparut vêtue d'une robe de soirée décolletée.

— D'où viens-tu ? demanda-t-il.

Elle hésita un court instant.

— C'est bien simple...

Puis tout de suite, avec volubilité :

— C'est bien simple : on a joué chez Raphaëlle.

— Tu tombes bien ; j'ai rencontré Raphaëlle hier, au

moment où elle partait pour le Havre par le train de minuit.

Melcha n'était pas une jeune fille qui, prise en défaut, perd la tête; cependant elle fut décontenancée.

Il haussa les épaules :

— Pourquoi ne m'as-tu pas dit que tu ne m'aimais plus? Cela eût été plus digne; malgré le chagrin que j'en aurais éprouvé, je ne me serais pas révolté. Notre cœur, mon Dieu! nous n'en sommes pas maîtres. Mais notre conscience!...

A mesure qu'il parlait, l'étonnement de Melcha redoublait.

— Mais où as-tu vu que je ne t'aimais plus? demanda-t-elle. Qu'est-ce que c'est que cette scène que tu me fais là aujourd'hui?

Elle s'arrêta comme pour chercher; puis tout à coup se frappant le front :

— J'y suis! Tu vas te marier. Je te gêne. Tu me la fais à la dignité et à la conscience. Pourquoi ne m'as-tu pas dit tout de suite que tu te mariais? Malgré le chagrin que j'en aurais éprouvé, je ne me serais pas révoltée. Notre vie, mon Dieu! nous n'en sommes pas maîtres. Mais notre amour! Es-tu bête!

Ce fut lui à son tour qui se trouva gêné; mais il se remit vite en voyant le parti qu'il pouvait tirer d'une situation qui se présentait ainsi :

— Eh bien, oui, c'est vrai, je veux me marier et je ne peux pas rester l'amant d'une femme qui m'affiche. Mais pour me marier je ne t'aurais pas quittée. Mon mariage n'est qu'une affaire, une occasion. La vie que je mène est impossible; il faut qu'elle finisse. Et je ne peux sortir de ma position que par un mariage. Plus tard, il serait trop tard. Ce n'est pas à un sentiment que je cède, c'est à une nécessité. Je n'aurais pas vu ce que tu viens de me montrer, que je n'aurais jamais eu la pensée de me séparer de toi. Je serais resté ton amant. J'aurais partagé ma fortune avec toi.

— Eh bien partageons-la.

— Maintenant!

— Eh bien, quoi, maintenant? Ah! ne me laisse pas

croire que tu te mets derrière ton maintenant pour faire des économies. Est-ce que je n'ai pas toujours tout sacrifié pour tes intérêts ? Les miens ne sont-ils donc rien pour toi quand la fortune t'arrive aux mains ? Tiens, elle est odieuse, ta scène ; juste au moment où je viens de décider le baron à compléter le capital de ton journal : aujourd'hui même tu aurais pu signer l'acte.

Ils se regardèrent, les yeux dans les yeux, mais, si bien habitués qu'ils fussent l'un à l'autre, ils ne démêlèrent point tout ce qui se passait en eux.

— Tout ce que tu rappelleras n'effacera jamais cela, dit-il.

Et de la main, avec un geste désolé, il montra la couverture du lit bien tirée et l'oreiller intact.

— Oui, tu m'as aimé...

— Je te crois ! interrompit-elle d'un accent goguenard.

Mais tout de suite elle continua avec une véhémence convaincue :

— Oui, j'ai été pour toi une femme dévouée, je n'ai pensé qu'à toi, je n'ai aimé que toi, je n'ai pas eu d'autre bonheur que le tien ; oui, je t'ai été une femme de bon conseil ; oui, j'ai eu la satisfaction, j'ai eu même, j'ai la fierté de t'avoir rendu des services.

Il l'interrompit :

— Ne crois pas que je les ai oubliés ; ne crois pas que cette nuit-là, tout seul sur ce canapé, à côté de ce lit ouvert et abandonné, je n'ai pas pensé à la femme que tu as été pour moi. Tu as raison, il serait indigne que le chagrin de l'heure présente effaçât les joies des heures passées. Ce que j'aurais fait, me mariant, si je n'étais pas venu ici cette nuit, je le ferai quand même. Et ce que tu as voulu pour moi, bien que je n'en aie plus besoin, je l'accepterai ; je signerai l'acte avec le baron.

Il poussa un soupir.

— Au moins nous aurons la consolation de nous quitter dignement.

— Pourquoi nous quitter ? dit-elle. Pendant que ton mariage se prépare, oui, je comprends que nous cessions de nous voir. Il ne faut pas effrayer les familles. Des bourgeois, n'est-ce pas ?

Il ne répondit pas.

— Mais après le mariage fait ? Est-elle jolie, au moins. Il ne répondit pas davantage.

— Tu ne te marieras pas dans un sac, pourquoi ces cachotteries ?

— Rien n'est arrêté ; une indiscrétion pourrait le faire manquer. Veux-tu qu'il manque ?

— Oh ! non.

Et la juive se montra tout entière dans ce cri.

— A quelle heure dois-je voir le baron aujourd'hui ? demanda-t-il, revenant à son affaire.

— A six heures.

— C'est bien.

Il fit un pas vers la porte.

— Tu t'en vas ?

— Sans doute.

— Tu ne restes pas à déjeuner avec moi ?

Il hésita un moment.

— Qu'est-ce que tu as ?

— Pas grand'chose, probablement.

— Eh bien, habille-toi, et, dans une heure, viens me rejoindre au café Riche ; nous déjeunerons ensemble.

V

Aussitôt après le départ de Rampal, Paule était remontée à sa chambre.

Et tout de suite elle s'était couchée.

Mais dans son agitation de joie, son trouble, son bouleversement, elle n'avait pas pu dormir. Comme il l'aimait ! Comme il savait bien l'aimer, lui dire les paroles qui devaient la toucher : Belle, très belle ! C'était donc vrai ?

Brusquement, sautant à bas du lit, elle avait allumé les bougies de ses candélabres, et, se plaçant devant sa psyché, elle s'était trouvée dans un foyer de lumières que renvoyaient sur elle les glaces et le satin miroitant de la tenture blanche dont étaient recouverts les murs de sa chambre.

Jamais elle ne s'était vue ce qu'elle était cette nuit-là : elle était vraiment belle dans son désordre, sa chemise ouverte, ses bras nus, ses cheveux roux s'enlevant sur la blancheur laiteuse de ses épaules et de son cou, la lèvre frémissante, la joue empourprée, les yeux enflammés de bonheur.

Mais elle était trop à lui pour rester longtemps à elle ; quand elle s'était recouchée, elle était revenue à ses paroles qu'elle voulait se rappeler dans l'ordre même où il les avait dites. Comme il avait été brusque ! mais comme il avait été doux ! Quelle sincérité en lui, toujours ! Et comme cette brusquerie donnait de la valeur à sa tendresse ! N'y avait-il pas autant de joie à l'entendre parler en maître, qu'à l'entendre parler en amant caressant et soumis ? Exaltée de reconnaissance, elle se demandait si elle pourrait être jamais digne de lui, si elle pourrait l'aimer assez. Et du fond du cœur elle remerciait Dieu qui l'avait guidée dans son choix et lui avait mis son bonheur dans les mains.

Quand elle ouvrit les yeux, sa mère était à côté de son lit ; il faisait grand jour.

— Comment es-tu ? demanda madame Gripat en l'embrassant.

— Très bien.

— Ta migraine ?

— Ah ! oui, ma migraine ; eh bien, elle est passée.

— Tant mieux ; nous allons pouvoir causer. Ce que tu m'as dit l'autre soir du prince de Verberie n'était pas sérieux, n'est-ce pas ?

Le moment décisif était arrivé pour Paule ; c'était un cruel réveil ; mais se défendre, c'était encore rester avec lui.

— Très sérieux, dit-elle avec fermeté.

— N'est-il pas charmant ?

— Peut-être.

— Le nom qu'il porte n'est-il pas un des plus beaux de France ? Partout on le trouve dans l'histoire ; les Valmondois figurent dans la salle des Croisades à Versailles ; un Valmondois a été décapité par ordre de Louis XI ; un Valmondois a sauvé François Ier à Pavie ; tout le monde sait le rôle glorieux qu'un Valmondois a joué sous Louis XIV.

Paule voulut essayer de plaisanter :

— Comme tu es savante, maman !

— Le sujet est sérieux, mon enfant ; réponds-moi sérieusement.

— Je t'ai répondu. Que m'importent les ancêtres du prince de Verberie ? Ils ont pu être glorieux. Ils l'ont été, je le reconnais. Mais si j'acceptais ce mariage, ce serait le prince que j'épouserais, non sa maison. Et en me prenant pour femme, le prince ne ferait pas une chose glorieuse. Il n'est rien de plus misérable qu'un homme qui se vend ; et le prince serait cet homme. Il n'y a rien de plus honteux que de faire marchandise de son nom ; et le prince descendrait à ce métier, puisque ce ne serait pas moi qu'il ne connait pas qu'il épouserait, mais ma dot.

— Tu te trompes, il te connait !

— Pour m'avoir vue une fois. Tu ne diras pas cela. Tu sais mieux que moi que ce n'est pas après m'avoir vue que le prince a eu l'idée de ce mariage, et qu'il n'a pas été entraîné par l'impression foudroyante que j'ai pu faire sur lui. Ce n'est pas du tout ainsi que les choses se sont passées. Le prince ou son père, tous deux peut-être, ont cherché quelle riche héritière pouvait relever la fortune des Valmondois ; ils ont trouvé que nos millions étaient bons pour cela, ils sont venus à l'Opéra ; ils m'ont vue ; je n'étais ni bossue ni grotesque, et voilà comment ta fille serait princesse si elle se prêtait à ce marché.

— Mais où prends-tu tout cela ?

— Dans la probabilité.

— Tu te trompes.

— Enfin, me donnerais-tu à M. de Verberie s'il n'était pas prince, tout charmant que tu le voies ? Non, n'est-ce pas ? Me prendrait-il, si je n'avais pas le nombre de millions qu'il lui faut ? Non, n'est-ce pas ? Je ne me trompe donc pas.

— Tu te trompes en arrangeant les choses ainsi ; dans tout ce que tu dis, il n'y a qu'un point qui soit exact : mon désir de te voir faire un grand mariage ; faut-il donc que je t'explique les raisons qui exigent ce grand mariage ?

Madame Gripat était assise au chevet du lit de sa fille et celle-ci se tenait à demi soulevée, accoudée sur son bras gauche : vivement elle se redressa et jetant ses deux mains en avant :

— Non, car ce grand mariage que tu veux, je le veux aussi pour moi et pour nous, mais je ne le comprends pas comme toi.

Sur ce sujet, elle s'était préparée, et puisque l'occasion se présentait, elle n'allait pas la laisser échapper de faire le portrait de l'homme qu'elle voulait pour mari, le grand homme qui lui devrait la gloire. Pour cela, elle n'avait qu'à répéter ce qu'elle avait dit à son frère dans leur promenade du Bois de Boulogne, ce qu'elle fit, mais bien entendu sans nommer Rampal. Ah ! comme elle aurait été heureuse si elle avait pu parler de lui ouvertement, avec l'enthousiasme qui gonflait son cœur !

Madame Gripat l'écoutait avec impatience, ne s'imaginant pas qu'il pouvait y avoir dans ces paroles autre chose que des rêveries de petite fille, des fantaisies romanesques qui n'étaient vraiment pas en situation.

Elle l'interrompit :

— Tu ne connais pas le prince de Verberie, dit-elle ; pour me répondre que tu n'en veux pas, attends au moins que tu aies pu le juger. Pour moi, il est le mari que je désire, l'homme qu'il te faut, grand par le nom, il sera grand par la situation que ta fortune lui permettra de prendre. Il ne faut pas nous payer de raisonnements enfantins. Nous ne devons pas regarder la vie seulement dans le présent, nous devons l'envisager dans l'avenir. Tu ne dois pas, pour ton mariage, te laisser guider par les satisfactions de l'heure présente ; tu dois dès maintenant peser celles qu'il te donnera plus tard : à trente ans tu seras fière d'être princesse de Verberie, et plus fière de voir tes enfants à la tête de la noblesse française. Quels sacrifices aurais-tu à faire ? N'est-ce pas un mari jeune, élégant, distingué, que toute femme doit être heureuse d'aimer et près de qui on ne peut pas ne pas trouver le bonheur ? Je n'ai jamais dit avec toi : Je veux. Toi, ne me dis pas : Je ne veux pas, et laisse-moi te le faire connaître : il viendra jeudi dîner avec son père.

Puis se levant :

— Maintenant, habille-toi ; on va bientôt servir le déjeuner.

Quand Paule descendit dans la salle à manger, elle ne trouva que son frère.

Elle alla à lui ;

— Tu n'as rien dit à maman, c'est bien ; continue à garder mon secret.

— Je n'ai rien dit par fidélité. Tu as eu confiance en moi, je n'ai pas parlé, mais l'envie ne m'en a pas manqué, car plus j'ai réfléchi à ton projet, plus je l'ai trouvé extravagant ; c'est le prince que tu dois épouser.

— Jamais.

— Jamais ! Pour notre honneur, je me suis battu ; je pouvais me faire tuer ; je vais aller en prison peut-être, et toi tu ne veux pas te marier !

— Mais c'est justement ce que je veux faire.

— Avec Rampal ? tu es folle.

Sur ce mot, madame Gripat entra dans la salle suivie de Puche ; puis bientôt après arriva madame de la Ricotière en galant déshabillé du matin.

VI

Le déjeuner fut morne : madame Gripat réfléchissait aux idées inexplicables de sa fille ; Paule cherchait comment elle pourrait bien rendre son frère favorable à Rampal ; et Edgard se reprochait de n'avoir pas averti sa sœur qu'elle devait tout de suite s'ouvrir franchement à leur mère.

Il n'y eut que madame de la Ricotière et Puche qui causèrent, ou plutôt, il n'y eût que madame de la Ricotière qui profita du silence général pour raconter une centième fois l'histoire de ses triomphes de jolie femme à Bordeaux, à Toulouse, à Rouen, à Strasbourg, en Afrique, partout enfin où elle avait passé en accompagnant le colonel de garnison en garnison. Puche les connaissait assez, ces récits, pour les réciter lui-même sans une faute de mémoire; mais toujours bonhomme, il les écoutait comme s'il les entendait pour la première fois, les coupant de temps en temps d'une exclamation qui soutenait l'intérêt : « Vraiment, est-ce possible? » et qui permettait à madame de la Ricotière de continuer. « N'en doutez pas, mon cher monsieur Puche, et la preuve... » Les preuves, eût été plus juste, car elles s'enchaînaient les unes aux autres.

Puche, qui avait toujours cent affaires sur les bras, quittait ordinairement la salle à manger aussi vite que possible : mais ce jour-là madame Gripat le retint.

— Ne sortez pas, je vous prie, tout de suite, lui dit-elle ; j'ai à vous parler.

Et aussitôt qu'elle put se lever de table, elle alla rejoindre Puche, qui s'était déjà mis au travail dans son cabinet.

— Vous paraissez préoccupée, dit-il en posant sa plume : que se passe-t-il donc ?

Madame Gripat raconta son entretien avec Paule et les réponses de celle-ci, ses idées sur ce qu'elle appelait un grand mariage, son refus d'épouser le prince.

Puche resta interdit ;

— Ah ! par exemple ! murmurait-il.

Puis, se taisant, il réfléchit profondément : et tout à coup se frappant le front :

— J'y suis, s'écria-t-il ; car enfin il faut des raisons, n'est-ce pas, pour s'expliquer que Paule refuse un mari comme le prince ; un homme charmant, c'est le mot de tout le monde, jeune, élégant, qui ne peut que rendre sa femme heureuse, qui lui donne un nom dont elle sera fière aussi bien pour elle que pour ses enfants.

— Je lui ai justement dit cela, mais sans la toucher.

— Je crois comprendre pourquoi. Nous nous y sommes mal pris avec elle. Nous la croyons toujours enfant, et cependant c'est une grande fille, une jeune fille, qui a ses idées personnelles, sa volonté, ses exigences ; et nous avons eu le tort de ne pas assez compter avec ses idées et ses exigences. Si j'ai bien compris ce que vous m'avez expliqué, elle s'imagine, n'est-ce pas, que le prince ne voit en elle que sa fortune ? Eh bien, elle aurait voulu que le prince ne vît en elle qu'elle. Il aurait fallu qu'elle s'imaginât cela, et non autre chose. Mon Dieu, je ne me donne pas comme un habile clerc dans les choses de sentiment. Mais cependant, bien que je n'aie que peu d'expérience propre en ce sujet, j'ai été jeune, j'ai aimé, et j'ai été le héros, le héros malheureux d'une aventure qui, par l'expérience personnelle, me fait comprendre ce qui arrive.

— Une aventure !

— C'est bien simple : j'avais vingt-cinq ans et c'était du temps où j'étais clerc de notaire à Marans. Devenu amoureux de la fille d'un riche marchand de grains, j'avais été agréé par le père et refusé par la jeune personne, qui s'était imaginée que je n'en voulais qu'à sa fortune. Je ne désespère pas, car j'étais sincèrement épris, et je cherche comment je pourrais bien la toucher. Je cherche longtemps. Enfin je trouve que c'est un chagrin pour elle de ne pouvoir valser, parce qu'il n'y avait pas de valseurs à Marans, et aussitôt j'apprends la valse.

— Vous ?

— Mon Dieu, oui. Vous voyez combien j'étais amoureux, car évidemment je n'ai pas été mis au monde pour faire un valseur ; tout en moi s'y refusait. Quand je crois savoir valser, je l'invite. — Vous valsez donc maintenant ? — J'ai appris depuis que vous avez manifesté devant moi le regret de n'avoir personne pour valser. — Quel regard ! En une seconde je fus payé de mes peines. Elle avait senti que ce n'était pas seulement pour sa fortune que je l'aimais ; et certainement, si j'avais pu la conduire tout de suite à la mairie, elle était ma femme. Par malheur, ce fut à la valse que je la conduisis, et cela tourna mal ; c'est-à-dire que je tournai mal et que mon cœur tourna plus mal encore ; si bien que, deux mois après, elle épousait le lieutenant des douanes qui, plus malin que moi, s'était contenté de lui envoyer des vers. Vous voyez la morale de cette histoire.

— Mon Dieu non, répondit madame Gripat en riant.

— Elle est cependant facile à dégager et à appliquer à Paule. Tant que celle que je voulais épouser a cru que je ne cherchais que sa fortune, elle a été à moi.

— Pour peu de temps.

— Le temps ne fait rien à l'affaire : si j'avais eu le cœur plus solide, je me mariais, car je l'avais gagnée ; ç'a été ma faute si je l'ai perdue ensuite. Eh bien, je voudrais que le prince gagnât Paule, je ne dis pas en valsant mais d'une façon qui la frappât dans son imagination, dans son cœur, n'importe où, n'importe comment. Si un jour, dans une promenade au Bois, il se jetait à la tête du cheval de Paule emporté et l'arrêtait après s'être fait traîner ! Ça serait superbe cela.

— Il faudrait que le cheval de Paule s'emportât.

— En s'y prenant bien !... Si, la nuit, le prince venait donner une sérénade à Paule, avec une guitare, vous savez, un manteau. C'est un très bon moyen. Du moins on le dit, et ça se passe ainsi dans les romans ; moi, je ne sais pas.

— Ça se passait, dit madame Gripat en secouant la tête.

— Démodé alors. C'est possible. Mais il y a une chose qui est de tous les temps, c'est la charité. Pourquoi n'arrangerions-nous pas les choses pour que le prince et Paule se rencontrassent dans une mansarde, venant tous les deux secourir une famille malheureuse ? Je vois ça d'ici : il a un paletot de fourrures et de belles bottes.

— Mais, mon bon Puche, tout cela n'est pas sérieux.

— C'est romanesque, et justement c'est le romanesque qui plaît aux jeunes filles.

— Ce romanesque-là ne plairait pas à Paule.

— Oh ! celui-là ou un autre, je n'ai pas de préférence ; ce à quoi je tiens, c'est que le prince fasse quelque chose pour toucher le cœur de Paule. Cela est indispensable. Et assurément cela réussira. Pour qu'il en fût autrement, il faudrait que Paule aimât quelqu'un.

— Y pensez-vous ?

— Avec les femmes tout est possible. Mais, bien entendu, si elle vous dit qu'elle n'aimait personne, je n'insiste pas.

— Je n'ai même pas fait la plus légère allusion à un pareil sujet.

— Eh bien, permettez-moi de vous dire que vous avez eu tort. Qui peut deviner ce qui se passe dans le cœur d'une jeune fille ? Voulez-vous me permettre de l'interroger.

— A quoi bon ?

— Comment, à quoi bon ?

— Cela vous paraît utile, essayez, elle est chez elle ; vous pouvez monter.

VII

Tout autre que Puche eût sans doute été embarrassé à la pensée d'aller confesser une jeune fille, pour lui faire dire si elle aimait.

Mais à ses yeux c'était la chose la plus simple du monde ; il lui disait franchement : « Aimes-tu quelqu'un ? » Et franchement elle lui répondait : « Oui ou non. »

Avec une autre, il eût peut-être procédé d'une manière différente, car il était diplomate quand il voulait s'en donner la peine ; mais avec Paule à quoi bon ? Une petite fille qu'il avait vue naître et grandir ; qui l'aimait comme un père : une enfant, son enfant.

Son seul souci était qu'à sa question elle répondît affirmativement, car alors ce serait une lutte à engager pour soutenir le prince de Verberie, et l'idée d'avoir à lutter contre sa petite Paule était bien faite pour le tourmenter. Ce serait la première fois qu'il lui causerait un chagrin.

Il surprit Paule en train d'écrire sur un gros cahier relié en maroquin, qui se fermait au moyen d'une petite serrure ; elle tourna la tête en sursaut, et voyant qui entrait, elle serra son cahier dans un tiroir.

— J'aurais pourtant bien voulu voir ce que tu écris là-dedans, dit Puche.

— Eh bien, tu ne verras pas.

— Ça aurait fait une économie de paroles pour toi et pour moi cependant, car je viens t'interroger. J'ai causé avec ta mère.

— Et elle t'a dit que je ne voulais pas du prince de Verberie ; c'est vrai, je ne veux pas ; voilà qui supprime les paroles.

— Mais pas du tout ; cela ne supprime rien, car il te reste à me dire pourquoi tu n'en veux pas.

— Parce que je n'en veux pas !

— Il te déplaît ?

— Il ne me plaît ni ne me déplaît.

— Je comprends cela en ce moment, mais quand tu le connaîtras mieux il te plaira.

— Jamais.

— Alors tu aimes quelqu'un ?

Comme elle aurait voulu répondre : « Oui, j'aime, j'aime un homme au-dessus de tous les autres par le cœur, l'esprit, le caractère, la bonté, la tendresse, la grandeur, la noblesse ? je n'aimerai jamais que lui : il m'aime comme je l'aime ; je l'adore ; je serai sa femme et je ne vis que pour lui ! »

Mais elle devait garder en elle cet aveu triomphant qu'il lui eût été si doux, qu'elle eût été si fière de proclamer la tête haute. Pourquoi lui avait-il fermé les lèvres ? Comme il avait rendu la situation difficile, au moins pour elle ! Comment se défendre ? Comment répondre sans répondre, car c'était là ce qu'elle devait faire ? Et combien de temps encore en serait-il ainsi ?

Avec Puche, toujours si bon pour elle, si dévoué, qui l'avait gâtée de tendresse, son seul ami, elle ne pouvait pas prendre des airs superbes pour lui dire : « Ce que tu me demandes ne te regarde pas ». Et cependant, il fallait qu'elle le renvoyât sans s'être livrée.

Elle prit un air enjoué :

— Alors, M. Puche, qui est un philosophe de l'antiquité, un homme qui connaît beaucoup la vie et encore mieux le cœur des jeunes filles, M. Puche a vu que quand on ne voulait pas épouser un prince, on aimait quelqu'un, un roi pour sûr ?

Puche fut un moment interloqué, mais il se remit bien vite.

— Quelqu'un, dit-il, roi ou berger.

— Tu tombes mal, je ne connais ni rois ni bergers ; mais si j'aimais un berger, est-ce que comme cadeau de noces tu me donnerais quand même ton fameux éventail de Watteau que le régent avait commandé pour la duchesse de Berry ?

— Si c'est un berger Watteau, certainement. Voyons, ma petite Paule, parlons sérieusement ; réponds-moi comme je t'interroge. C'est chose si importante pour nous tous que ce mariage, pour ta mère, pour ton frère, pour toi, pour la mémoire de ton père... et faut-il que je le dise, pour ton vieux Puche ; c'est notre bonheur à tous :

Elle se leva, et venant à lui, elle lui posa la main sur l'épaule affectueusement :

— Crois-tu que ce ne soit pas un chagrin pour moi de ne pas pouvoir vous répondre : « Je l'épouserai, votre prince » ? Crois-tu que cela ne me soit pas douloureux de faire de la peine à maman et de t'en faire aussi, mon vieux Puche ? Mais je n'en veux pas. Tout ce que tu me diras n'y changera rien ; je n'en veux pas.

— Mais alors, sapristi ! tu aimes quelqu'un ?

— Je te dis que je ne l'aime pas.

— Voyons, mon enfant...

— Mais je t'ai dit tout ce que je pouvais te dire ; quand je te le répéterais encore et toujours ? Sais-tu ce que cela ferait ?

— Non.

— Eh bien, cela ferait que je ne serais pas prête pour sortir avec grand'mère et qu'elle me gronderait. Tu sais quelle affaire quand elle attend. Je t'en prie, ne me fais pas gronder. Nous serions en retard pour les courses. Adieu.

— Mais...

Elle se dirigea vers son cabinet de toilette.

— A demain.

Puche redescendit dans le cabinet de madame Gripat.

— Eh bien ! demanda celle-ci.
— Nous avons causé.
— Elle vous a dit ?...
— Elle m'a dit...

Il chercha un moment.

— Mon Dieu, elle ne m'a rien dit... mais simplement parce qu'elle n'avait rien à me dire, car même sans me répondre, s'il y avait eu quelque chose elle se serait trahie. Elle ne veut pas du prince. On ne peut pas la faire sortir de là. Aussi je persiste de plus en plus dans mon idée, vous savez : le cheval emporté, la sérénade, ou bien la mansarde. Si vous trouvez quelque chose de mieux, je n'y mets pas d'amour-propre d'auteur et je n'ai pas de préférence. Il y aurait bien aussi...

Il s'arrêta.

— Quoi donc?

— Non, rien ; par malheur, nous ne sommes plus dans la saison des bains de mer. Enfin, ce qu'il faut, c'est que le prince s'affirme, et surtout qu'il affirme son amour. Comment! C'est son affaire ; sapristi ! un homme de son âge doit avoir des idées qu'un homme du mien n'a pas. J'ai bien trouvé la valse, moi. Qu'il trouve quelque chose, lui.

— Mieux ?

— Oh ! bien sûr.

QUATRIÈME PARTIE

« Cher Maxime,

» Oui, cette lettre est de moi, de votre Paule, et il faut que je sois aux abois pour me décider à vous écrire.

» Le prince et le duc sont encore venus hier, je crois que la demande officielle est faite ; je vais être obligée de répondre.

» Que dois-je répondre ? Vous savez que je vous obéis aveuglément, que vous êtes mon guide et ma conscience, dictez ce que je dois dire. J'ai pu jusqu'à présent rester dans le vague, quoique cela ait été bien difficile ; maintenant cela devient impossible ; je ne peux pas toujours répéter mon même mot : « Je ne veux pas » ; il me faut des raisons pour l'appuyer.

» Lesquelles ?

» Votre journal a conquis sa place par votre talent ; vous serez bientôt député, le moment n'est-il pas venu de parler ?

» Voyez quelle situation est la mienne : ma mère que j'ai rendue défiante me surveille ; mon frère est exaspéré ; Puche me presse et me prie. Je me défends comme je peux, mais je suis liée.

» Si encore je vous avais comme autrefois, vous m'aideriez à me défendre ; mais je suis seule, me demandant, quand je parle, si je fais une maladresse ; quand je me tais, si je n'en fais pas une plus grosse.

» A cause de la surveillance de ma mère, je n'ose plus vous demander de venir la nuit; à cause de l'attitude de mon frère, nous ne pouvons même pas échanger un signe quand nous nous rencontrons.

» Que faire? Je vous en prie, que faire?

» Puisque nous ne pouvons pas nous parler, écrivez-moi : il vous est facile, en entrant la nuit dans le parc, de cacher votre lettre dans le lierre; vous n'aurez qu'à passer la main entre le dixième et le onzième barreau en commençant de compter par la droite; elle sera cachée là comme dans une boîte et je la prendrai le lendemain de bonne heure.

» Il me faut faire effort pour aligner ces choses, en ordre, froidement, quand je voudrais m'abandonner à la tendresse que je refoule à chaque phrase. N'en prenez pas d'inquiétude; en ce moment, nous devons laisser le présent et ne penser qu'à notre avenir; c'est lui que je vous demande d'assurer. Notre avenir!

» Vous savez donc que je suis plus que jamais à vous.

» Paule. »

C'était une grosse affaire pour Paule que d'envoyer cette lettre à la poste : après y avoir réfléchi, elle ne trouva rien de mieux que de la noyer dans d'autres, et aussitôt elle se mit à écrire des billets insignifiants à toutes les personnes de sa connaissance, sans s'inquiéter de ce qu'elle disait; elle n'avait qu'un souci : faire un gros tas d'enveloppes de façon que celle de Rampal disparût dedans. Quand elle en eut une douzaine, elle appela sa femme de chambre, et lui montrant, d'un air qu'elle s'efforça de rendre indifférent, le paquet de lettres entassé sur son bureau :

— Allez jeter cela à la boîte, tout de suite, dit-elle : c'est très pressé.

Trois ou quatre lettres n'eussent peut-être pas attiré l'attention de la femme de chambre, mais une douzaine! Poussée à l'excès, la précaution de Paule devint une imprudence. Aussitôt qu'elle fut dans la rue, la femme de chambre lut les adresses de son paquet : M. Faugerolles, nouveautés et confections; Mme Valérie Bordet, modiste ; Mlle Quillou, brodeuse ; M. Zorn, accordeur ; tout cela n'avait pas d'intérêt, elle passa vite : M. Maxime Rampal.

— Elle écrit à M. Rampal? tiens, tiens ; alors tout s'explique : et ce paquet de lettres, et pourquoi il y a urgence à le mettre à la poste, se dit mademoiselle Clarisse.

Elle tourna et retourna la lettre ; malheureusement l'enveloppe était soigneusement collée et, de plus, fermée avec un système de cachet qui rendait toute ouverture impossible.

Voyant cela, elle eut l'idée de la confisquer pour pouvoir la lire à son aise, car cela devait être curieux ce que « mademoiselle » disait à M. Rampal; mais, réflexion faite, elle n'osa pas ; la lettre n'ayant passé que par ses seules mains, il serait trop facile de deviner qui l'avait supprimée si elle n'arrivait pas à son adresse. Sans doute, « mademoiselle » ne pourrait pas se fâcher ouvertement, mais sous un prétexte quelconque elle se vengerait en la faisant renvoyer, et l'on devait y regarder à deux fois avant de s'exposer à perdre une si bonne place.

A l'office, pendant le dîner, il ne fut question que de la lettre de Paule à Rampal.

— Moi je l'aurais lue, dit le valet de chambre d'Edgard ; c'était bien simple ; il n'y avait qu'à entrer chez un marchand de vin, à demander un grog bien chaud, à poser la lettre sur le verre, elle se serait ouverte toute seule.

— Je ne fais pas de ces choses-là, dit mademoiselle Clarisse avec dignité.

— Si « mademoiselle » se met à avoir des intrigues avec des journalistes, ça va devenir dégoûtant, dit le second cocher qui était un personnage d'autant plus digne et majestueux qu'il n'était pas encore le « premier » ; ça n'était déjà pas trop honorable d'être chez ces gens-là ; et quant à moi, sans les chevaux il y a longtemps...

— Le fait est, interrompit la lingère, que nous ne regardons pas assez à la réputation des gens chez lesquels nous entrons : c'était déjà trop du père; si maintenant nous avons la fille, c'est à se sauver au plus vite.

— Elle va être princesse, dit Clarisse.

— Ça c'est quelque chose pour vous... au moins pour vous qui la suivrez ; mais nous qui resterons Gripat, c'est dur.

Rampal ne put pas répondre le soir même ; à la vérité, il trouva la lettre de Paule en rentrant, mais il était tard, et puis il voulait réfléchir, car elle était difficile à faire cette réponse, et cette petite le mettait vraiment dans une situation délicate ; il fallait qu'il se décidât ; qu'il prît un parti, ce qui n'était pas dans son caractère. Que ne pouvait-il traîner encore les choses en longueur et attendre une occasion favorable, que son étoile lui enverrait sûrement un jour ou l'autre. Malheureusement, c'était impossible ; il fallait qu'il se soumît aux circonstances, ce qu'il avait en horreur.

Avant de s'endormir, il lut une seconde fois la lettre de Paule ; puis, le lendemain, en s'éveillant, il la lut une troisième ; sentant plus lourdement à chaque lecture le poids de la responsabilité qui pesait sur ses épaules, habituées depuis longtemps à n'en porter aucune.

Car enfin il l'aimait cette jeune fille de dix-huit ans qui par sa jeunesse, sa sincérité, sa délicatesse, son amour vrai et naïf, ses qualités de cœur et d'esprit ressemblait si peu aux femmes qui avaient été ses maîtresses.

Et puis cette grosse, cette belle, cette merveilleuse fortune il ne fallait pas non plus s'exposer à la perdre.

Quand, vers neuf heures, son concierge monta pour allumer son feu, — dans le petit appartement de représentation qu'il occupait à un troisième étage de la rue de Provence, c'était son seul domestique, — il recommanda qu'on dît à ceux qui se présenteraient pour le voir, qu'il n'était pas chez lui, et sûr de n'être pas dérangé, il se mit à son bureau.

Mais il y resta longtemps sans trouver son premier mot, s'impatientant, s'irritant d'autant plus qu'il écrivait d'ordinaire aussi facilement que rapidement ; il aurait fallu de la tendresse, de l'enthousiasme, de la passion, et les idées ne lui venaient pas ; n'était-ce pas étrange que lui qui n'avait qu'à laisser courir sa plume pour écrire une lettre littéraire, la sentît si lourde entre ses doigts pour une lettre intime !

Enfin, prenant une phrase de Paule pour thème, il commença :

« Pourquoi faut-il que ce soit le tourment où vous vous trouvez qui vous fasse m'écrire ? »

— Un reproche au début, se dit-il en s'interrompant ça n'est pas mauvais ; le sentiment de sa faute la rendra moins exigeante.

« J'aurais été si heureux que votre première lettre ne me parlât que de votre amour !

— Votre amour, c'est un peu sec.

Et après un moment de réflexion il changea le *v* de votre en une *n*.

— Notre amour, c'est plus chaud.

« Quelle douleur exaspérante pour moi de penser que vous ne pouvez pas faire hautement l'aveu de cet amour; comme il vous serait doux, n'est-ce pas, de pouvoir dire à tous : « Je l'aime ! »

— C'est vrai que ça lui serait doux, car elle m'aime, la chère petite, et elle est fière de moi.

Mais il ne s'abandonna pas à ce sentiment de satisfaction, si flatteur qu'il fût ; c'était aux affaires sérieuses, c'est-à-dire au mariage qu'il devait penser : il continua donc :

« Eh bien, dites-le, non à tous, mais à votre mère. »

Puis ayant eu la chance de trouver cette idée, il la développa :

» Dites-le avec votre tendresse, votre émotion, votre élan, avec vos beaux yeux, vos lèvres frémissantes, votre accent passionné ; dites-le lui comme vous me le diriez à moi, — et elle sera touchée ; elle sentira combien nous nous aimons : elle comprendra que rien ne peut nous séparer ; une mère peut-elle rester insensible à la voix de sa fille, quand cette fille est Paule ? »

Il relut sa phrase et elle lui parut bonne ; cependant il y manquait quelque chose.

— Un mot agréable pour la mère serait à propos, se dit-il ; une fille qui, comme Paule, aime sa mère, doit être sensible à cela ; et puis c'est d'un bon gendre.

» ... Et quand cette mère est la vôtre. Sans doute il peut arriver que, sous le coup de la surprise et en voyant ses projets déçus, elle se fâche. »

— Il est même sûr que cela arrivera et il est bon que, se tenant sur ses gardes, la petite sache ce qu'elle aura à faire.

» Il peut arriver qu'elle réponde qu'elle ne consentira jamais à notre mariage ; n'insistez pas ; il suffit pour le moment que vous ayez affirmé notre amour de façon que votre mère comprenne que vous n'accepterez jamais le prince. Je voulais vous éviter cet aveu qui va vous jeter dans des luttes, — il chercha une bonne épithète, — cruelles pour votre affection filiale ; j'ai tout fait jusqu'à présent, pour le retarder ; mais puisque la nécessité nous presse, nous devons nous résigner à ce moyen, si périlleux qu'il puisse être. En somme, ce que nous devons chercher avant tout, c'est que moi... »

Il s'arrêta ; sa plume allait trop vite ; elle l'avait engagé dans une phrase dangereuse qui pouvait le faire accuser d'une prudence un peu trop égoïste ; ne pouvant pas l'effacer, il l'arrangea :

» Vous sentez bien, n'est-ce pas ? que je ne parle pas en égoïste, et que je n'ai pas d'autre souci que votre bonheur. C'est pour cela que je cherche avant tout à ne pas m'exposer directement à un refus qui rendrait impossible une nouvelle demande, au moment même où elle aurait toutes les chances pour être favorablement accueillie. Avec sa fille, on dit non aujourd'hui, oui demain ; cela n'a pas d'importance. Avec un étranger, il en est tout autrement.

» L'essentiel pour le moment est de gagner du temps. Très prochainement ma situation aura changé. Tout me fait espérer que je serai député. Je pourrai alors me présenter avec une autorité qui me manque en ce moment ; et j'aurai à faire valoir auprès d'une mère des titres que je n'ai pas.

» Jusque-là, défendez-vous patiemment contre les attaques de votre mère ; quant à celles du prince, ne vous en inquiétez pas ; je vous défendrai moi-même contre elles et de façon que vous en soyez bientôt débarrassée pour jamais. »

Il relut sa lettre depuis la première ligne et, posant sa plume :

— Évidemment il n'y a pas autre chose à faire ; mais évidemment aussi il y aurait autre chose à dire : ça ne peut pas finir la-dessus, froidement.

Et, se levant, il se mit à marcher à grands pas dans sa chambre, se frappant le cœur comme pour en tirer quelques paroles palpitantes, la fin moins froide qu'il voulait.

« Vous m'aimez ; vous vous savez adorée par un homme qui ne vit que par vous, que pour vous ; puisez dans ces pensées le courage de lutter. »

C'était bien, mais ce n'était pas assez encore, car il lui restait au moins dix lignes pour remplir tout son papier, et il ne voulait pas les laisser blanches, ce qui eût été glacial ; il fit un nouvel effort :

« Vous devez croire que, moi aussi, j'ai des heures de terrible inquiétude, séparé de vous le jour, ne pouvant plus vous voir la nuit ; mais je me sais aimé de ma petite Paule, j'ai foi en elle et cela me donne le courage d'attendre le moment où nous serons enfin l'un à l'autre pour ne plus nous quitter jamais. Ce moment est proche, soyez-en certaine ; croyez en la parole, croyez en l'amour de votre

» Maxime. »

Il avait été obligé de serrer les trois dernières lignes, et cela le rendit content de lui :

— Ma foi, si elle n'est pas heureuse, c'est qu'elle est difficile.

Et, ayant cacheté sa lettre, il la mit dans sa poche ; puis, toute la journée et toute la soirée, il s'occupa de ses affaires, de son journal, de ses électeurs ; décidément, il était plus facile d'écrire un article politique qu'une lettre d'amour, de parler à des « chers concitoyens » qu'à une jeune fille ; enfin, à minuit, il put la porter au parc Monceaux et la glisser entre le dixième et le onzième barreau de la grille, sous les feuilles de lierre qui tapissaient le bahut de pierre.

Ce fut là que Paule la trouva le lendemain et la prit sans être vue de personne.

Quelle joie! Elle la relut dix fois, bas tout d'abord, puis à mi-voix en prononçant les paroles qui étaient si douces à son cœur.

Comme il l'aimait! comme il était bon, généreux, désintéressé! Comme il avait parlé de sa mère!

C'était la première lettre d'amour qu'elle recevait, et elle trouvait dedans tout ce qui était dans son propre cœur.

Si Rampal avait mieux connu les jeunes filles, il aurait pu s'épargner les efforts qu'il avait faits pour être passionné.

Maintenant, elle pouvait parler ; et certes oui, ce serait avec émotion, avec élan. Quel bonheur!

II

Elle n'eut pas longtemps à attendre.

Après le déjeuner, sa mère lui demanda de l'accompagner dans son cabinet, où Edgard et Puche les suivirent.

Alors, devant ce conseil de famille, elle comprit que l'heure décisive était arrivée, — c'était la bataille de sa vie qu'elle allait livrer, de son amour, de son bonheur, mais si son cœur trembla, il ne défaillit point.

Sa mère, son frère, Puche, s'étaient assis : seule, elle était restée debout comme une coupable devant ses juges.

— Assieds-toi, dit madame Gripat.

En prenant une chaise, elle jeta à la dérobée un coup d'œil sur son frère, et celui-ci lui répondit par un signe de tête qu'elle comprit :

— Il va être question de ton mariage ; dis tout ; ou bien je dis moi-même ce que je sais.

Elle leva la tête et, le regardant avec résolution :

— Sois tranquille, je ne cacherai rien.

Cependant, comme ce n'était pas à elle de prendre la parole, elle attendit. Jamais elle n'avait éprouvé une aussi poignante émotion : c'était non seulement pour elle qu'elle devait répondre, mais encore pour Maxime, et elle avait peur de n'être pas digne de lui ; il avait eu tort de s'en remettre à elle dans une circonstance si grave ; l'amour lui avait inspiré une confiance qu'elle ne méritait pas ; certainement elle allait rester au-dessous de ce qu'il attendait d'elle.

Et comme sa mère ne commençait pas son interrogatoire, elle cherchait ce qu'elle devait dire pour les convaincre que Rampal était le seul homme qu'elle pût épouser, et cela par cette raison toute-puissante qu'il était le seul homme qu'elle aimerait jamais.

Ne les toucherait-elle donc pas ? Sa mère qui l'aimait si tendrement ; Edgard qui, par la dignité du but auquel elle tendait, devait sentir comme elle ; Puche qui la regardait à la dérobée avec un embarras compatissant, tout prêt sans doute à lui venir en aide comme toujours et peut-être même à la soutenir.

Enfin, madame Gripat se décida.

— En nous voyant réunis, nous tous qui t'aimons, ta mère, ton frère...

— Ton ami le plus fidèle et le plus dévoué, interrompit Puche, incapable de retenir son cri.

— ...Tu dois comprendre de quoi il va être question, continua madame Gripat.

— Du prince de Verberie, je pense.

— Précisément. Quand je t'ai parlé de lui, tu m'as répondu que tu n'en voulais pas et je n'ai pu tirer autre chose de toi. Ce n'était à ce moment qu'un projet. Maintenant le duc de Valmondois m'a adressé sa demande ; nous devons donc nous expliquer franchement.

— Franchement, insista Edgard.

— Tu ne peux pas faire un plus beau mariage, dit Puche d'un ton encourageant.

Comme madame Gripat allait continuer, Paule prit la

parole : ce que sa mère pouvait dire, elle le devinait, et d'ailleurs une sorte d'impatience héroïque la poussait à entrer bravement dans la lutte : c'était pour lui.

— Vous m'auriez parlé de ce mariage il y a six mois, dit-elle, je vous aurais répondu que je n'en voulais pas et je vous aurais expliqué pourquoi, car les raisons qui s'opposent à ce que j'accepte un mari tel que le prince de Verberie sont arrêtées dans mon esprit depuis longtemps, — depuis le moment où j'ai été en âge de comprendre que le seul moyen de se faire pardonner une grosse fortune, était de l'employer noblement : homme dans une vie utile ; jeune fille en choisissant un mari qui lui donne cette vie, puisqu'une femme n'a pas la liberté de se faire elle-même celle qu'elle voudrait.

— Très bien, s'écria Puche, voilà qui est sagement raisonné, très bien.

Évidemment, une petite fille qui raisonnait ainsi ne pouvait pas persister à refuser le prince de Verberie.

— Si tu nous avais dit cela, interrompit madame Gripat, nous t'aurions répondu que tes raisons étaient les nôtres.

— Parfaitement, appuya Puche.

— Laissez-la donc s'expliquer, dit Edgard.

— Je suis heureuse de voir que nos idées sont d'accord, continua Paule, au moins en théorie. Voilà ce que je vous aurais dit, il y a six mois. Et si vous m'aviez alors parlé du prince de Verberie, je vous aurais répondu que ce n'est pas employer noblement sa fortune que de la partager avec un homme qui n'est rien, qui ne sera rien et qui vend son nom.

— Sapristi ! s'écria Puche en sautant sur son fauteuil.

Sans prêter attention à cette exclamation, Paule continua :

— Aujourd'hui, à ces raisons théoriques s'en ajoutent d'autres personnelles et, par là, décisives. Je ne veux pas du prince de Verberie, parce qu'il n'est pas l'homme de mes idées. Et je n'en veux pas...

Elle hésita un moment, et malgré la résolution fiévreuse

qui l'animait, elle baissa les yeux devant le regard de sa mère.

— Je n'en veux pas, parce que j'en... — le mot qui lui vint aux lèvres fut: J'en aime un autre, mais elle le retint, — parce que j'en ai choisi un autre.

— Qui? s'écria madame Gripat.

Edgard, voyant l'embarras de sa sœur, voulut lui venir en aide.

— C'est... dit-il.

Mais vivement elle jeta ses deux mains en avant pour lui imposer silence.

— Laisse-moi le nommer.

Et tournant les yeux vers sa mère, la tête haute, la voix fière :

— Monsieur Rampal.

— Lui! s'écria madame Gripat dans un mouvement de surprise indignée, lui ce mari de tes grandes espérances !

— Et tu appelles ça employer noblement ta fortune, insista Puche ; mais c'est un bohème...

— Toi, tais-toi, tu ne le connais pas, s'écria Paule.

— Mais tu m'as dit que tu n'aimais personne, répliqua Puche.

— Je ne t'ai rien dit, je n'ai pas voulu te répondre. Je croyais que ce projet de mariage avec le prince de Verberie n'aboutirait pas, et je n'avais pas à vous parler de Maxime ni à mère ni à Puche. Je voulais que ce fût lui qui vînt me demander. Et nous attendions pour cela qu'il fût député. Il va l'être ; ce n'était que quelques jours à attendre. Un député n'est pas un bohème, n'est-ce pas, Puche? Un ministre non plus ?

— Hé ! hé !

Madame Gripat coupa court aux réflexions de Puche :

— Comment la pensée d'un pareil mariage t'est-elle venue? demanda-t-elle.

— Quand nous nous sommes aimés.

— Mais où, comment ? Quand cet amour a-t-il commencé.

— Le jour où je l'ai vu, à Trouville, quand j'ai compris l'homme qu'il était.

— Tu lui as promis de devenir sa femme ?
— Je l'ai promis.
— Mais c'est abominable ! s'écria Puche.
— Je vous en prie, interrompit madame Gripat, laissez-moi la questionner, il faut voir, il faut comprendre. Où lui as-tu fait cette promesse ?
— Je lui ai écrit.
— Vous vous écrivez souvent ?
— Je lui ai écrit une fois.
— Et lui ?
— Il m'a répondu,

Madame Gripat eut un soupir de soulagement et échangea avec Puche un regard qui disait qu'il ne fallait pas désespérer.

Puis se tournant vers sa fille avec un geste résolu, en femme, en mère qui veut couper court à un interrogatoire aussi gênant pour elle que pour sa fille :

— Il n'y a rien de sérieux dans tout cela, dit-elle ; ce n'est qu'une amourette de petite-fille dont il ne restera rien, pas même cette lettre écrite, que je me ferai rendre.

— Cela me regarde, dit Edgard.

— Ce n'est pas seulement parce que je désire ton mariage avec le prince de Verberie, continua madame Gripat, que j'exige une rupture avec Rampal ; c'est parce que tu ne peux pas épouser Rampal. Il est des choses qu'une fille de ton âge ne peut pas comprendre, mais qui, connues d'une mère, s'imposent à sa conscience. Jamais une mère n'acceptera Rampal pour gendre.

— Moi, je n'accepterai jamais d'autre que lui pour mari.

— Tu sais combien je t'aime, poursuivit madame Gripat d'une voix adoucie. Jamais je ne t'ai causé un chagrin sérieux ; tout ce que j'ai pu faire pour toi, je l'ai fait ; j'ai été au-devant de tes désirs ; ma vie n'a pas eu d'autre but que de vous rendre heureux, ton frère et toi. C'est la première fois que nous sommes en opposition et j'en suis désespérée. Mais que ce que j'ai été dans le passé ne te fasse pas croire que je céderai jamais pour ce mariage : tu ne peux pas être la femme de Rampal.

Pendant que madame Gripat rappelait ce qu'elle avait été pour ses enfants, Paule s'était attendrie ; au nom de Rampal, elle se redressa, et avec énergie :

— Il est possible, dit-elle, qu'il y ait des choses qu'une fille de mon âge ne doit pas comprendre, mais il y en a qu'elle sent et sur lesquelles elle ne se trompe pas. Tout ce qu'on dira contre Maxime ne changera rien à mes sentiments : il est un homme de cœur, un homme d'honneur ; je n'aimerai jamais que lui, je l'aimerai toujours.

— Mais ma pauvre petite ! s'écria Puche.

Madame Gripat arrêta net cette explosion :

— Tu peux remonter chez toi, dit-elle à sa fille.

Paule se leva et, sans parler, mais d'un regard de confiance et de prière, elle jeta un appel à son frère :

— Défends-moi.

— Non, dit Edgard en baissant la tête

III

— Et je ne me suis douté de rien ! s'écria Puche quand Paule fut sortie ; ça c'est fort.

— Comment admettre l'idée qu'une fille élevée comme Paule, douce, tendre, l'honnêteté et la pureté mêmes, pouvait s'éprendre d'un Rampal, dit madame Gripat. De vingt ans plus âgé qu'elle, qu'a-t-il pour plaire ? Il ne s'occupe que de lui, ne parle que de lui ; il n'est pas beau ; il n'a pas de tenue ; c'est inexplicable.

— Dites stupéfiant, insista Puche.

— Ah ! qu'une mère est coupable de ne pas s'inquiéter de l'impossible ! c'est lui le dangereux. J'ai commis la faute de m'imaginer qu'on ne pouvait voir Rampal que comme je le voyais moi-même : un bohème curieux, amusant, sans conséquence, et voilà où nous en sommes.

— Il faut lui montrer Rampal tel qu'il est.

— Les aveugles ne voient pas ce qu'on leur montre ; elle est aveuglée.

Edgard n'avait jusque-là rien dit; sur ce mot, il intervint :

— On peut lui ouvrir les yeux.

— Justement, dit Puche.

— Comment ? demanda madame Gripat.

— Elle se croit aimée, continua Edgard, et elle s'imagine que Rampal a rompu avec Melcha ; elle me l'a dit et soutenu à l'Opéra, tu dois t'en souvenir, maman ; si elle savait qu'il n'en est rien et que, deux jours après cette soirée, Rampal déjeunait au café Riche avec Melcha, cela pourrait bien changer ses sentiments.

— Il faut qu'elle le sache, s'écria Puche.

— Tu es certain de cela ? demanda madame Gripat.

— Deux de mes amis les ont vus.

— Alors Rampal n'aime pas Paule, dit Puche ; il n'y a donc rien de grave dans cette amourette.

Edgard haussa les épaules.

— Tu n'y connais rien, mon bon Puche. Rampal peut très bien aimer Paule et rester l'amant de Melcha. Et puis il peut aussi s'être fait aimer sans aimer. C'est sa manière de se faire aimer. Il a vécu de ça. Lui-même m'a raconté que, dans ses premières années de Paris, au temps où il mangeait à la gargote, dans le quartier Latin, un coin borgne, il prenait des poses de mourant d'amour auprès de la fille du gargotier, pour obtenir à l'œil un ordinaire.

— S'il n'aime pas réellement Paule, cela rend notre tâche plus aisée, dit Puche.

— Ce qu'il faudrait, répliqua Edgard, ce serait plutôt que Paule ne l'aimât pas, et par malheur elle l'aime réellement, profondément.

Cependant, si on lui montre que celui qu'elle aime continue à être l'amant de cette danseuse, elle ne peut pas ne pas être indignée.

— Voudra-t-elle le voir ? voudra-t-elle le croire ? dit madame Gripat.

— Je comprends votre idée, dit Puche ; vous pensez, n'est-ce pas, qu'elle fermera obstinément les yeux à la lumière, et cela est possible ; mais si on la rend éblouissante, cette lumière, il faudra bien qu'elle la voie. A la rigueur, elle peut discuter le fait isolé de Melcha ; ils déjeunaient pour déjeuner ; mais si nous réunissons un certain nombre de faits de ce genre ; si nous parvenons à grouper un ensemble de témoignages prouvant que ce Rampal est l'homme que vous dites, — car moi, vous savez, je ne le connais que très peu, — il faudra bien qu'elle se rende à la vérité, si cruelle qu'elle puisse être. Aussi mon avis est que de votre côté, comme moi du mien, nous cherchions ces témoignages.

— J'aurais voulu que ces choses n'effleurassent point sa pureté, dit madame Gripat avec tristesse.

— Sans doute, moi aussi je l'aurais voulu, continua Puche, mais nous ne pouvons pas choisir nos moyens. Maintenant, il ne nous suffit pas que Paule épouse le prince, il faut qu'alors même que ce mariage ne se ferait pas, elle n'épouse pas Rampal. Pour cela, occupons-nous donc de réunir les faits nécessaires à notre acte d'accusation. Pour nous, madame, cela ne sera pas très facile. Mais Edgard a des relations dans le monde de Rampal. Moi-même j'en ai quelques-unes. Et puis ce journaliste qui est venu se mettre à notre disposition en ces derniers temps, ce Nitard, pourrait sans doute nous servir: c'est un individu propre à tout, capable de tout: je vais le voir ; s'il est des besognes désagréables dans lesquelles nous ne devrons pas paraître, il s'en chargera.

Comme madame Gripat se taisait, Puche la regarda avec surprise :

— Vous ne dites rien : vous opposez-vous donc à l'emploi de ces moyens ?

— Je ne les repousse pas, car je sens qu'ils s'imposent à nous, mais je suis désespérée à la pensée d'en faire usage. N'est-ce pas terrible qu'une mère qui aime sa fille tendrement en arrive à cette extrémité ? La pauvre enfant ! comme elle va souffrir ! lui briser le cœur, lui flétrir l'esprit, lui montrer les laideurs de la vie, à son âge ! Ah ! c'est horrible.

IV

Paule était sortie du cabinet de sa mère dans un état d'agitation désordonnée, et tout de suite elle était montée chez elle pour réfléchir.

Avait-elle dit ce qu'il fallait dire?

Maintenant que devait-elle faire?

Mais ce n'était pas seulement cette double question, déjà si grave, qui la troublait; c'était encore l'attitude sévère de sa mère et la défection d'Edgard. Quelle douleur de voir tous ceux qu'elle aimait tournés contre elle, hostiles à Rampal, favorables au prince de Verberie!

Cependant, si cruelle que fût cette douleur, il ne lui était pas permis de s'y abandonner; ce n'était pas à elle qu'elle devait penser, c'était à lui; et puisqu'il ne lui restait personne pour la défendre, il fallait qu'elle se défendît elle-même.

Comment?

Et cette interrogation la ramena à ce qui venait de se dire dans cet entretien, aux reproches qui lui avaient été adressés, aux menaces qui lui avaient été faites, aux accusations portées contre Maxime.

Bien que madame Gripat eût parlé, à propos de ces accusations, de choses terribles qu'une jeune fille de son âge ne pouvait pas comprendre, elle les comprenait très bien, ces choses, elle les devinait: il s'agissait de Melcha; si une mère ne pouvait pas accepter Rampal pour gendre, c'était parce qu'il avait été, parce qu'il était, croyait-on, l'amant de Melcha. Que cette liaison existât encore, elle ne le croyait pas; elle était sûre du contraire; il le lui avait affirmé. Qu'elle eût existé, elle n'en prenait pas souci. Que lui importait que Rampal eût eu Melcha ou une autre pour maîtresse avant qu'ils se fussent rencontrés à Trouville? Elle n'était pas jalouse du passé. Ne lui avait-il pas dit, ne lui avait-il pas juré qu'il n'avait connu l'amour que le jour où il l'avait vue, où il l'avait aimée?

Mais si elle avait de bonnes raisons pour ne pas admettre ces accusations, il était bien certain que les siens en avaient d'autres de leur côté pour les accueillir : leur antipathie pour Rampal, leur engouement pour le prince de Verberie.

Elle ne devait, elle ne pouvait rien croire contre Rampal ; eux, au contraire, devaient tout croire.

Tout ce qu'elle ferait, tout ce qu'il ferait lui-même pour les convaincre qu'il n'était pas l'homme qu'ils imaginaient, qu'ils voulaient, ne réussirait pas.

Ce qu'il fallait donc, c'était qu'elle les amenât de force à accepter Rampal, quelles que fussent leurs préventions et leur répugnance.

Et en lui disant qu'il n'y avait rien de grave dans tout cela, que ce n'était qu'une amourette de petite fille, sa mère elle-même lui avait montré le moyen à prendre pour forcer cette acceptation.

Si ç'avait été un amour au lieu d'une amourette, s'il y eût eu quelque chose de grave dans tout cela, madame Gripat aurait subi Rampal.

Eh bien, alors, il fallait qu'on crût à cet amour ; il fallait qu'il y eût quelque chose de grave.

Des lettres n'étaient rien, une promesse échangée n'était rien ; il fallait plus qu'une lettre, il fallait plus qu'une promesse.

Quoi ?

Elle ne chercha pas longtemps. Quittant son appartement elle descendit au rez-de-chaussée, dans le vestibule qui, coupant l'hôtel, allait du perron de la cour au perron du jardin ; là, sur le socle d'un grand vase du Japon en bronze, servant de cache-pot à un dattier, on déposait ordinairement la clé de la petite grille qui ouvre sur le parc. Cette clé était à sa place.

C'était ce que Paule voulait savoir. Aussitôt, elle remonta rapidement l'escalier, et, rentrée dans sa chambre elle se mit à écrire :

« Venez à une heure dans la nuit de demain ; vous me trouverez vous attendant ; j'aurai la clé de la grille :

» Votre femme qui vous aime,
» Paule. »

Elle n'osa pas se fier une seconde fois à sa femme de chambre et voulut mettre elle-même cette lettre à la poste. Pour cela, elle n'avait qu'un moyen, toujours le même, quand elle était dans l'embarras : se servir de sa grand'mère.

Elle se rendit chez celle-ci et la trouva prête à sortir pour sa promenade ordinaire.

— Voulez-vous que je vous accompagne, grand'maman ?

— Volontiers, ma fille.

L'idée de madame de la Ricotière était d'aller tout simplement au Bois, mais cela ne faisait point l'affaire de Paule : il n'y a pas de boîtes aux lettres autour du Lac, et c'est une lacune que plus d'une Parisienne regrette chaque jour.

Paule, qui n'avait jamais d'acquisitions à faire, en eût ce jour-là de très pressantes, et madame de la Ricotière consentit à courir les magasins.

La boîte que Paule avait en vue et où elle voulait jeter sa lettre se trouvait dans la maison, qu'habitait sa modiste. Arrivée devant cette maison, elle laissa sa grand-mère descendre la première, et, la suivant de près, elle s'arrangea pour passer contre sa boîte. Elle tenait sa lettre dans sa main. Quand madame de la Ricotière, qui n'avait d'yeux que pour la galerie des badauds, se retourna et lança sa phrase habituelle : « Viens-tu, ma fille ? » la lettre était dans la boîte : elle avait été glissée si adroitement que ni le cocher ni le valet de pied n'avaient vu le mouvement de Paule ; il n'avait été remarqué que par une jeune fille qui passait avec sa mère, et celle-ci avait eu un sourire d'approbation : « C'était bien fait ; on pourrait profiter de la leçon. »

V

La nuit était sombre, sans lune et sans étoiles, sans vent.

Paule, enveloppée dans un manteau, se tenait collée contre la grille du parc. Elle écoutait, elle regardait ; aucun bruit, si n'est celui de quelques rares voitures roulant au loin : ses yeux se perdaient dans les profondeurs noires où tout se brouillait.

Il n'était pas encore une heure, mais il s'en fallait de quelques minutes à peine ; une horloge sonna, puis une autre, puis celle des écuries de l'hôtel.

Paule mit dans la serrure la clé qu'elle tenait à la main, mais sans ouvrir le pène.

Quand elle releva la tête, elle crut entendre un bruit de pas sur le gravier. Il devint plus distinct. Une forme noire se dessina dans l'ombre.

C'était lui. Elle ouvrit la grille et se trouva dans ses bras, sur sa poitrine.

Elle y resta quelques secondes serrée, le serrant, sans parler, sans qu'il parlât lui-même.

Ce fut elle qui, la première, prit la parole.

— Nous allons monter dans ma chambre.

Il retint à temps un cri de surprise qui allait lui échapper, car c'était sur un tête-à-tête d'une heure dans la serre qu'il comptait ; il n'avait rien imaginé au delà.

Elle lui avait pris la main, et, passant la première, elle l'entraînait doucement.

La traversée de la serre fut difficile :

— Suivez-moi de tout près, dit-elle, et fermez les yeux, que le feuillage ne vous aveugle pas.

L'avertissement était utile, car Rampal n'avait point fait trois pas qu'il eut le visage effleuré plusieurs fois par les branches des arbustes retombant en cascades au-dessus de l'allée ; mais, tenant la main de Paule, il ne s'était pas arrêté.

De la serre ils passèrent dans un salon, puis dans le vestibule, où une faible clarté, tombant de l'étage supérieur, lui permit de se reconnaître.

Mais arrivé là, il eut un moment d'hésitation ; car tandis que Paule marchait doucement sur le pavage en mosaïque, comme si ses pieds eussent été ouatés, chacun de ses pas à lui, si légers qu'il voulût les rendre, était accompagné de craquements que répercutaient ces voûtes sonores.

— Cela ne fait rien, dit Paule.

Si le mot de Paule : « Nous allons monter dans ma chambre », l'avait surpris, celui-ci ne l'étonna pas moins. Que voulait donc dire tout cela ? Il se le demandait sans le deviner. La jeune fille résolue et imprudente qui lui tenait la main ne ressemblait en rien à celle qui en ces derniers temps ne l'avait reçu qn'en tremblant. Que se passait-il ?

Comme ce qu'il savait des femmes lui avait appris, croyait-il, à connaître les jeunes filles, il s'inquiéta : ces démonstrations passionnées n'avaient-elles pas pour but de préparer une rupture et de l'amener plus facilement ? elle se trompait, la petite, en s'imaginant qu'on le mettrait ainsi à la porte. Un flirtage, et puis, bonsoir, mon cher monsieur : ah ! non, non, mille fois non. Il s'était habitué à l'idée de cet amour, habitué aussi à l'idée de ce mariage ; il avait bâti tout un avenir là-dessus, sa fortune, sa gloire. Elle serait sa femme. Il l'y contraindrait.

Heureusement, l'épais tapis de l'escalier s'était trouvé sous ses pieds, car, absorbé par cette pensée, il marchait sans aucune précaution, et le bruit de ses pas eût réveillé la maison entière.

Ce fut avec cette préoccupation qu'il entra dans la chambre ; et que, la porte à peine refermée, il prit Paule dans ses bras.

Elle voulut le repousser, se dégager, mais il l'étreignit fortement et, serrée contre lui, la tête renversée en arrière, les lèvres closes, haletante, enivrée, elle s'abandonnait ; à la clarté d'un candélabre, allumé sur une console, il la voyait, le visage pâle, les yeux fermés, défaillante.

Alors il s'imagina qu'elle était à lui et qu'il n'avait qu'à la prendre ; la soulevant, il l'emporta dans ses bras.

Mais en se baissant il s'était détaché de ses lèvres ; alors, échappant au charme, qui l'anéantissait, elle avait retrouvé la raison.

— Je vous en prie, murmura-t-elle.

Sans répondre, il se pencha sur son visage, mais détournant la tête elle le repoussa.

— Maxime, cher Maxime.

En même temps, elle s'était redressée dans un effort vigoureux, et comme il ne s'attendait point à cette résistance, elle lui avait glissé des bras. Puis, comme il venait à elle, les mains tendues, elle s'était jetée vivement derrière une table, en la mettant entre eux.

— Maxime, Maxime, je vous en conjure ! soyez avec moi ce que vous avez été quand la grille nous séparait, et je viens à vous les mains dans vos mains.

— Alors vous pouviez me laisser derrière la grille ; il était bien inutile de me faire monter ici.

— Vous m'avez si souvent demandé de vous ouvrir cette grille ! Je croyais que vous seriez heureux de venir dans ma chambre, de me voir chez moi.

— Sans doute, c'est très joli ici.

Il avait répondu cela presque brutalement, sans trop penser à ce qu'il disait ; mais ses propres paroles éveillèrent son attention, il regarda autour de lui, et en voyant cette chambre toute blanche, cette chambre de jeune fille, pure et virginale, qui dans son luxe candide et chaste ressemblait si peu à celles où il avait vécu jusqu'à cette heure, son cœur s'attendrit.

Aux yeux qu'il attacha sur elle, elle sentit qu'il était touché :

— Et puis, il était nécessaire que vous fussiez venu ici.

Comme il la regardait avec surprise, se demandant ce qu'il y avait sous ces paroles étranges, elle sourit :

— Promettez-moi d'être ce que je vous ai demandé, dit-elle, et nous nous assiérons là, — elle lui montra de la main un canapé placé devant la cheminée, — à côté l'un de l'autre, et nous causerons. Si vous saviez tout ce que j'ai à vous dire ! C'est de notre bonheur qu'il s'agit.

— Vous ne m'aimez pas.

— Je ne vous aime pas ! Ah ! Maxime !

Mais, sans faiblir sous ce coup qui la frappait si cruellement, elle s'efforça de sourire et s'avança bravement.

— Venez, venez là, dit-elle, écoutez-moi comme je veux

être, comme je dois être écoutée, et vous allez voir si je vous aime.

Elle était venue au canapé et s'était assise, regardant Rampal avec des yeux si tendres, si émus, qu'elle l'avait amené jusqu'à elle.

— Là, là, dit-elle.

Lorsqu'il se fut assis, elle lui prit la main et doucement elle appuya sa tête contre lui.

— Vous ne vous êtes donc pas demandé pourquoi, tout d'un coup, je prenais la résolution de vous faire entrer dans cette chambre? dit-elle.

— Il y a si longtemps que nous nous sommes vus, que j'ai cru à une preuve d'amour que vous vouliez me donner.

— N'en est-ce point une? la plus forte qu'une fille puisse offrir à celui qu'elle aime? Vous allez le voir. J'ai tout dit à maman.

— Tout? s'écria-t-il.

— Que nous nous aimions.

— Elle a répondu?

— Que j'épouserais le prince de Verberie.

— Vous ne lui avez donc pas dit combien nous nous aimions?

— Elle ne veut pas le croire, elle dit que ce n'est qu'une amourette, qu'il n'y a rien de grave; alors j'ai voulu qu'il y eût quelque chose de grave; je vous ai écrit de venir; demain je lui dirai que vous avez passé la nuit dans ma chambre.

Tout ce qu'il avait imaginé, tout ce qu'il avait cru, arrangé, tomba devant cet héroïsme de foi et d'amour.

— Croyez-vous que je vous aime? dit-elle avec un doux sourire.

Il se laissa glisser à genoux devant elle et, lui jetant les deux bras autour des épaules :

— Je ne vous aimerai jamais assez, dit-il, jamais comme vous méritez d'être aimée.

— Alors je vous aime? vous croyez que je vous aime? vous ne direz plus que je ne vous aime pas?

Sans répondre il l'attira à lui et chercha ses lèvres; doucement, elle se recula en jetant sa tête en arrière.

— Eh bien, comme vous voudrez, dit-il, c'est vous qui m'embrasserez alors.

Avec un élan de joie passionnée, elle lui prit la tête à deux mains et vivement elle le baisa sur le front, dans les cheveux, dans le cou.

Sous le feu de ces caresses, il ne fut pas maître de se contenir ; de nouveau il la saisit à pleins bras.

Elle se défendit, et à mots entrecoupés :

— Ce qui vous a touché tout à l'heure, dit-elle, c'est la foi que j'ai eue en vous ; allez-vous me donner tort ?...

— Mais je vous aime ! s'écria-t-il, vous ne sentez donc pas combien je vous aime ?

— C'est à moi de vous aimer, à moi de vous embrasser, non à vous. C'est convenu. C'est vous qui me l'avez dit. C'est votre femme que vous tenez contre vous ; ne voulez-vous pas qu'elle soit toujours digne d'être votre femme ? En vous amenant ici, j'ai poussé la preuve de mon amour jusqu'à la folie ; donnez-m'en une semblable en partant. Ce qu'il fallait, c'était que je puisse dire que vous étiez venu ici ; partez. Jamais je ne vous ai rien demandé. J'ai cru à votre amour ; j'y crois : j'ai en lui une foi exaltée ; mais jamais je ne l'ai mis à l'épreuve ; jamais je ne vous ai demandé un sacrifice. Je vous demande celui-là. Partez. Jamais plus je ne vous en demanderai aucun. Ah ! je ne me suis pas trompée en pensant que vous feriez cela pour moi. Dites. Dites-le.

Et comme il ne répondait pas :

— Qu'est-ce que vous avez à craindre ? Par ce que je viens de faire, ne vous ai-je pas montré que j'étais une fille résolue, et que pour devenir votre femme je bravais tout ? Ce que j'ai fait aujourd'hui, je le ferais demain, et plus encore, s'il le fallait. Partez.

Il se tenait devant elle, la regardant avec des yeux qui la brûlaient.

— Ne vous inquiétez pas de ce qui se passe ici. Je dois vous le dire, tout le monde est contre vous : ma mère, mon frère, Puche ; mais qu'importe, puisque vous m'avez ! Et vous sentez bien, n'est-ce pas, que rien ne m'ébranlera ; que tout ce qu'on pourra dire, que tout ce qu'on pourra faire, n'atteindra pas mon amour. Je vous aime, je serai votre femme Le prince de Verberie, je le repousserai, ce qui n'est rien. Ma mère, je la gagnerai, et cela est quelque chose, car je ne peux pas me marier sans son consentement. Mon frère, Puche, je les gagnerai aussi. Fiez-vous-en à moi : ce ne sera pas en ennemi que vous entrerez dans ma famille.

Tant que Paule lui avait demandé de partir en le suppliant, en implorant un témoignage d'amour et un sacrifice, elle ne l'avait que très peu touché. Il tenait entre ses bras une jeune fille qu'il aimait et qui l'aimait. Il était dans sa chambre, portes closes, avec plusieurs heures de liberté devant eux. Et il se disait qu'il serait le dernier des niais de ne pas pousser ses avantages plus loin. La beauté de cette jeune fille, son innocence, son amour, le charme de cette chambre virginale, les provocations de la nuit, tout s'unissait aux entraînements de son désir. Elle pouvait être, elle devait être à lui : il n'y avait qu'à la prendre.

Mais ces derniers mots, s'ils ne touchèrent point son cœur troublé par les bouillonnements de la passion, frappèrent son esprit.

Ce n'était point une maîtresse qu'il s'agissait de prendre, c'était une femme qu'il s'agissait de gagner.

Et la question posée en ces termes méritait d'être examinée.

Ne point partir et profiter de l'occasion, était-ce le meilleur moyen pour assurer son mariage? Au contraire, cela ne pouvait-il pas précisément le compromettre?

Il n'était point dans le caractère de Rampal de rien risquer, et ceux qui, ne le jugeant que d'après son exubérance méridionale, ses paroles passionnées et sa mimique violente, s'imaginaient qu'il était un homme emporté, esclave de son premier mouvement, à la discrétion des bouillonnements de son sang chaud et de la tension de ses nerfs, se trompaient étrangement. Cette exubérance n'était que dans le geste, cette passion n'était que dans la voix, cette violence n'était qu'une attitude. Ce qu'il y avait dans cet esprit, c'était le calcul ; dans ce cœur, la froideur et le calme : dans ses discours, la verve et l'expansion; dans ses actions, la réflexion et la combinaison.

Si jamais la réflexion avait été utile, c'était certes en cette circonstance, car c'était son mariage, sa fortune qu'il tenait entre ses mains.

La façon désespérée dont Paule s'était dégagée de son étreinte était significative : évidemment cette défense n'avait point été celle d'une fille qui tout bas ne demande qu'à céder.

Qu'arriverait-il s'il forçait cette défense?

S'il n'y avait eu en jeu que la femme, il n'aurait pas hésité.

Mais il y avait la fortune qu'il ne fallait pas rater.

Et cela rendait sa situation véritablement critique.

Qu'il se décidât à forcer cette volonté, comme son désir l'y poussait, et il se pouvait très bien que Paule lui opposât une résistance que ne vaincraient ni les prières, ni les caresses, ni la violence. Il n'avait pas toute sa liberté dans cette chambre. La mère n'était pas loin. Le bruit de la lutte pouvait l'éveiller, l'attirer. Que se produirait-il si elle survenait trop tôt?

Si elle survenait trop tard, le mariage serait-il pour cela forcé?

Par malheur, Paule n'était pas d'âge à se marier librement; elle était, pour plusieurs années, sous la dépendance de sa mère.

Et le point à examiner était celui de savoir si madame Gripat consentirait à un mariage préparé par de pareils moyens, si elle accepterait jamais pour gendre l'homme qui les aurait employés. Avec une fortune comme la sienne, elle ne manquerait point de maris pour sa fille. Elle avait le prince de Verberie sous la main. Et celui-ci, tel qu'il croyait le connaître, lui paraissait homme à épouser une fille dont la réputation aurait reçu ce terrible accroc; il exigerait un supplément de dot, voilà tout.

Sans doute, Paule repousserait le prince, et n'accepterait pour mari que celui qu'elle aimait. Ce n'était point une fille ordinaire que cette petite. Il y avait en elle une fierté et une volonté que rien ne semblait devoir abattre. Mais comment prévoir ce qui se passerait dans cette âme énergique ? S'il ne partait point, l'aimerait-elle autant après qu'elle l'aimait avant? Jusqu'où iraient en elle la colère de l'outrage, et le remords de la chute?

Cela était à considérer et à peser.

Gagner à la fois la fille et la mère ne vaudrait-il pas mieux que de risquer cette aventure ?

Si on le pouvait ?

En le faisant venir dans cette chambre, Paule avait surtout voulu pouvoir dire le lendemain à sa mère : « Tu prétends qu'il n'y a rien de grave entre nous? eh bien, il est resté une partie de la nuit près de moi. » Le premier mouvement d'indignation passé, madame Gripat voudrait savoir comment cette nuit avait été employée. Elle interrogerait sa fille ; elle la confesserait, et celle-ci avec cette naïveté, cette sincérité qui étaient sa nature même raconterait tout.

Cette mère ne serait-elle pas touchée en voyant que l'honneur de sa fille avait été respecté par l'homme qu'elle était disposée à charger de tous les crimes ?

Il n'était donc point ce qu'elle croyait cet homme, ce qu'on disait, mais au contraire, désintéressé, délicat, tout à son amour, non au calcul, ni à la spéculation.

Cela plaidé par Paule, éloquemment, avec une conviction tout émue de reconnaissance, devait être accepté.

Alors la situation changeait ; les griefs qu'on avait contre lui tombaient ; il devenait un gendre sinon désirable pour cette mère ambitieuse, au moins possible. Paule faisait le reste.

Sans doute le sacrifice était dur ; c'était vraiment le triomphe de la vertu que de renoncer à cette belle fille.

Mais c'était dur aussi de s'exposer à perdre cette belle fortune.

En somme, il ne renonçait pas à cette belle fille ; il se la gardait au contraire ; il l'aurait plus tard tout à l'aise, dans sa robe blanche, sans sourire de sa fleur d'oranger.

C'était en tenant Paule dans ses bras qu'il réfléchissait ainsi, déduisait ses raisons, et pesait toutes ses chances, — il lui avait relevé les manches de son peignoir de crêpe de Chine rose, et doucement, à petits coups, il l'embrassait depuis le coude jusqu'au bout des doigts en remontant du bout des doigts jusqu'au coude.

Et elle, tout alanguie de ses caresses, jouissait délicieusement de son silence, s'imaginant que, comme elle, il était perdu dans la béatitude de l'heure présente.

— Comme je vous aime mieux ainsi! dit-elle vibrante de tendresse.

— Vous voyez si je vous obéis; vous voyez si je vous aime.

Ce fut elle à son tour qui se mit à genoux devant lui et le contemplant longuement, dans un mouvement d'admiration religieuse :

— Comme vous êtes grand, comme vous êtes beau, et comme vous méritez qu'on vous aime !

Elle se releva et se rasseyant près de lui, elle lui passa le bras autour du cou, puis l'attirant doucement :

— Je ne veux pas que vous partiez encore, dit-elle, mettez votre tête là, sur mon épaule, et laissez-moi vous regarder, vous admirer, vous caresser.

Et autant elle s'était montrée craintive et réservée quand il ne voulait pas partir, autant elle se montra maintenant pleine d'abandon et de tendresse expansive.

Elle parlait de leur avenir, de ce qu'elle voulait qu'il fût : de ce qu'elle ferait pour être aimée toujours ; de sa joie d'être beaucoup plus jeune que lui pour lui plaire plus longtemps ; comme elle lui ferait un intérieur heureux où il la trouverait toujours gaie, aimante, ne vivant que pour lui !

— Vous verrez, vous verrez !

Il travaillerait ; elle serait là, toujours près de lui, pour le soutenir au besoin ; elle jouirait de ses triomphes.

Le temps s'écoula vite.

Quatre heures sonnèrent ; attendre davantage eût été une grosse imprudence.

— Partez maintenant, il le faut ; je vous écrirai et vous me répondrez en déposant votre lettre dans le lierre. Fiez-vous à moi, pour que notre séparation ne dure pas longtemps.

VI

Le bonheur avait donné à Paule l'audace de la confiance.

Le lendemain, quand elle sut sa mère seule, elle entra chez elle.

Et l'embrassant affectueusement :

— Si tu voulais, maman, donner ordre qu'on ne nous dérange pas ; j'ai à te parler.

Madame Gripat, surprise, la regarda ; elle était émue, un peu pâle, mais avec un éclair de résolution dans les yeux.

Madame Gripat, qui tâchait de se distraire de sa fiévreuse préoccupation en lisant, posa son livre.

— Je t'écoute, mon enfant ; qu'as-tu à me dire ? tu sais quelle est l'indulgence de mon cœur pour toi.

— C'est bien sur cette indulgence que je compte ; et plus encore sur ta tendresse.

Il lui sembla que c'était lâcheté de s'attendrir et qu'elle se devait, qu'elle devait à son amour, d'aller tout de suite au but ; mais ce n'était pas sans que son cœur se serrât ; elle sentait sa respiration arrêtée ; elle se raidit.

— C'est... elle hésita, puis tout de suite rapidement, c'est de Maxime...

Madame Gripat lui coupa la parole :

— Ne me parle pas de lui.

— Il le faut ; il faut que je parle ; il faut que tu m'entendes. Quand je t'ai dit que je l'aimais, tu m'as répondu que c'était une amourette, qu'il n'y avait rien de sérieux entre nous ; eh bien... maintenant... il y a quelque chose de sérieux entre nous.

— Il t'a écrit ?

— Je l'ai vu.

— En sortant avec ta grand'mère ?

— Ici.

— Quand ? Comment ?

— Il a passé la nuit dans ma chambre.

— Misérable enfant ! s'écria madame Gripat avec une fureur désespérée.

Mais la réflexion l'arrêta :

— Tu mens, dit-elle.

— Je ne mens pas.

— Tu mens; si cela était vrai, tu ne le dirais pas ; tu veux me faire croire qu'il y a quelque chose de grave entre vous et tu inventes cette histoire.

— Je n'invente point, je te dis la vérité pour que tu la connaisses. Quand tu m'as répondu que notre amour ne signifiait rien, et que nos engagements ne nous engageaient pas, je lui ai écrit de venir. J'ai pris la clé de la grille du parc dans le vestibule. Je ne me suis pas couchée. A une heure je suis descendue. Je lui ai ouvert la grille. Je l'ai fait passer par la serre. Je l'ai conduit dans ma chambre. Nous sommes restés ensemble jusqu'à quatre heures du matin.

Elle avait débité ce récit rapidement, entassant les mots les uns par-dessus les autres, sans respirer, et, madame Gripat avait été tellement suffoquée qu'elle était restée stupide.

Tout à coup elle se leva de son fauteuil, et, saisissant sa fille par le poignet, elle l'amena brusquement à la fenêtre, de manière à placer Paule en pleine lumière, tandis qu'elle-même tournait le dos au jour.

Et alors elle l'examina des pieds à la tête, à plusieurs reprises, puis elle resta les yeux plongés dans ceux de sa fille.

Paule n'avait pas baissé les siens; son regard était clair ; ni ses joues ni son front n'avaient rougi; dans la poignante émotion qui la serrait, sa pensée se reportait à Maxime ; son cœur se fondait de reconnaissance ; que fût-elle devenue, si elle n'avait pas pu se tenir la tête haute devant sa mère?

— Réponds-moi, dit madame Gripat; reste là, et regarde-moi.

— Ah ! maman, que je suis malheureuse de te causer cette douleur.

— Ce n'est pas de moi qu'il s'agit, c'est de toi; ne cherche pas à m'égarer.

— Je ne veux pas t'égarer : tout ce que tu me demanderas, je te le dirai.

— Tout ?

— Mais oui, tout.

Ce mot et l'attitude de Paule jetèrent le doute dans l'esprit de madame Gripat. Sa confiance dans l'honnêteté de sa fille avait été trop solide pour s'écrouler ainsi tout à coup. Comment admettre que cette enfant qu'elle avait élevée, qu'elle avait vue grandir si innocente, si pure, si franche, était une coupable ? Sous la violence de l'aveu, sa foi avait faibli ; ses oreilles, malgré elle, avaient dû le recevoir. Mais avec la réflexion, son cœur de mère le repoussait. Non, cela n'était pas possible. Ce n'était pas une coupable. Ces yeux profonds, ce regard clair, ce front pur, c'étaient ceux de son enfant.

Pendant que madame Gripat observait sa fille, Paule observait sa mère, et suivait ce qui se passait dans l'esprit et dans le cœur de celle-ci ; ses doutes, ses soupçons, ses accusations. Elle n'avait pas imaginé, elle n'avait pas prévu cela. Aussi, en voyant le désespoir indigné de cette mère qu'elle adorait, se laissa-t-elle entraîner par un élan de tendresse, en même temps que par un besoin instinctif de justification.

— Et pourquoi donc te cacherais-je quelque chose ? s'écria-t-elle. Si tu savais comme il est délicat, loyal, chevaleresque ! J'ignore ce qu'on a pu te dire de lui, mais je te jure que tu ne le connais pas. Si tu savais comme il m'aime ! Il n'est rien qu'il ne soit prêt à faire pour moi. Cette nuit, je lui aurais demandé de se jeter par la fenêtre, il s'y serait jeté, plutôt que de me compromettre.

Elle parlait chaleureusement, sans réfléchir, ne pensant qu'à sa mère, ne pensant qu'à Maxime ; à sa tendresse pour elle, à son enthousiasme pour lui. Et voyant le regard de sa mère s'adoucir, elle continuait, elle insistait dans le sens où elle s'était engagée.

Madame Gripat la tenait toujours par les deux mains, ne la quittant pas des yeux, plongeant, fouillant en elle.

Après un moment de silence, pendant lequel elle lui

avait serré les mains en la regardant jusqu'au fond de l'âme, elle l'attira à elle.

— Oses-tu m'embrasser? dit-elle.

— Si je l'ose, ah! maman.

Elle se jeta dans les bras de sa mère, l'embrassant passionnément, et, non moins qu'elle, madame Gripat lui rendit ses baisers.

Cette expansion se prolongea assez longtemps ; puis madame Gripat, prenant Paule, la ramena dans le salon et la fit asseoir près d'elle.

— Oh! maman, comme tu es bonne! s'écria Paule toute radieuse.

Mais madame Gripat secoua la tête avec tristesse :

— C'est un baiser de soulagement, non de consentement, ma pauvre enfant.

Paule poussa un cri.

— Et pourquoi voudrais-tu que j'eusse changé?

— Mais...

— Non pour ce que tu viens de me dire. N'est-ce pas la preuve même qu'il ne s'agit que d'une amourette? Tu as voulu m'arracher un consentement et tu as inventé ce rendez-vous romanesque. Mais tu es une honnête fille, et quand tu as compris quels soupçons il pouvait faire naître, tu n'as pas voulu que le doute pût effleurer l'esprit de ta mère. Tu as toi-même dénoncé ta supercherie et tu t'es loyalement défendue.

— Mais...

Vivement madame Gripat l'interrompit :

— Je te crois. J'avoue même que j'ai été beaucoup trop vite, beaucoup trop loin, sous le coup de la surprise et de la colère, en admettant une minute, une seconde, que tu pouvais n'être plus ma chère petite Paule, ma fille bien-aimée. Ce que je pensais de M. Rampal, quand tu m'as parlé de lui la première fois, je le pense aujourd'hui. Ce n'est pas parce qu'il a obéi à ta lettre et qu'il est venu ici cette nuit, que je puis avoir changé d'avis sur son compte. Simple enfantillage, cette visite.

— Oh! maman...

— Tu me l'as dit toi-même pour ta défense. Tu n'es qu'une enfant, par bonheur une enfant honnête et ingénue ; tu as été frappée par les grands cheveux de M. Rampal, son visage rasé, ses yeux éloquents, ses manières exubérantes, son parler sonore, sa signature qui emplit tout une lettre et qui semble traîner un chaudron tapageur attaché à la queue, et tu t'es imaginée que c'était là le grand homme que tu as rêvé.

— Il est ce grand homme.

— Il le sera, c'est possible, je te l'accorde ; mais tu n'as point, n'est-ce pas, le désir de prendre un mari seulement parce qu'il est un grand homme ? Tu veux qu'il t'aime ?

Paule eut un geste de superbe confiance :

— Je veux qu'il m'aime autant que je l'aime.

— Eh bien ! voilà justement pourquoi je dis qu'il n'y a rien de sérieux entre M. Rampal et toi, puisque M. Rampal ne t'aime pas.

Paule ne répondit pas, mais elle regarda sa mère avec un sourire enthousiaste.

— Il ne t'aime pas, je te l'affirme. Je ne dis pas qu'il ne t'entretient pas éloquemment de son amour et qu'il ne joue pas bien les amoureux. Cela d'ailleurs est facile avec une belle fille telle que toi, riche comme toi : une dot comme la tienne rendrait un imbécile éloquent, puisqu'elle le rendrait passionné. Ce que je dis, ce que j'affirme, c'est qu'il ne t'aime pas comme tu t'imagines être aimée. Et la preuve, je te la donnerai quand tu voudras.

— Je n'en veux pas.

— Je sais bien que devant moi tu as répondu à ton frère à l'Opéra que depuis longtemps M. Rampal avait rompu avec Melcha. Ton frère t'a soutenu le contraire. Tu n'as pas voulu l'écouter ; tu savais. Et cependant deux jours après cette soirée, c'est-à dire le dimanche matin, M. Rampal et Melcha déjeunaient en tête-à-tête dans un cabinet particulier du café Riche.

— C'est impossible !

— C'est M. Rampal qui t'a dit que c'était impossible ; mais deux amis d'Edgard les ont vus, leur ont parlé, et tu ne récuseras pas leur témoignage. Au reste, je n'insiste pas. Je t'ai dit que jamais je n'accepterais M. Rampal pour gendre ; ce n'est pas ce qui s'est passé cette nuit qui me fera revenir sur ma parole.

— Mère...

— Jamais.

Paule hésita un moment, mais elle n'était pas en état de trouver et d'expliquer ce qu'elle voulait répondre ; elle suffoquait ; elle sortit.

VII

Ce qui désespérait Paule, c'était plus encore ce qu'elle avait dit, que ce que sa mère lui avait dit.

Pouvait-on être plus maladroite ! Quelle pauvre fille elle était ! pas même capable de défendre celui qu'elle aimait. Elle avait été entraînée par son cœur comme toujours ; en voyant sa mère bouleversée et malheureuse elle avait perdu la tête ; par tendresse pour sa mère, par fierté pour Maxime, elle avait dit juste le contraire de ce qu'elle devait dire ; elle voulait inquiéter, elle avait rassuré ; elle voulait rapprocher son mariage, elle l'avait éloigné.

Mais non rompu cependant, car malgré l'engouement de sa mère pour le prince de Verberie, elle ne céderait jamais ; ce serait sa mère qui céderait, par tendresse pour elle, par justice pour Rampal.

Car cette histoire de Melcha était absurde, grossière, ridicule. Ils croyaient l'inquiéter, en racontant qu'il avait déjeuné avec Melcha au café Riche, ne se doutant pas, les maladroits ! que la nuit qui avait précédé ce prétendu déjeuner, il l'avait passée en partie à la grille du parc. Et ce serait après cette nuit d'amour où ils avaient été si heureux, qu'il aurait donné sa matinée à cette femme ! Quelle folie ! Que tout cela était mal inventé !

Et cependant elle ne pouvait pas se débarrasser de cette pensée qui lui revenait sans cesse malgré son absurdité, qui s'imposait comme une sorte de cauchemar, qui la poursuivait, qui l'empêchait de se livrer entièrement à ses remords.

Car ce n'était pas de Melcha qu'elle devait s'occuper,

c'était d'elle-même, c'était surtout de sa maladresse et des moyens à trouver pour la réparer.

Alors elle tâchait de s'absorber dans cette recherche ; mais pour suivre son raisonnement il lui aurait fallu du calme, il lui aurait fallu toute sa liberté d'esprit, et cette Melcha ne la lâchait pas ; au moment où elle croyait s'en être débarrassée, elle la retrouvait devant elle, dans son cœur qu'elle serrait, dans ses nerfs qu'elle crispait. Elle se répétait : « C'est impossible ! » D'ailleurs, quand cela serait, les raisons certainement ne manqueraient pas pour l'expliquer et le justifier. Mais cela n'était pas, ne pouvait pas être.

Et cela dit, cela arrêté, elle retournait à sa faute, et à ce qu'il fallait faire pour la racheter.

Cependant il vint un moment où Melcha fut la plus forte, où elle l'étreignit si cruellement, où elle la paralysa si complètement, qu'elle sentit qu'elle ne parviendrait jamais toute seule à la chasser.

Elle devait appeler Maxime à son secours. Tout de suite elle lui écrivit :

Il faut que vous sachiez quelles armes on emploie contre vous. On me dit que le dimanche qui a suivi notre dernière entrevue à la grille du parc, vous avez déjeuné avec une personne que je ne veux pas nommer, mais que je désignerai assez clairement en disant qu'elle est celle-là même dont nous avons parlé dans cette nuit.

» Je ne peux pas, je ne veux pas le croire.

» Cependant, si cela est, je suis certaine que vous aviez pour voir cette personne des raisons que vous pouvez me dire.

» Dites-les-moi.

» Il me faut toute ma liberté d'esprit pour nous défendre, rendez-la-moi. »

Cette lettre lui donna un peu de calme ; elle saurait : elle n'avait qu'à attendre ; et elle put se préparer à son entrevue du soir avec le prince de Verberie et le duc de Valmondois qui venaient dîner.

Elle n'avait pas attendu jusqu'à ce jour pour témoigner au père et au fils la répulsion qu'elle éprouvait pour eux : en se montrant aussi désagréable, aussi hargneuse, aussi mal élevée que possible, jouant la bêtise et l'arrogance, faisant la fille libre, lâchant des énormités.

Mais dans les conditions où elle se trouvait, elle voulait faire mieux encore.

Sans doute, elle savait bien que ce n'était pas elle que le prince épousait, mais sa fortune : cependant en allant loin, bien loin, peut-être finirait-elle par l'effrayer.

D'abord elle allait ne pas s'habiller, et puis pendant le dîner et la soirée elle verrait.

Que mettrait-elle bien pour s'enlaidir ? Une robe noire ? Mais le noir sied aux rousses. Une robe blanche, mauve, bleue ? Non. Elle avait une robe grise qu'elle n'avait jamais portée parce qu'elle était manquée ; ce fut celle-là qu'elle choisit. Et elle fut si contente de son idée qu'elle s'habilla tout de suite. Quel bonheur ! Jamais elle n'avait été aussi mal. Cependant ce n'était pas assez. Elle se mit dans les cheveux un nœud vert, au cou un ruban jaune, au corsage un autre nœud rose.

Elle était en train de rire devant son miroir quand sa mère entra.

— Que fais-tu là ?

— Je m'habille pour le dîner.

— Mais tu es grotesque ! s'écria madame Gripat, tu as l'air d'une folle.

— Je ne trouve pas.

Madame Gripat, un moment surprise, avait compris.

— Enlève cette robe ; tu vas te décolleter et mettre une robe blanche ; je le veux ; ta femme de chambre t'habillera.

Madame Gripat tenait à la main un bouquet de gardénias enrubanné de bleu ; elle le posa sur une console :

— Voici le bouquet du prince, dit-elle, tu y prendras quelques fleurs pour les mettre à ton corsage.

Et pour couper court à toute discussion elle sortit.

Sans ce bouquet, Paule eût peut-être subi docilement la juste réprimande de sa mère ; mais la vue de ces fleurs, « les fleurs du prince », l'exaspéra et lui fit perdre la tête ; non, elle ne les porterait pas, non.

Elle prit le bouquet, et d'une main tremblante elle ouvrit une des fenêtres de sa chambre donnant sur la cour ; en bas, un palefrenier se trouvait devant l'écurie ; elle lui jeta le bouquet.

— *For your horses,* dit-elle.

La pensée que les chevaux allaient manger les fleurs du prince la soulagea un peu ; la colère la suffoquait ; jamais elle n'avait éprouvé pareil emportement ; elle était folle.

Ses yeux ayant par hasard rencontré une glace, elle fut surprise de se voir ; ses narines étaient dilatées, ses lèvres rétractées découvraient ses dents serrées les unes contre les autres, ses pupilles contractées jetaient des flammes, ses membres tremblaient ; elle se trouva laide à faire peur, avec une physionomie dure et méchante.

Ah ! si elle pouvait rester ainsi ! Le prince assurément ne voudrait pas d'elle.

Elle fut distraite par sa femme de chambre que sa mère lui envoya, et elle dut se laisser habiller ; la toilette achevée, la femme de chambre lui demanda quelles fleurs elle voulait et elle répondit qu'elle les mettrait elle-même.

Au lieu de descendre auprès de sa mère, elle resta dans son appartement à réfléchir, à chercher comment elle prouverait bien au prince qu'elle ne l'accepterait jamais, et que dès lors, le mieux pour lui était de renoncer à son projet de mariage au plus vite.

Il fallut que sa mère envoyât l'avertir pour qu'elle se décidât à descendre : plus d'une jeune fille, au moment de paraître devant son fiancé, donne un dernier coup d'œil à son miroir ; ce qu'elle fit, mais non pour voir si elle était à son avantage, au contraire, pour prendre une mine maussade.

Ce n'était pas la première fois qu'elle marquait au prince son antipathie ; mais celui-ci n'avait jamais paru s'en apercevoir, plus elle était froide, plus il se montrait empressé, prévenant, aimable, décidé à trouver tout ce qui venait d'elle charmant, à l'admirer, à l'adorer.

Malgré sa mine maussade, il en fut de même ce soir-là ; à son front plissé, le fils et le père opposèrent un imperturbable sourire ; à son mutisme, ils répondirent par un flot de paroles plus gracieuses les unes que les autres et qui ne permettait pas à l'embarras de se produire : ils étaient enchantés de son accueil, ravis. — Quelle fille merveilleuse ! disaient les regards du fils. — Quelle femme elle sera pour toi ! répondait le père.

Cela, bien entendu, ne pouvait que l'exaspérer davantage. Faudrait-il donc qu'elle leur dît en face, brutalement, le mépris qu'ils lui inspiraient ?

Cependant, elle n'osait pas se livrer à toute son indignation, car sa mère, qui ne la quittait pas des yeux, lui avait déjà reproché de ne pas avoir mis les fleurs du prince à son corsage ; et elle l'avait fait d'un regard si désolé, que Paule en avait été touchée malgré son état d'irritation ; à la colère elle eût répondu par la colère, mais la douleur de sa mère ne pouvait pas ne pas l'attendrir.

En passant du salon dans la salle à manger, le contact du bras d'Odet la rejeta dans son exaspération : aux paroles qu'il lui adressa elle ne répondit pas un mot, mais tout bas, comme une enfant furieuse, elle se dit le mal qu'elle pensait de lui.

La salle à manger était peut-être la pièce la plus curieuse de l'hôtel Gripat ; en tout cas, elle était la plus riche. Gripat, qui comptait sur son chef de cuisine pour se créer certaines relations, avait voulu mettre à la disposition de celui-ci une pièce qui pût recevoir royalement de nombreux convives. Elle devait donc être vaste avant tout. Ensuite on verrait à la faire luxueuse. Comme l'hôtel était en construction et déjà assez avancé, Gripat avait reçu un jour la visite d'un Espagnol venant lui offrir le mobilier d'une salle à manger qui avait servi à Charles-Quint : tentures en cuir de Cordoue ; meubles sculptés du xvie siècle ; buffets, dressoirs, crédences avec hauts et bas-reliefs, figures en ronde-bosse ; chaises à fond et dos de cuir estampé ; table à balustres et chimères ; portières et rideaux en damas feu de la fabrique royale de Portugal ; vaisselle hispano-musulmane en faïence à émail stannifère, décorée d'ornements à reflets métalliques ; verrerie de Murano, du genre de celle que les antiquaires appellent *filigrana istoriata* ; le tout, se trouvant dans un chateau de la province de Murcie, était resté dans l'état même où l'avait vu Charles-Quint. Alléché par ces merveilles, Gripat avait voulu en avoir les photographies. Et aussitôt après les avoir reçues, il avait ordonné à son architecte de décorer sa salle dans le style de ce mobilier : hautes cheminées aux deux bouts, plafond en chêne doré et sculpté à caissons saillants pour recevoir ces grandes plaques en terre émaillée de la fabrique de Manisès qu'on appelle des *azulejos*, fenêtres à vitraux de couleur. Gripat avait été dans l'enthousiasme en recevant son mobilier, et plus encore quelque temps après, quand il en avait su l'histoire : c'était un intendant qui, mal payé par son maître, avait trouvé ingénieux de dévaliser le château dont il avait la garde et de vendre tout ce qui le garnissait : à l'un la bibliothèque ; à l'autre les armes ; à lui la salle à manger. Il lui fallait une vieille argenterie pour faire figure à côté de sa vaisselle hispano-musulmane et de sa verrerie de Murano, *filigrana istoriata*, comme il disait. Un bienheureux hasard la lui avait fait acheter d'un représentant d'une grande famille qui, après une terrible culotte à son cercle, n'avait trouvé, pour payer dans les vingt-quatre heures, d'autre ressource que de vendre l'argenterie de ses pères.

Malgré les reflets métalliques de la vaisselle hispano-musulmane et la délicatesse de la verrerie « filigrana istoriata », c'était cette argenterie qui était le grand luxe et l'éclat de cette table, plus encore par son mérite artistique que par sa valeur intrinsèque ; chaque pièce : surtout, soupière, réchauds, plats, légumiers, coquilles, candélabres, avait un sujet sculpté en plein argent en rapport avec son usage : les légumiers, des légumes d'un réalisme tout moderne, choux-fleurs, asperges, carottes ; les coquilles, des radis; les candélabres, des nymphes dignes de Donatello.

Cette argenterie fournissait à de M. Valmondois un sujet de conversation toujours nouveau, soit pour la louer, soit pour raconter une anecdote intéressante sur l'un des membres de la famille dont les armes marquaient chaque pièce.

Il en fut ainsi ce soir-là, et cela permit à Paule de garder le silence sans que sa maussarderie fût trop remarquée.

Quand le duc eut fini son histoire, ce fut madame de la Ricotière qui commença les siennes.

Le régiment du prince de Verberie était à Fontainebleau : Fontainebleau ! quelle source inépuisable de souvenirs pour elle !

— Mais c'était à Fontainebleau que le régiment du baron de la Ricotière avait été passé en revue par le roi Louis-Philippe. C'était à Fontainebleau qu'elle avait été remarquée par le duc d'Orléans : charmant, le duc d'Orléans, charmant ! C'était à Fontainebleau que lui était arrivée une aventure qu'elle raconta ; mais à un certain moment elle montra sa petite-fille et s'arrêta court ; seulement, par un sourire adressé à M. de Valmondois, elle l'acheva.

Ces conversations, auxquelles elle ne se mêlait pas, auraient dû être agréables à Paule ; cependant elles l'agaçaient, car elles l'empêchaient de faire les effets de mauvaise humeur qu'elle avait préparés et qui devaient la rendre insupportable.

Il fallait qu'elle fût insupportable ; c'était sa vengeance, c'était son soulagement.

Elle ne pouvait pas se contenter de ne répondre aux compliments d'Odet, placé près d'elle, que par des mines hautaines ou ennuyées comme elle l'avait fait jusqu'à présent, sans qu'il parût s'en fâcher, le lâche, le plat misérable ; un gentilhomme, un prince, un soldat, quelle honte ! Il n'était donc sensible qu'à l'argent.

Et ainsi elle se montait, retrouvant sa belle colère d'avant le dîner.

Elle voulut essayer quelque chose :

— Vous qui êtes dans la cavalerie, prince, vous devez connaître les chevaux ? dit-elle.

Odet, enchanté qu'elle lui adressât à la fin la parole, eut un sourire de satisfaction.

— Je fais mieux que de les connaître, je les aime, dit-il.

Tout le monde s'était tu pour écouter les fiancés.

— Allons, cela va bien, se dit M. de Valmondois.

Madame de la Ricotière souriait à Paule.

Seule, madame Gripat était inquiète ; elle connaissait bien sa fille, et elle lui trouvait dans la voix une sécheresse qui ne présageait rien de bon.

— Alors, c'est parfait, répondit Paule, vous allez me dire s'ils aiment les gardénias.

Ce fut un coup de pistolet : tout le monde resta interdit. Odet regardant le corsage de Paule, madame Gripat effarée ; Edgard le nez dans son assiette.

Seul, M. de Valmondois, que rien ne démontait, avait gardé son sourire :

— C'est une expérience à tenter, dit-il avec l'accent le plus courtois, et mon fils, j'en suis sûr, sera heureux de vous envoyer tous les jours une botte de ces fleurs pour que vous fassiez cette expérience, mademoiselle. N'est-ce pas, Odet ?

Le prince avait eu le temps de se remettre :

— Je pourrais peut-être faire mieux, dit-il avec un sourire qui montra ses belles dents nacrées ; ce serait de donner moi-même cette botte de fleurs aux chevaux de mon régiment : cela épargnerait la peine de mademoiselle.

Mais M. de Valmondois ne voulait pas qu'on se fâchât :

— Je ne crois pas que ce soit de la peine pour mademoiselle, dit-il. N'est-ce pas que cela vous intéresse ?

Paule ne répondit rien et promena autour d'elle un regard absolument indifférent, comme si tout cela ne la touchait pas.

Cependant, au fond du cœur, elle était pleine d'une joie triomphante. Elle avait donc parlé. Elle l'avait donc atteint. Il s'était fâché. Oh ! Maxime.

Et ce fut à lui qu'elle pensa pendant le reste du dîner. Que lui importait ce qui se disait ? Elle planait.

Quand on eut quitté la table et qu'on fut rentré dans le salon, madame Gripat qui manœuvrait pour l'approcher, se trouva seule avec elle, dans un coin, à un certain moment, de manière à pouvoir échanger, sans qu'on les entendît, quelques rapides paroles.

— Ce que tu as fait est abominable, dit-elle d'une voix frémissante.

Mais Paule ne courba pas la tête ; la révolte était dans son cœur :

— Je t'ai dit que je n'accepterais jamais le prince, répliqua-t-elle ; si tu ne les renvoies pas, c'est moi qui les chasserai.

M. de Valmondois s'approchait, elles s'interrompirent.

Il venait de quitter un buste en marbre de Paule à quinze ans, posé, contre une glace, sur un socle drapé de velours violet, et devant lequel il était resté en admiration ; s'éloignant, se rapprochant pour le bien voir de face et de profil. Le sculpteur avait saisi son modèle sous son aspect le plus gracieux, et au lieu de se laisser prendre à ses mines arrogantes et orgueilleuses, il lui avait donné la simplicité et la bonté qui étaient sa nature même ; avec cela la naïveté enfantine de la gamine qu'elle était encore.

— Quel talent ! ce Casparis, dit M. de Valmondois, s'adressant à madame Gripat en même temps qu'à Paule. Combien il est fâcheux qu'il ne veuille plus faire de bustes. Celui-là est une merveille, il est l'égal de sa *Pompon*. Mais ce qui est surtout admirable, c'est de voir comme il a bien deviné votre charmant caractère, mademoiselle. Tout à l'heure, mes regards allaient du modèle au buste et du buste au modèle, et j'étais frappé de la vérité avec laquelle il avait rendu votre physionomie. Vous n'avez pas changé ; vous êtes bien toujours la même jeune fille simple et bonne.

Évidemment, le duc se moquait d'elle, car ce n'était point la bonté que sa physionomie exprimait en ce moment.

Eh bien, s'il en était ainsi, pourquoi ne se moquerait elle pas du duc, elle aussi ?

Elle se fit souriante, et la physionomie qu'elle n'avait

pas, mais que M. de Valmondois lui donnait, elle la prit.

Un moment inquiète, madame Gripat se rassura, et croyant n'avoir rien à craindre de l'humeur insolente de sa fille, elle laissa celle-ci en tête à tête avec M. de Valmondois, pour aller rejoindre le prince qui subissait d'un air radieux la fin de l'histoire du duc d'Orléans à Fontainebleau, racontée par madame de la Ricotière.

M. de Valmondois avait trouvé utile de donner une leçon à Paule, mais il ne lui convenait pas de se fâcher avec elle, il se fit bonhomme, affectueux et paternel avec cette aisance naturelle qui lui permettait d'être le personnage qu'il voulait.

Mais cela ne désarma point Paule, qui n'avait qu'une idée dans l'esprit et dans le cœur : les chasser, comme elle avait dit à sa mère. Elle était à bout de patience. Et puisqu'ils ne voulaient pas comprendre le mépris qu'ils lui inspiraient, le père aussi bien que le fils, elle ne pensait qu'à leur dire nettement qu'elle n'accepterait jamais ce mariage. Ils ne voulaient pas entendre à demi-mot, tant pis pour eux ; c'était leur lâcheté qui la poussait à un éclat.

Chez elle, cela était devenu une idée fixe, une obsession ; elle ne devait pas les laisser partir sans s'être auparavant franchement prononcée.

Et tandis que M. de Valmondois lui parlait, sans écouter ce qu'il disait, elle ne pensait qu'à sa manifestation.

C'était un devoir envers Maxime.

Les supporter plus longtemps était plus qu'une faiblesse, c'était presque de la complicité. Présent, n'aurait-il pas le droit d'être jaloux du sourire avec lequel elle écoutait M. de Valmondois ? En tout, elle devait agir et se conduire comme s'il était là pour la voir ou l'entendre. Elle n'avait que trop attendu. Il fallait vraiment que Maxime fût bon et indulgent comme il l'était, plein de confiance et de foi, pour ne s'être point encore fâché.

Laisserait-elle se passer cette soirée comme s'étaient

passées les précédentes? Qu'elle était peu digne de cette foi! Comme elle méritait peu cette confiance?

Sans qu'elle sût comment, car, absorbée dans sa pensée, elle ne voyait rien et n'entendait rien, M. de Valmondois l'avait amenée dans la serre et l'avait fait asseoir sur un banc auprès de la cascade, sous le feuillage pleureur d'un grand dracæna. Seuls, dans l'ombre ils n'entendaient d'autre bruit que celui de l'eau qui glissait doucement sur les pierres verdies.

Le silence et l'obscurité l'enhardirent : si elle ne profitait pas de cette occasion de s'expliquer, elle n'en trouverait jamais une autre aussi favorable.

Tout à coup, sans savoir ce que le duc lui disait, elle l'interrompit

— J'ai été bien fantasque ce soir; vous me l'avez fait sentir; j'ai compris la leçon que vous m'avez donnée; mais je croyais que, de votre côté aussi, vous comprendriez les raisons de mon attitude.

Elle sentit qu'elle s'embrouillait dans ces phrases préparatoires. Elle n'en finirait jamais si elle allait ainsi. Le duc, comme toujours, trouverait moyen de tourner l'entretien à son gré. Et puis, on pouvait survenir. Elle devait se jeter à la mer.

— Je voulais vous faire comprendre que le mariage que ma mère désire pour moi est impossible.

— Parce que vous n'en voulez pas, mon enfant, interrompit M. de Valmondois, d'un ton de bonhomie ; mais ce n'est pas une raison.

Cette réplique l'exaspéra tout à fait :

— Alors, s'écria-t-elle, vous trouvez qu'une jeune fille qui reçoit l'homme qu'elle aime, la nuit, dans sa chambre, depuis une heure jusqu'à quatre heures du matin, peut épouser un autre homme que celui-là.

Le duc n'était pas facile à démonter; et il fallait une vraie catastrophe pour lui faire perdre l'éternel sourire avec lequel il accueillait et disait toute chose. Il fut interloqué. Mais il se remit vite.

— Mon Dieu, ma chère enfant, cela dépend de la jeune fille, dit-il.

— Moi ! s'écria-t-elle, avec une rage désespérée de voir qu'il allait lui échapper encore.

— Vous. Une jeune fille comme vous, certainement.

Elle resta stupide, absolument anéantie, et comme elle cherchait ce qu'elle devait répondre, elle vit sa mère qui entrait dans la serre ; alors, se levant vivement, elle se sauva par l'allée opposée à celle dans laquelle s'avançait madame Gripat.

En voyant cette fugue, celle-ci voulut tâcher de l'expliquer ; Paule avait été si inconvenante toute la soirée qu'il n'était pas possible de garder le silence avec M. de Valmondois ; mieux valait encore lui avouer une partie de la vérité, que de le laisser à ses impressions et à ses suppositions.

— Ma fille, dit-elle, en prenant la place que Paule venait de quitter, a dû vous paraître un peu nerveuse ce soir. Je manquerais à la loyauté si je ne m'expliquais pas franchement avec vous, à ce sujet. Je dois donc vous avouer qu'il s'agit d'une amourette contrariée. Elle avait eu des idées de mariage, des idées de petite fille.

— Elle me l'a dit.

— Oh ! rien de grave.

— Oh ! mon Dieu, non seulement il a passé une nuit dans sa chambre. Très drôle, très original. Elle vient de me conter ça. J'en ris encore. Oh ! ces petites filles !

Et M. de Valmondois se mit à rire avec un naturel parfait.

Comme madame Gripat le regardait, accablée, il arrêta son rire tout court :

— Ne vous tourmentez pas, chère madame, ça se passera.

Quand madame Gripat put réfléchir, ce ne fut pas seulement l'audace de Paule qui la stupéfia, ce fut aussi l'indulgence du duc.

CINQUIÈME PARTIE

I

M. de Valmondois était à son aise partout et dans quelque circonstance que ce fût, cependant il se retira de bonne heure. Dans une situation aussi tendue, le mieux était de ne pas pousser les choses à l'extrême, surtout avec une fille de ce caractère. Ce n'était pas en l'attaquant de front qu'on pouvait la réduire. Il fallait attendre. Il fallait voir.

Mais il eut grand soin de s'arranger, en partant, pour qu'on ne pût pas croire qu'il était fâché ni même blessé. Jamais il n'avait été aussi aimable qu'il le fut ce soir-là, aussi poli, aussi gai. Il eut un mot gracieux pour chacun : pour madame de la Ricotière, pour madame Gripat, pour Edgard. Mais avec Paule, ce fut plus que de la gracieuseté qu'il déploya, plus que de l'amabilité : une cordialité affectueuse ; il lui serra la main tendrement avec un sourire qui en disait long : « Vous êtes une brave fille ; moi, je suis un brave homme ; nous sommes faits pour nous entendre, et nous nous entendrons. »

Paule, qui avait hâte d'être seule, abrégea ses adieux à sa grand'mère et à son frère ; mais sa mère la suivit dans sa chambre.

Elle n'était pas en disposition de se dérober à une explication ; elle alla au-devant des reproches de sa mère

— J'ai été désespérée de te contrarier ce soir, dit-elle.

— Contrarier ! Dis que tu m'as indignée.

— Je sens que tu dois être outrée contre moi, peinée dans ta tendresse, blessée dans ton autorité : mais pour que je me révolte, il a fallu que je fusse poussée à bout. Je t'avais dis que je n'épouserais jamais le prince, et tu n'as pas voulu me croire, sans doute, parce que j'ai parlé simplement, sans exagération, sans protestation, pensant que toi, qui me connais, tu me comprendrais. Je t'ai dit aussi que si tu ne les renvoyais pas toi-même, je les chasserais, m'imaginant qu'en voyant ma résolution exaspérée, tu ne persisterais pas. Sans doute, ce n'est pas là une excuse ; je sais bien que je n'en ai pas ; mais au moins c'est une explication. Si je pouvais te faire comprendre combien est profond mon chagrin... mon chagrin pour t'avoir peinée.

Disant cela, elle voulut se cacher dans le cou de sa mère et l'embrasser, mais celle-ci l'arrêta.

— C'était avant, qu'il fallait penser à mon chagrin. Si tu te rappelles si bien tes paroles, tu devais te rappeler aussi que je t'ai dit que tu n'épouserais jamais ce misérable Rampal.

Sur ce mot, Paule se redressa, et, la tête haute, avec un air de défi indigné :

— Je n'ai pas appelé le prince misérable, moi, et cependant !

— Tu l'épouseras, le prince.

— On ne peut pas me marier sans mon consentement.

— Et toi, tu ne peux pas te marier sans le mien.

— Jamais je n'accepterai le prince.

— Jamais je n'accepterai M. Rampal.

— Nous attendrons.

Ces deux mots n'avaient pas échappé à Paule, qu'elle les regretta.

— Maman ! s'écria-t-elle.

Mais madame Gripat ne la laissa pas venir jusqu'à elle.

— Assez, dit-elle.

Et, lentement, elle passa dans sa chambre sans adresser un regard d'adieu à sa fille.

Paule avait fait quelques pas pour la suivre, puis elle s'était arrêtée.

Que dirait-elle ? Que ferait-elle ?

Elle ne pouvait adoucir sa mère qu'en abandonnant

Maxime, car ce n'était qu'au prix de son amour qu'elle pouvait s'excuser ; tout ce qu'elle tenterait, tout ce qu'elle dirait en dehors de cela était inutile en ce moment ; si elle voulait être une fille tendre, il fallait que, fatalement, elle fût une amante infidèle.

Elle revint en arrière et rentra dans sa chambre aussi troublée qu'affligée.

La satisfaction qu'elle avait éprouvée, à traiter le prince et le duc comme ils le méritaient, était évanouie.

Et, maintenant, elle se trouvait impuissante en face de la situation qu'elle s'était faite.

Elle avait fâché sa mère.

Elle n'avait point chassé le prince.

Tel était le résultat qu'elle avait obtenu.

Elle eut un moment de défaillance : tant qu'avait duré la journée, ses nerfs s'étaient tendus, ils faiblissaient maintenant qu'elle était finie.

Et puis, par une association d'idées qu'elle ne s'expliquait pas, elle ne pouvait pas ne pas réunir, dans sa pensée, Maxime et Melcha. Pourquoi ? Elle n'en savait rien. Mais enfin cela était ainsi ; malgré ses efforts pour écarter cette femme, elle la voyait ; il lui semblait que, sans elle, Maxime eût tenu sa promesse et qu'il eût fait connaître le prince tel qu'il était, tel qu'il devait être. N'était-ce pas le meilleur moyen de se défendre, le seul à employer ?

Revenue dans sa chambre, elle s'était assise devant le feu et au fond d'un fauteuil, accroupie, repliée sur elle-même, en regardant les charbons qui s'éteignaient sous la cendre blanche, elle restait là, sans pouvoir se décider à se mettre au lit, immobile et silencieuse.

Elle n'avait même plus la liberté de réfléchir tranquillement, en soupirant si l'envie lui en prenait, en marchant si elle avait besoin de mouvement : maintenant, la porte, qui faisait communiquer l'appartement de sa mère avec le sien, restait ouverte pendant la nuit, et elle était comme une petite fille qui n'a pas le droit de bouger.

ll

La réponse de Maxime lui rendit sa liberté d'esprit et son énergie.

Malgré la surveillance dont elle était l'objet, elle put aller prendre cette lettre dans le jardin et l'emporter dans sa chambre pour la lire. Comment soupçonner que le lierre de la grille leur servait de boîte aux lettres ?

« Il est vrai, chère Paule, que j'ai déjeuné avec la personne dont vous parlez.

» On ne vous a pas trompée sur ce fait, je vous le dis tout de suite, loyalement.

» Et d'autre part, vous ne vous êtes pas trompée en pensant qu'il m'avait fallu d'impérieuses raisons pour me décider à voir cette personne.

» Je dois vous les faire connaître, et ce m'est un très vif regret d'avoir attendu jusqu'à ce jour ; en vous entretenant de ce déjeuner, j'aurais empêché la malignité de l'exploiter auprès de vous, si je ne vous en ai point parlé, c'est tout simplement parce qu'à mes yeux cela n'avait aucune importance.

» Cette personne m'avait demandé un rendez-vous pour me soumettre une affaire à laquelle elle s'intéressait : un apport de fonds de l'un de ses amis dans mon journal. Je ne voulais pas aller chez elle. Je ne voulais pas davantage qu'elle vînt chez moi. J'ai donc choisi pour lieu de rendez-vous un endroit public.

» Cela était tout simple et me semblait d'une innocence parfaite. Je vois cependant que j'ai eu tort, puisqu'on s'en est fait une arme contre moi. Sans doute on n'a pas pu me frapper avec, mais on a pu vous inquiéter ; et, si légère qu'ait dû être cette inquiétude, je suis en faute de l'avoir causée.

» Pardonnez-moi : c'est les lèvres sur vos belles mains, les yeux dans vos doux yeux que j'implore ce pardon.

» Je vous donne ma parole que jamais vous n'aurez à me reprocher une nouvelle imprudence de ce genre ; si un jour on portait pareille accusation contre moi, répondez hardiment qu'on en a menti, que vous êtes sûre de moi ; et cela est vrai, n'est-ce pas ? vous en êtes sûre.

» En tous cas, je veux vous dire que vous pouvez l'être, sinon pour vous donner cette sécurité, au moins pour savoir que vous l'avez, et que, par conséquent, vous êtes libre d'esprit pour nous défendre ; libre de cœur pour penser à celui qui vous adore et qui ne vit que pour vous, votre

» Maxime. »

Tout d'abord, elle fut anéantie, car bien qu'elle se fût dit et répété que ce déjeuner était possible, au fond du cœur elle était convaincue qu'il était impossible.

Et voilà que lui-même reconnaissait avoir déjeuné avec cette personne.

Il avait des raisons pour la voir ; il les expliquait ; elles paraissaient sérieuses.

Mais n'en avait-il pas d'autres, bien plus sérieuses encore, pour ne la point voir, non d'affaires celles-là, mais de cœur ?

Cependant, en relisant sa lettre, peu à peu le courage lui revint ; évidemment, il n'avait pas pu faire autrement, et puis, c'était tout naturel : ne fallait-il pas qu'il réunît tout l'argent nécessaire à la création de son journal ? C'était pour leur amour, pour leur mariage.

Et elle trouva dix raisons en plus de celles qu'il lui avait données, toutes plus fortes les unes que les autres.

D'ailleurs, il ne la verrait plus ; il le promettait, il en donnait sa parole, et elle était bien certaine qu'il ne pouvait pas y manquer ; c'était là l'essentiel. Comme il lui avait dit cela tendrement, passionnément : « Je veux que vous soyez libre d'esprit pour nous défendre, libre de cœur pour penser à celui qui vous adore »

Les défendre ! Il lui avait promis cependant de la défendre contre le prince, et voilà que maintenant il s'adressait à elle, il semblait mettre sa confiance et son espoir en elle, sans rien lui dire de ce qu'il avait fait lui-même.

N'avait-il donc rien fait ?

Cela était impossible ; mais sans doute il n'avait pas

réussi ; de là son silence. N'ayant rien à lui apprendre de décisif, il se taisait. Cela n'était-il pas plus digne ? Sûrement il agissait, et le moment viendrait où éclaterait la preuve de ce qu'il avait fait.

Mais, en attendant, elle pouvait agir elle-même. Quelle joie, quel triomphe, si elle pouvait le prévenir ! Ne serait-ce pas là un témoignage d'amour qui le toucherait ?

Entraîné dans le tourbillon de la politique, tiraillé par les soucis de sa vie agitée, absorbé par le travail, partagé entre son journal et ses électeurs, n'ayant pas un instant à lui, l'esprit tourmenté, le corps harassé, enfiévré par cette lutte qu'il poursuivait et dont le but était d'assurer leur bonheur, c'était à elle de lui venir en aide. Il ne savait pas ce qui se passait ; il n'était pas témoin de l'empressement du fils et des rouries diplomatiques du père ; il ne les voyait pas, il ne les entendait pas, et naturellement il n'était pas comme elle en situation d'agir au moment opportun.

Et quand avait-il été plus opportun d'agir que dans cette crise qui commençait ?

Maintenant elle avait cette liberté d'esprit qu'il voulait pour elle ; il la lui avait donnée ; et c'eût été de la lâcheté, c'eût été de l'ingratitude envers lui d'attendre davantage.

Attendre quoi d'ailleurs ?

Après ce qu'elle avait dit, après ce qu'elle avait fait, elle ne pouvait pas espérer que le duc et le prince allaient renoncer volontairement à ce mariage.

Il fallait qu'elle les y forçât.

C'était son devoir, c'était sa tâche.

III

Depuis sa tentative auprès du duc, un projet hantait son esprit, mais sans qu'elle s'y fût jamais arrêtée, tant au premier abord il lui apparaissait aventureux et extravagant.

C'était d'aller trouver la duchesse de Valmondois et de lui dire ce que le duc n'avait pas voulu comprendre.

Il était impossible que la duchesse ne l'écoutât point et lui répondît comme le duc. C'était une noble femme, dont la vie était un modèle de dignité, de courage et d'honneur. Elle ne consentirait pas à ce mariage, quand elle connaîtrait la vérité. Déjà, en se tenant à l'écart, elle avait manifesté des sentiments d'hostilité, et cela semblait être un indice favorable. Ne serait-elle pas heureuse qu'on lui apportât des motifs sérieux à faire valoir pour affirmer cette hostilité?

C'était à tenter.

Mais, arrêtée à cette idée, le difficile était de la mettre à exécution.

Elle chercha : si elle pouvait aller un matin au Bois seule avec un domestique, au lieu d'une promenade autour du lac, elle pousserait jusqu'à la rue Vaneau et donnerait son cheval à garder à son domestique. Mais on ne la laisserait jamais sortir seule. Elle se rabattit du côté de sa grand'mère, qu'elle pouvait abandonner n'importe où.

Ce n'importe où fut aux magasins du Louvre, un jour de grande mise en vente. Comme à l'ordinaire, madame de la Ricotière avait de nombreuses acquisitions à faire et Paule l'avait accompagnée. Profitant d'un moment d'encombrement et de tohu-bohu, au milieu de la foule qui se pressait, des commis affairés, des débitrices ahuries et des inspecteurs effarés, elle était restée de quelques pas en arrière, et séparée aussitôt de sa grand'mère par un flot de gens, elle avait pu se faufiler et gagner une porte de sortie opposée à celle par laquelle elles étaient entrées.

C'était la première fois qu'elle se trouvait seule dans la rue et qu'elle avait à chercher une voiture. Malgré sa résolution, elle éprouva un instant d'embarras. Et puis on la regardait d'une façon gênante. Un cocher, du haut de son siège, lui fit un signe. Elle monta en voiture et donna l'adresse de madame de Valmondois.

Ce n'était plus le souci d'échapper à sa grand'mère qui la troublait, c'était la pensée de ce qu'elle allait dire. Comment se présenter? Et si la duchesse n'était pas chez elle? Assurément il lui serait impossible de revenir une seconde fois, car après une escapade de ce genre il est certain qu'elle serait surveillée de façon à ne pas pouvoir la recommencer.

Sa voiture s'arrêta devant une haute porte cochère percée dans un mur qui n'avait pas d'autre ouverture sur la rue. Le système des sonnettes n'avait pas encore été appliqué à l'hôtel Carami, où l'on avait conservé le marteau en bronze des temps anciens. Elle frappa un coup et aussitôt la porte s'ouvrit. Elle se trouva dans une vaste cour pavée, au fond de laquelle s'élevait un hôtel de noble apparence, de grand style, mais d'un aspect mélancolique avec sa façade grise qui n'avait jamais été ravalée depuis sa construction ; tout de suite, en entrant, se trouvaient à droite des communs, et à gauche le pavillon du suisse. Sur le seuil de la porte se montrait ce personnage en culotte de soie et en habit brodé.

— Madame la duchesse de Valmondois ? demanda Paule.

— Madame la duchesse est chez elle. A droite, au premier étage.

Paule, surprise, regarda à droite : c'étaient les communs ; au rez-de-chaussée, les écuries et les remises ; au-dessus, un étage mansardé. Elle crut qu'elle avait mal entendu, et elle allait de nouveau interroger le suisse, quand celui-ci répéta sa réponse et la précisa :

— Oui, ici, — de la main il montra les communs, — au premier, la porte en face.

Paule savait que la fortune des Valmondois avait été dissipée par le duc, mais elle n'avait pas imaginé que la duchesse en était réduite à habiter au-dessus d'une écurie.

Ce fut la duchesse elle-même qui vint ouvrir sa porte, et bien que Paule ne l'eût jamais vue, elle la reconnut à la ressemblance qui existait entre elle et son fils ; c'était la même pureté, la même élégance de traits, le même profil allongé, le même front, les mêmes yeux. D'ailleurs, alors que cette ressemblance n'eût pas été aussi frappante, Paule n'aurait pas hésité : quelle autre que la duchesse pouvait avoir cette noblesse de physionomie, cette dignité d'attitude unies à la douceur et à la bonté ? Brune comme Odet, elle commençait à blanchir, et au-dessus de ses tempes de nombreux fils gris se mêlaient à sa noire chevelure. Elle ne faisait rien pour les cacher et sa coiffure qui les relevait, les montrait tels qu'ils étaient. Sur sa tête un fichu de dentelle noué sous le menton, non pour la coquetterie bien certainement, mais pour le froid. C'était aussi pour se préserver du froid qui tombait du plafond appliqué sous le toit même qu'elle portait par-dessus sa robe un manteau doublé et garni de fourrure au col et aux manches ; autrefois, la martre zibeline avait dû en être fort belle, mais maintenant elle était si usée que, par places, on voyait la peau dénudée.

Madame de Valmondois, après avoir ouvert la porte, la tenait toujours d'une main sans livrer passage à la jeune fille qui restait devant elle interdite et qu'elle examinait de la tête aux pieds, dans sa physionomie comme dans sa toilette.

— Paule Gripat.

La duchesse eut un brusque mouvement de recul, puis, revenant, elle regarda Paule et en même temps elle regarda dans l'escalier comme si elle cherchait quelqu'un.

— Je suis seule, dit Paule.

— Seule ?

— J'étais sortie avec ma grand'mère ; je l'ai perdue dans les magasins du Louvre pour venir ici.

Le regard de la duchesse exprimait la surprise et le dédain ; sans parler, elle fit signe à Paule de la suivre ; après avoir traversé une sorte d'antichambre, elle l'introduisit dans un petit salon plus que modestement meublé, mais dont le mobilier, cependant, les chaises, un canapé, un guéridon, les rideaux, avaient conservé des restes d'élégance : les bois laqués blanc étaient de l'époque Louis XVI, tout fouillés de fines sculptures ; l'étoffe était en soie brodée à médaillons de fleurs champêtres.

Par une porte restée ouverte, Paule aperçut une pièce qui faisait suite au salon : c'était une chambre à coucher, car au fond on voyait un petit lit en fer ; entre ce lit et la porte se trouvait une grande table chargée de livres et de papiers entassés dans un désordre qui disait que celle qui travaillait à cette table n'avait pas le temps de ranger autour d'elle.

Ainsi, tout l'appartement de la duchesse de Valmondois se composait de cette misérable entrée, de ce pauvre salon et de cette petite chambre de pensionnaire.

Malgré le froid, il n'y avait pas de feu, et le manteau de la cheminée, baissé jusque sur le carreau rougi, montrait qu'on n'en allumait jamais dans ce salon.

C'était en s'asseyant sur le canapé que madame de Valmondois lui avait indiqué de la main, que Paule avait jeté un regard rapide autour d'elle, mais sans avoir le temps et la liberté d'esprit de rien examiner, sentant plutôt tout cela que le voyant.

Ce n'était pas pour s'apitoyer sur le sort de la duchesse qu'elle était là; c'était pour elle-même, c'était pour Maxime.

— Je vois, madame, que ma visite vous surprend, dit-elle.

— En effet, répliqua sèchement madame de Valmondois; de la part d'une jeune fille de votre âge elle fait plus que de me surprendre.

— Croyez bien qu'il a fallu que je sois dans une position désespérée pour oser risquer une pareille démarche, seule, sans être connue de vous...

— Je vous connais, mademoiselle.

Le ton dont ces quelques mots furent prononcés remplit Paule de confusion ; elle comprit l'accueil dédaigneux que lui faisait la duchesse.

— Sans doute on vous a dit que je voulais devenir princesse de Verberie.

La duchesse ne répondit pas.

— Eh bien, madame, vous avez été trompée ; je rends au prince la justice qui lui est due pour sa grâce, pour sa distinction, pour les qualités de son esprit, mais... mais je ne peux pas être sa femme, car je ne l'aime point.

Madame de Valmondois s'était tenue jusque-là à l'autre bout du canapé, regardant Paule de haut, froidement, presque durement; elle se rapprocha sur ce mot et ce fut une attention bienveillante qui se montra sur son visage.

— C'est pour vous dire cela que je suis venue, continua

Paule, pour vous demander de vous opposer à ce mariage qui ferait notre malheur à tous deux, à votre fils comme à moi. Bien que je ne vous connaisse pas, madame, bien que vous n'ayez aucune raison pour vous intéresser à moi, et que vous en ayez peut-être, au contraire, pour m'être hostile, je suis venue à vous avec confiance, bien tremblante, il est vrai, bien émue, mais soutenue par ce que je sais de vous, de votre bonté, de votre fierté...

Elle s'arrêta hésitante, n'osant dire les mots qui lui venaient aux lèvres, et qui, en étant un éloge vrai, mais trop appuyé, auraient été une blessure, prononcés dans ce misérable intérieur ; puis tout de suite elle ajouta :

— Par ce que je sais de votre amour pour votre fils. J'ai essayé déjà de le dire à M. le duc de Valmondois, mais un père ne sent pas comme une mère ; il a traité cela d'enfantillage.

— Et votre mère ?

— Ma mère, séduite par le prince, est convaincue que quand je serai sa femme je le verrai avec les mêmes yeux qu'elle. Il n'y a donc que vous, madame, qui puissiez empêcher ce mariage ; et c'est ce que je vous prie, vous supplie de faire.

— Et mon fils ?

— Je n'ai pas osé lui dire franchement que je ne l'aimais pas, mais je le lui ai montré.

Madame de Valmondois était redevenue elle-même, et sur son pâle visage, dont l'expression était ordinairement la tristesse résignée, venait de se montrer un éclair de satisfaction et comme un élan d'espérance que Paule avait compris : on lui savait gré du secours qu'elle apportait : on l'avait reçue en ennemie, maintenant elle était une alliée.

Madame de Valmondois lui prit dans la main les siennes :

— Vous avez bien fait, mon enfant, de compter sur moi. Votre démarche est d'une nature droite et franche. Pour que vous vous y soyez résolue, il faut que vous ayez déjà beaucoup souffert. Est-ce un mal ? La douleur nous ramène à Dieu. Espérons d'ailleurs que vos souffrances vont cesser. Mon concours vous est acquis. Je parlerai à mon fils. J'étais, je dois vous le dire, déjà opposée à ce mariage, car je ne veux pour Odet qu'une alliance digne de sa naissance.

Paule baissa la tête ; malgré son orgueil et les habitudes de susceptibilité qu'elle avait prises pour tout ce qui touchait son père, elle n'était pas en situation de la relever fièrement.

Voyant qu'elle l'avait blessée, la duchesse voulut atténuer ce qu'il y avait de personnellement dur dans ses paroles :

— Je ne parle pas de la femme, mon enfant. Je ne vous connaissais pas. Et puis, vous savez, nous avons certaines idées. Pour nous, la noblesse est une religion. Quand on a derrière soi une longue suite d'ancêtres glorieux, on a des exigences, des scrupules qui rendent injuste peut-être, qui rendent injuste sûrement, mais enfin nous sommes ainsi.

Depuis quelques instants, Paule n'écoutait que d'une oreille distraite ces théories qui la touchaient peu ; machinalement elle laissait son attention suivre un bruit qu'elle ne s'expliquait pas : des coups sourds frappés au-dessous d'elle et qui retentissaient dans les murs ; le souvenir d'une odeur qu'elle avait respirée dans l'escalier en montant lui donna tout à coup l'explication : des chevaux, dans leur écurie, en frappant du pied, accompagnaient ce chant pieux des ancêtres. Et alors son cœur fut pénétré de pitié. Quel contraste entre le duc et la duchesse !

Pauvre et sainte femme ! dans le froid et la misère ; condamnée au travail, elle gardait la vraie fierté qui lui faisait tout sacrifier à la religion de son nom ; les vingt-cinq millions de dot ne l'avaient pas touchée, elle.

— J'étais donc opposée à ce mariage, continua la duchesse, mais je n'avais à faire valoir auprès de mon fils que les raisons que je viens de vous expliquer ; vous m'en apportez de nouvelles qui me semblent devoir être décisives.

Puis, tout de suite, avec la grâce souveraine de ses beaux jours de jeunesse et avec un sourire qui rendit à son visage quelque chose de son éclat d'autrefois :

— Et maintenant que je vous connais, dit-elle, je comprends ce que mon fils va souffrir en renonçant à vous.

Ce compliment délicat acheva ce que l'engagement de la duchesse avait commencé ; dans un élan ému, Paule, lui prenant la main, la lui baisa.

Puis elle se leva pour partir.

— Il faut que je rentre, dit-elle.

— Et qu'allez-vous dire ? demanda la duchesse.

— La vérité.

Madame de Valmondois lui tendit la main :

— Vous êtes une brave fille ; du courage, mon enfant !

Paule dit à son cocher de la conduire aussi vite que possible au parc Monceaux.

Quand elle arriva, sa grand'mère était rentrée depuis quelques instants déjà.

— On attend mademoiselle, dit un valet de pied en lui ouvrant la porte ; madame est dans le salon japonais avec madame la baronne.

Paule n'avait pas l'espérance de pouvoir échapper à un interrogatoire ; tout de suite elle entra dans le salon, ne pensant qu'à l'inquiétude qui devait tourmenter sa mère.

En la voyant entrer, madame de la Ricotière, qui avait encore son chapeau sur la tête et son manteau sur les épaules, vint au-devant d'elle avec un cri de joie :

— La voilà ! j'en étais sûre : tu m'as perdue ; tu m'as cherchée ; tu as pris une voiture et tu es retrouvée.

Puis s'adressant à sa fille :

— Qu'est-ce que je te disais ? Tu vois comme tu étais folle de te tourmenter.

Paule, qui connaissait bien sa mère, remarqua qu'elle avait l'air plutôt exaspéré et indigné que tourmenté.

— Maintenant qu'on peut respirer, continua madame de la Ricotière, je vais me faire servir un luncheon, j'en ai besoin.

Et elle sortit.

Paule était restée immobile, cherchant comment répondre, sans défi, mais aussi sans faiblesse.

La porte fermée, madame Gripat s'approcha vivement les yeux flamboyants de colère, les mains tremblantes, et à mi-voix, les dents serrées :

— Tu viens de chez Rampal?

— Non. De chez la duchesse de Valmondois.

— Tu as fait cela !

— Puisque tu ne veux voir dans mon amour qu'un enfantillage, puisque le duc répond en plaisantant à ce que je lui dis, il ne me restait que la duchesse à qui demander secours, et je l'ai fait.

— Tu sais que tu ne sortiras plus, s'écria madame Gripat folle de colère.

— Je n'ai plus besoin de sortir.

Il y eut un moment de silence ; Paule n'avait plus rien à dire ; madame Gripat au contraire en avait tant à dire, tant de reproches lui montaient aux lèvres, tant de menaces, qu'elle avait peur de se laisser emporter.

— Monte chez toi ! dit-elle tout à coup à sa fille.

Paule obéit ; et quand elle fut dans sa chambre :

— J'aurais donc pu voir Maxime ! se dit-elle.

IV

Malgré ses fréquentes visites à l'hôtel Gripat, Odet n'allait pas voir sa mère toutes les fois qu'il venait à Paris. Il n'était pas gai, l'intérieur maternel. Et puis, chaque fois qu'il était là, sa mère allumait le feu de sa chambre pour le recevoir ; elle causait ; cela la mettait en frais ; lui faisait perdre du temps.

Aussi quand la duchesse voulait voir son fils, en dehors des époques régulières où il venait toucher la pension qu'elle lui servait, lui écrivait-elle ; ce fut ce qu'elle fit aussitôt après le départ de Paule.

Dès le lendemain, avant de se rendre au parc Monceaux, Odet passa rue Vaneau.

Sa mère l'attendait et, comme toujours lorsqu'il devait

venir, elle s'était préparée pour le recevoir : le feu était allumé ; les papiers qui encombraient la table avaient été rangés de manière à dissimuler autant que possible ce qui parlait trop haut de travail ; elle s'était habillée, sinon coquettement, au moins avec plus de recherche que tous les jours ; il ne fallait pas l'attrister, le tourmenter ; il ne fallait pas qu'il emportât une impression réelle du milieu misérable dans lequel elle vivait ; sans doute, il savait qu'elle travaillait et qu'elle était pauvre : mais elle ne voulait pas qu'il sût au juste quel était son labeur et quelle était sa misère.

Elle le fit asseoir auprès de la cheminée, et tout en s'occupant de lui, en arrangeant les choses pour qu'il fût à son aise, elle le questionna affectueusement.

— Comment s'était-il porté depuis qu'elle ne l'avait vu ? Bien, n'est-ce pas ; il avait la mine bonne. Elle l'avait examiné tendrement, avec des yeux de mère.

— C'est pour te parler de ton mariage que je t'ai prié de venir, dit-elle enfin.

A ce mot, le front d'Odet se contracta : un mouvement d'impatience et d'embarras assombrit son visage, souriant tout à l'heure aux prévenances de sa mère.

— Vous m'avez déjà dit tout ce qu'il était possible de dire à ce sujet, répondit-il ; si je ne me suis pas rendu à vos objections, ç'a été parce que je ne le pouvais pas ; ma position n'a pas changé.

— Je ne savais pas ce que je sais ; j'ai vu mademoiselle Gripat, elle ne t'aime pas.

— Elle vous l'a dit ?

— Elle est venue exprès pour me le dire et me demander de m'opposer à ce mariage, qui ferait ton malheur et le sien ; ce sont ses propres expressions.

Il resta un moment embarrassé, autant par ces paroles mêmes que par les regards que sa mère attachait sur lui.

— Comment la trouvez-vous ? dit-il tout à coup d'un ton dégagé.

— Jolie ; mais ce n'est pas de sa beauté qu'il s'agit.

— Aussi, n'est-ce pas de sa beauté que je parle, c'est de son caractère. Si vous l'avez assez vue, vous avez dû remarquer que c'est une petite personne fort orgueilleuse, et qui est très exigeante sur ce qu'on lui doit. Le mariage a été arrangé par mon père avec sa mère : cela lui a déplu, elle aurait voulu qu'il le fût par moi avec elle. Elle s'imagine que je n'en veux qu'à ses millions, et cela la blesse. De plus, elle est romanesque, et s'est fait du fiancé une idée que je n'ai pas pu, jusqu'à présent, réaliser dans les conditions où je me présentais. Cela est si vrai, qu'un vieux bonhomme, qui la connaît bien, puisqu'il l'a vue grandir et qui désire notre mariage, disait à madame Gripat que, pour la conquérir, je devrais accomplir des actions de héros de roman : ainsi, arrêter son cheval emporté ; lui donner des sérénades ; ou bien la rencontrer, par hasard, dans la mansarde de pauvres gens. Ceci vous donne la mesure du cerveau de la jeune demoiselle. Je n'ai rien fait de tout cela, et alors, comme les coups de tête lui plaisent, elle a trouvé original, et ça l'est vraiment, de venir vous dire qu'elle ne m'aime pas.

— Me dire qu'elle ne t'aime pas, c'était me dire qu'elle en aime un autre. Je ne l'ai pas questionnée à ce sujet, il est vrai ; elle ne m'aurait sans doute pas répondu ; mais il est bien certain qu'une fille de son âge ne risque pas une pareille démarche dans son seul intérêt : il faut que la passion la pousse ; ce n'est donc pas un sentiment léger qu'elle éprouve, et dont on puisse, à la rigueur, ne pas se préoccuper, mais bien un véritable amour.

— Je ne dis pas qu'au point de vue théorique cela ne soit pas justement raisonné, mais, dans la pratique, il y a une chose qu'il ne faut pas oublier, que vous ne connaissez pas, et que j'ai vue, moi, que je vois chaque jour : c'est l'amour de madame Gripat pour sa fille ; madame Gripat l'adore, et Paule adore sa mère ; madame Gripat veut ce mariage ; c'est là un point décisif, il me semble. Et d'autre part, Paule ne s'adresse pas à sa mère pour l'empêcher ; elle n'a donc aucune bonne raison à faire valoir. Vous voyez que cette démarche n'est qu'une mutinerie d'enfant terrible. La situation reste ce qu'elle était. Sans doute, les raisons que vous avez pour vous opposer à ce mariage ont leur importance, que je sens. Mais celles que j'ai pour le vouloir ont la leur aussi, et je vous demande de la sentir. Je voudrais que mademoiselle Gripat eût un peu moins de fortune, et beaucoup plus de noblesse...

— Elle n'en a pas du tout.

— Par sa mère, elle en a un peu; j'en conviens, ce n'est pas assez. Mais enfin, où est la jeune fille de notre rang qui soit disposée à m'épouser et à m'apporter vingt-cinq millions de dot? Si vous la connaissez, je n'ai pas un mot à dire de mademoiselle Gripat. Mais vous ne la connaissez pas, et par cette raison malheureuse qu'il n'y en a pas. Je ne prends pas son nom; c'est elle qui prend le mien. Nos enfants ne seront pas Gripat, ils seront Valmondois; des Gripat, ils n'auront que la fortune: le grand point à considérer. Notre temps est le siècle du million.

Ces paroles étaient celles-là mêmes que son père lui avait dites, le jour où, pour la première fois, il lui avait parlé de Paule, et contre lesquelles il avait protesté. Mais, depuis, il se les était répétées tant de fois, pour se convaincre lui-même, qu'il avait fini par les faire siennes.

— C'est quand tout le monde est l'esclave de l'argent, répondit la duchesse avec dignité, que des gens comme nous ne doivent écouter que la voix de l'honneur.

— L'honneur ne serait-il pas plus gravement compromis, si je reste perdu de dettes et si l'on me force à quitter le régiment? Était-ce avec ma solde que je pouvais faire face à mes besoins? Un fils de bourgeois ou de paysan, ne le peut pas; il reçoit des secours de sa famille. Un homme de mon rang a d'autres besoins qu'un fils de paysan; que peut-il faire, quand il a moins de ressources? Est-ce ma faute si j'en suis réduit à cette solde? Certes, je ne veux pas dire que ce soit la vôtre, ma mère; vous qui êtes condamnée au travail et à la misère pour moi; vous, une Carami, qui vivez dans ce grenier pour moi. Mais enfin, il ne fallait pas me donner un titre, sans me donner en même temps de quoi le porter; il m'écrase...

Madame de Valmondois sentit que le fils allait accuser le père; vivement elle l'interrompit.

— Un homme de ton rang ne juge pas son père ; nous devons porter le respect aussi haut que l'honneur ; je n'ai jamais jugé mon mari.

— Eh mon Dieu! je ne juge pas, je constate. Quand je suis entré dans la vie, en même temps que vous me disiez : « Mon enfant, ne fais pas de dettes », d'un autre côté, on me disait : « Mon fils, avant tout, soutenez votre rang, s'il faut faire des dettes, faites-en, seulement faites-en beaucoup, l'avenir les paiera » ; ce n'est pas vous que j'ai cru, ma mère ; il m'a été trop facile de ne pas vous croire. Les dettes sont faites, qui les paiera ?

— Moi ! Je m'en charge.

— Pardonnez-moi ce mot, si cruel qu'il soit et si offensant qu'il puisse paraître : Avec quoi ?

— Avec mon travail.

— Pauvre chère mère, je n'ai jamais voulu vous parler de mes dettes. Comment aurais-je eu ce courage, quand, chaque fois que je venais ici, j'avais le remords d'emporter ce que vous aviez si péniblement gagné ?

— Non péniblement, puisque c'était pour toi.

— Comment vous dire que ce n'était qu'une goutte d'eau ? Et puis, cet argent que je sentais bien à moi, j'avais comme de la fierté à le dépenser. Mais ce n'est pas votre travail qui peut les payer, ces dettes.

— A combien donc montent-elles ?

— Est-ce que je sais ? J'en ai partout. Et elles sont lourdes, très lourdes.

— Eh bien, je travaillerai davantage. Ne juge pas ce que je peux faire par ce que j'ai fait. J'ai eu des scrupules, des timidités, j'ai refusé certaines besognes qui auraient pu être productives. J'avais pour cela des raisons, crois-le bien. Mais je n'ai plus le droit de les écouter. J'ai reçu des propositions que j'ai repoussées, si honorables qu'elles fussent d'ailleurs, parce qu'elles m'obligeaient à sortir de l'ombre dans laquelle j'aurais voulu rester cachée ; je vais les accepter, elles me donneront, sinon de quoi payer tes dettes, au moins de quoi faire patienter tes créanciers. Pendant ce temps, un autre mariage peut se présenter, digne de toi, celui-là. Notre temps n'est pas plus qu'un autre le siècle des millions; et, dans tous les temps, il y a eu des filles de naissance ; vois notre maison.

— Où en est-elle ?

— Elle est intacte tant que l'honneur lui reste. Est-ce toi qui vas la perdre, toi, mon fils ?

Odet avait baissé les yeux devant le regard suppliant et confiant de sa mère ; et, le cœur ému, l'esprit troublé, hésitant, partagé entre des sentiments opposés, il n'avait rien répondu.

— Mais je suis engagé, dit-il enfin à mi-voix.

— Engagé ! Envers qui ? Envers une fille qui ne veut pas de toi. Tous les jours, on voit se rompre des mariages plus avancés que celui-là.

— Mais...

Il hésita, puis tout de suite, précipitamment :

— C'est mon père qui est engagé ; ne faut-il pas que je le consulte ?

— Tu n'aurais à le consulter que si tu hésitais, et tu n'hésites pas, tu ne peux pas hésiter.

— Sans doute ; cependant je dois lui soumettre ce que vous venez de me dire; et il me semble qu'il serait bon que vous le lui disiez vous-même.

— Soit ; je suis prête.

Et madame de Valmondois, que l'attitude de son fils avait désespérée, eut un soupir de soulagement : il avait peur de son père ; c'était le duc qui avait inventé ce mariage et qui l'imposait ; Dieu merci, Odet le subissait seulement. Il avait été entraîné par son père : est-ce que jamais ce fils bien-aimé, ce fils qu'elle avait élevé, son sang, eût pensé à prendre pour femme une Gripat ? Lui ! Le pauvre enfant !

— Quand dois-tu voir ton père ? demanda-t-elle.

— Ce soir.

— Eh bien, envoie-le-moi : tu as raison ; c'est entre nous que cette affaire doit être traitée ; dis-lui que je désire l'entretenir.

Odet s'était levé ; d'un geste de la main, elle l'arrêta.

— C'était le samedi que tu devais venir me voir. J'ai aujourd'hui ce que je devais te remettre samedi.

Elle alla à son bureau, et, l'ayant ouvert, elle en tira une enveloppe fermée.

— Je te remercie, dit-il avec confusion, je n'en ai pas besoin.

— Ce matin, tu n'en avais pas besoin, mais maintenant...

Et elle lui glissa l'enveloppe dans la main.

— Prie ton père de venir me voir, mon enfant.

V

Odet arriva en retard rue Royale, mais cela n'avait pas grande importance, son père ne se fâchant jamais en rien ni pour rien, et prenant toujours les choses par le bon côté.

— Tu es en retard, dit le duc en raillant; ce n'est pas un reproche, mais c'est une constatation.

— J'ai été retenu.

— Parbleu; moi aussi, de mon temps, je me laissais retenir, de sorte que je me faisais toujours attendre, et cependant, à un certain moment, j'ai été trop vite.

— Je viens de voir ma mère.

— Psit..

Et le duc, qui n'avait rien tant en horreur que d'entendre parler de sa femme, se mit à siffler.

— Elle a reçu la visite de mademoiselle Gripat continua Odet.

Instantanément, le duc s'arrêta de siffler.

— Fichtre! Hum! Mâtin! Enfin, qu'est-ce qu'elle voulait, mademoiselle Gripat?

— Dire à ma mère qu'elle ne m'aime pas.

— C'est tout?

— Ce n'est pas assez?

— Elle ne t'aime pas! Elle ne t'aime pas! Pourquoi ne t'aime-t-elle pas?

— C'est comme cela.

— Elle n'a pas donné de raisons, hein! Elle n'en a pas donné, n'est-ce pas?

— Elle ne les a pas dites.

— Parce qu'elle n'en a pas, bien certainement. Ah! tu m'as fait une belle peur.

Et M. de Valmondois reprit son sourire.

— Dis donc, sais-tu qu'elle est vraiment drôle, la petite! Elle vous a des idées! C'est original, ça. Elle fera une femme charmante; tu ne t'ennuieras pas avec elle, je te promets; c'est quelque chose. Ce que j'aurais voulu voir, c'est cette entrevue. Je suis sûr que ta mère ne te l'a pas bien contée; le drôlatique des choses lui a toujours échappé. D'un côté, ta mère, digne, froide, en un mot madame la duchesse de Valmondois, née Carami; de l'autre, la petite... rageuse. — Madame, je n'aime pas votre fils! — Comment, mademoiselle, vous n'aimez pas mon fils? un jeune homme qui me ressemble? — Tu sais que tu ressembles à ta mère, sans trop lui ressembler. Enfin, si la conversation ne t'a pas été rapportée en détail, tu en connais au moins la conclusion. Quelle est-elle?

— Mademoiselle Gripat a demandé à ma mère de s'opposer à notre mariage.

— Et ta mère, enchantée d'avoir une alliée, t'a adressé un discours pour te représenter que tu devais renoncer à cette jeune fille qui ne t'aime pas.

— Précisément.

— Je vois ça d'ici. Je l'entends, le discours. Ne me le répète pas, c'est inutile. Qu'as-tu répondu?

— Que je devais vous consulter.

— Ça, c'est bien.

— Que vous étiez engagé, et qu'il serait bon qu'elle vous dît à vous-même ce qu'elle m'avait représenté.

— Ah! celle-là, elle est bien bonne. Es-tu canaille! Tu t'es vu pris, et alors, pour te débarrasser, tu m'as mis en avant. Cela n'est pas maladroit et je te félicite. Seulement, tu ne t'es pas imaginé que j'allais être assez simple pour subir le discours que tu as entendu : l'honneur, la famille, le rang, le sang. Je te dis que je le connais. J'en ai entendu bien d'autres. C'est même pour cela que maintenant je demeure rue Royale, tandis que ta mère habite rue Vaneau. La Seine a du bon; ce n'est pas en hiver que je vais m'exposer à la traverser.

Et M. de Valmondois se mit à rire franchement, tandis

qu'Odet se tenait embarrassé, faisant effort pour dissimuler sa confusion.

Voyant cette attitude, M. de Valmondois se fit grave tout à coup, au moins autant qu'il pouvait être grave avec sa mine sarcastique et son sourire continuel.

— Sérieusement, dit-il, ta mère est admirable ; nul ne le proclamera plus haut que moi, car nul ne la connaît comme je la connais. Si quelqu'un doit souffrir de la rupture de ce mariage, c'est elle la première, c'est elle plus que personne. Ce mariage fait, aussitôt que tu es en possession de la dot, ton premier soin est d'assurer une position convenable à ta mère, large : reconnaissance filiale, dignité, tendresse, je suis tranquille, tu feras les choses comme elles doivent être faites.

— Oh ! assurément ; se sera un bonheur pour moi.

— Je te connais. Ce mariage ne se fait pas, tu ne peux rien pour nous, ni pour ta mère ni... pour ton père. Pour moi, mon Dieu, cela n'a pas grande importance ; je suis habitué à la vie restreinte que je mène ; les relations avec les huissiers n'ont rien d'agréable ; cela n'est pas beau ici, et même cela sent la misère ; mais enfin je peux attendre. Tandis que ta mère travaille ; elle demeure dans un grenier, ce qui est dur pour nous, et pour elle aussi. Il faut donc que ton mariage se fasse. Si ce n'est pas pour toi, que ce soit pour elle. Nous devons le lui imposer. Sans doute, elle protestera. Et note que je ne te dis pas qu'elle ait tort. A sa place, je ferais comme elle. Elle est femme, et parle en femme qui ne connaît pas les misères de la vie. Nous, agissons en hommes, virilement, et puisqu'il faut faire un sacrifice, faisons-le héroïquement. D'ailleurs, ce ne sera qu'un moment à passer. Elle ne tardera pas à te remercier de lui avoir donné une belle-fille aussi charmante. Sois certain que maintenant qu'elle l'a vue, elle la juge tout autrement : très séduisante, cette petite, une vraie charmeuse. Que t'en a-t-elle dit ?

— Rien.

— C'est parfait ; si elle avait eu quelque chose à lui reprocher, elle ne te l'aurait pas caché.

— Elle lui reproche sa naissance et aussi de ne pas m'aimer.

— La naissance, c'est une affaire enterrée depuis longtemps ; quant à la question d'amour ou de non-amour, quelle importance cela peut-il bien avoir chez une fillette de dix-huit ans !

Odet ne répondit rien.

— Partons, dit M. de Valmondois, la voiture doit attendre. Sonne.

Le valet de chambre entra :

— La voiture ! demanda le duc.

Le valet de chambre laissa paraître un certain embarras.

— Eh bien, qu'est-ce qu'il y a ?

Le domestique regarda Odet.

— Parle, dit le duc.

— Je crois que la voiture ne viendra pas ; elle n'est pas arrivée ; quand j'ai été chez le loueur tantôt, il m'a dit que le mois finissait aujourd'hui, que cela en faisait un de plus par-dessus les autres, et que s'il n'était pas payé il n'enverrait personne. Je n'en ai pas parlé à monsieur le duc pour lui éviter cet ennui ; et puis comme c'était inutile...

Il avait prononcé ces derniers mots en s'en allant.

— Tu vois, dit M. de Valmondois : en fiacre, mon cher. Les gens de M. le duc de Valmondois ! — Hue, Cocotte.

M. de Valmondois avait mis son pardessus ; mais au moment d'ouvrir la porte il s'arrêta :

— Décidément, je crois que le mieux serait que tu ne vinsses pas avec moi chez madame Gripat.

— Mais..

— Oh ! ce n'est pas pour le fiacre. Mais une idée me vient. Quand on risque une démarche comme celle de cette petite, la morale veut qu'on la paye. Il me plaît assez d'être le représentant de la morale ; une fois n'est pas coutume. Cette démarche exploitée... en bon père de famille, peut améliorer ta situation.

— Et que voulez-vous faire ?

— Je ne dis jamais ce que je veux faire ; je dis ce que j'ai fait. Attends-moi ce soir, à huit heures ; nous dînerons ensemble. D'ici là, sois tranquille ; tu sais bien que ce n'est pas moi qui ferai manquer ce mariage.

VI

M. de Valmondois s'était fait une attitude pour l'hôtel Gripat : la politesse la plus raffinée, celle qu'il avait avec ses pairs, l'amabilité, le désir de plaire ; trouvant toujours un mot gracieux pour chacun, et celui-là même qui devait toucher juste.

Mais ce soir-là, lorsqu'il entra, il avait pris une mine de diplomate qu'il était impossible de percer, froide, réservée, mais non fâchée cependant, ni chagrine.

— Je comptais venir avec Odet, dit-il en s'adressant à madame Gripat ; je l'ai attendu.

— N'a-t-il pas pu quitter Fontainebleau.

— Si ; mais il a commencé par aller chez sa mère.

Il fit une pause, regarda madame Gripat, puis Paule

— C'est elle, sans doute, qui l'a retenu.

A ce mot, la physionomie de la mère et celle de la fille prirent une expression toute différente : tandis que celle de Paule s'épanouissait, celle de madame Gripat s'assombrissait.

— Il est probable qu'il ne viendra pas, continua le duc.

Puis il parla de choses indifférentes, mais sans son entrain habituel, en homme préoccupé qui pense à autre chose qu'à ce qu'il dit.

Cependant à un certain moment, son visage reprit son sourire, et s'adressant à Paule :

— Je viens de rencontrer une jeune fille, toute jeune, charmante, seule, oh ! elle était effarée ; elle cherchait une voiture ; elle a voulu arrêter la mienne ; j'allais descendre pour la lui offrir, mais voyant cela elle s'est sauvée ; bien sûr, elle avait perdu sa maman.

Cela dit, il reprit sa mine sérieuse, et se tournant vers madame Gripat :

— J'aurais besoin d'un instant d'entretien avec vous ; quel jour pourrez-vous me l'accorder ?

Paule était radieuse ; madame Gripat faisait des efforts évidents pour rester impassible.

— Mais tout de suite, dit-elle.

— Oh ! tout de suite.

— Je vous en prie.

Et prenant le bras que le duc lui offrait, ils passèrent dans la bibliothèque.

— Contrairement à mon habitude, dit le duc, en prenant le siège que madame Gripat lui avait avancé, je n'ai pas été sincère tout à l'heure. J'ai vu mon fils.

Il attendit : madame Gripat ne broncha pas.

— Et il m'a raconté la visite que mademoiselle Paule a faite à madame de Valmondois. Avez-vous eu connaissance de cette visite ?

Madame Gripat fit un signe affirmatif.

— Avant ou après ?

— Après.

— C'était bien ce que je pensais, mais enfin la question devait être posée ; c'est à votre insu que cette visite a eu lieu, ce n'est pas avec votre assentiment que mademoiselle Paule a été raconter à madame de Valmondois qu'elle n'aimait pas Odet.

— N'en doutez pas, monsieur le duc.

— Je n'en ai jamais douté, car il est bien évident que si vous aviez voulu rompre ce mariage, vous vous en seriez expliquée avec moi franchement. Nous sommes donc simplement en face d'un coup de tête de petite fille.

Madame Gripat avait redouté une autre conclusion, elle respira.

— Néanmoins, cela n'en est pas moins grave, très grave.

Et M. de Valmondois fit une pause, comme pour donner à madame Gripat le temps de peser la gravité de ce coup de tête.

— Mon fils est dans un état violent ; et cela se conçoit, n'est-ce pas ?

— Cependant...

— Vous allez me dire qu'il ne faut pas exagérer l'importance d'un coup de tête. Nous sommes d'accord ; et c'est ce que j'ai expliqué moi-même à mon fils.

De nouveau, madame Gripat eut un moment de soulagement, mais il dura peu, car il semblait que le duc ne la laissait respirer que pour l'étouffer aussitôt plus durement.

— Sans doute, dans le présent cela n'a pas grande importance, continua-t-il ; j'en conviens avec vous, et tout ce que vous pourriez me dire à ce propos, je me le suis dit. Mais vous conviendrez avec moi aussi, j'en suis certain que pour l'avenir c'est grave, c'est très grave.

Madame Gripat, qui se tenait sur ses gardes, veillait à ne pas laisser échapper de mots imprudents : il fallait voir où M. de Valmondois voulait en arriver, car bien certainement il avait un but ; cependant, elle ne fut pas maîtresse de retenir un regard interrogateur.

— Ce n'est pas la première fois que mademoiselle Paule fait un coup de tête. Charmante, elle l'est autant et plus que personne, adorable ; l'esprit, la grâce, l'originalité, elle a tout pour elle. Mais enfin volontaire en diable ; sans doute c'est une qualité, je vous le concède, cependant il ne faut pas qu'elle soit poussée trop loin. Avec cela, un peu fantasque, esclave de son premier mouvement. Voyez l'histoire des gardénias, et celle de la chambre ; maintenant voyez cette visite à madame de Valmondois. Il y a là, vous en conviendrez, de quoi faire réfléchir ceux qui, comme nous, ont assez l'expérience de la vie pour regarder dans l'avenir. Quel sera cet avenir ?

Madame Gripat ne répondit pas, et le duc continua :

— Ce n'est pas pour les choses du cœur que je m'inquiète, car je suis certain qu'Odet saura se faire aimer : c'est la tendresse même, ce garçon-là. Si vous saviez comme, enfant, il était affectueux et caressant ! Il sera le modèle des maris. Non, c'est pour les..: comment dirai-je bien cela ? C'est votre avis, n'est-ce pas, que le mari doit être le chef de la famille ?

— Sans doute.

— C'est lui qui doit commander, administrer, dépenser. Eh bien ! à cause de la situation de fortune d'Odet, et aussi de celle de mademoiselle Gripat, — il insista sur ce nom ; elle n'était plus Paule, elle était Gripat ; — je crains qu'il n'en soit pas ainsi et que des difficultés ne surgissent. Ce n'est rien un coup de tête dans les choses de sentiment; mais dans les choses d'intérêt, c'est grave, c'est très grave. Je vous déclare qu'après les expériences réitérées que nous avons faites du caractère de cette charmante enfant, mon fils doit prendre certaines précautions, c'est-à-dire que je dois prendre certaines précautions pour mon fils? qu'elles précautions? allez-vous me demander.

— Justement.

— Je n'en sais rien. Je suis si peu homme d'affaires, je l'ai bien prouvé, n'est-ce pas? Mais les notaires sont là, Je consulterai Le Genest de la Crochardière; vous savez quel homme entendu c'est, et je pense que vous accepterez le moyen qu'il nous trouvera.

— Il le discutera avec mon notaire.

— Oh! parfaitement; nous n'allons pas, nous autres, nous occuper de ces détails. Ce qu'il faut, c'est que nous soyons d'accord sur les bases, qui ne peuvent plus être maintenant celles dont nous avons parlé. Pourquoi nous avons changé? Cela ne regarde personne.

— Mais je ne cache rien à mon notaire, répliqua madame Gripat.

Si elle était disposée aux concessions les plus larges pour empêcher la rupture de ce mariage, elle n'était pas femme cependant à sacrifier entièrement les intérêts de sa fille. Que demandait-il d'ailleurs, M. de Valmondois? Elle ne le voyait pas au juste à travers les habiles réticences dont il l'enveloppait. Quelques dispositions plus avantageuses dans le contrat sans doute. Et elle n'allait pas commettre l'imprudence de les discuter avec ce grand seigneur qui prétendait ne pas connaître les affaires, quand il semblait, au contraire, si ingénieux à les tourner à son profit. Son notaire la défendrait mieux qu'elle ne pouvait se défendre elle-même, et en tous cas saurait tirer parti des concessions qu'elle ferait. Aux premiers mots du duc, elle avait eu peur d'une rupture que l'intervention de la duchesse avait pu décider; mais, à la tournure qu'avait prise l'entretien, il semblait évident que M. de Valmondois exploitait une situation.

— Très bien, dit-il, expliquez les choses à votre notaire, je les expliquerai au mien ; le point essentiel, c'est que mon fils ne soit pas à la merci des fantaisies de sa femme. Cela, j'y tiens. C'est mon devoir.

Ces derniers mots furent dits avec une hauteur et une fermeté que madame Gripat ne connaissait pas chez le duc.

Pour qu'il parlât ainsi il fallait qu'il se crût maître de la position.

Il ne s'en tint pas là, et insistant, il précisa son droit à dicter ses conditions.

— Maintenant, dit-il, j'ai encore une question à vous soumettre ; elle est bien délicate, bien difficile, et je vous avoue que je la passerais volontiers sous silence, si mon devoir ne m'obligeait à parler franchement. Et le devoir est notre maître, un dur maître souvent. Cet homme, vous savez cet homme...

— Cet homme...

— Dame ! celui dont elle m'a parlé, celui de la chambre. Vous comprenez qu'un père n'entend pas cela sans s'inquiéter. J'ai ri comme Figaro, de peur de pleurer. Mais j'ai voulu savoir à quoi m'en tenir. On m'a nommé un journaliste, un certain Rampal. On m'a parlé d'une intimité qu'il est parvenu à établir entre l'enfant et lui à Trouville, cet été. Un intrigant. Eh bien ! où en sommes-nous ?

Madame Gripat était trop confuse pour trouver une réponse immédiate.

— Ce n'est pas fini, n'est-ce pas ? Et la preuve, c'est cette visite à madame de Valmondois. Elle se croit aimée, cette enfant. Si jeune, c'est bien naturel, et je ne lui en veux pas. Pour que tout soit fini, il faut simplement lui prouver qu'elle n'est pas aimée comme son imagination le croit. Vous êtes-vous occupée de cela ? Non, n'est-ce pas ? Une femme, c'est bien délicat. Son frère, excellent garçon, mais bien jeune. M. Puche, excellent homme, mais bien vieux.

— Justement, M. Puche a eu la même idée.

— Ça n'est pas maladroit de la part de M. Puche. Et a-t-il réalisé son idée ?

Madame Gripat se trouva dans un terrible embarras. Que répondre ? Devait-elle avouer la vérité entière, la confesser en partie avec de prudents arrangements, ou bien la cacher.

C'était là une lourde responsabilité à prendre et qui la rendait hésitante.

Ne rien dire était difficile, sinon impossible, alors que M. de Valmondois savait déjà tant de choses; si réservée qu'elle fût, elle ne pouvait pas faire que Paule n'eût pas parlé, et que de son côté le duc n'eût pas appris que cet homme, comme il disait, était Rampal.

Sans doute, elle pouvait arranger ses paroles; mais pour cela il aurait fallu qu'auparavant elle sût dans quelle mesure M. de Valmondois était informé, et elle l'ignorait, car le duc ne se livrait pas, et c'eût été une grosse imprudence de s'en fier à ce qu'il avait pu dire.

Il ne restait donc que la vérité. Et pourquoi pas, après tout? Était-elle donc si redoutable? Oui, si on cherchait à l'atténuer, parce qu'alors ce qu'on enveloppait d'ombre pouvait paraître effrayant. Non, si on l'avouait telle qu'elle était. En réalité, de quoi Paule était-elle coupable? D'une imprudence, rien de plus; elle avait été attirée par la réputation d'un homme en vue: elle s'était imaginée qu'elle était aimée, voilà tout. La parfaite innocence de ce caprice résultait des imprudences mêmes qu'elle avait commises.

Arrivée à ce point de son raisonnement, son parti fut pris.

— Comme vous, dit-elle, nous avons pensé que nous devions convaincre ma fille que celui dont elle se croyait aimée ne l'aimait pas réellement; mais jusqu'à ce jour Puche n'a pas réuni toutes les preuves nécessaires à cette démonstration.

— C'est qu'il les a mal cherchées.

— Ou qu'elles étaient difficiles à trouver.

— Je ne vous ai pas caché que je jugeais ce bon M. Puche peu propre à cette tâche.

— Il nous est si dévoué!

— En une pareille affaire, l'habileté vaut mieux que le dévouement.

— Peut-être, mais le dévouement et la discrétion sont en tous cas indispensables, et dans notre situation, c'est la première qualité à exiger chez celui à qui nous nous confions.

— Il y en a un autre tout aussi utile : l'intérêt personnel.

Comme madame Gripat le regardait sans comprendre, il continua :

— Pour les raisons que je vous ai dites, M. Puche ne peut pas faire réussir les recherches dont il s'est chargé ; vous, madame, vous ne pouvez pas les entreprendre ; votre fils ne le peut pas davantage : il s'ensuit donc qu'elles ne sauraient aboutir si je n'étais pas disposé à en prendre la direction.

— Vous, monsieur le duc !

— Et pourquoi pas ? Qui plus que moi, après vous, bien entendu, peut avoir intérêt, un intérêt personnel et légitime à ce que cette pauvre enfant soit éclairée ? Ne suis-je pas, ne serai-je pas bientôt, veux-je dire, un père pour elle ? Et je veux agir en père envers elle. Je lui ouvrirai les yeux.

— Mais...

— Ne craignez rien ; quoi qu'il arrive, elle ne saura jamais à qui elle doit la lumière, ni elle ni mon fils. Ce secret restera entre nous ; la complicité du bien clôt les bouches plus solidement encore peut-être que celle du mal. Cependant, si vous le permettez, je m'adjoindrai M. Puche ; il y a d'autant moins d'inconvénients à cela qu'il est votre confident, n'est-ce pas ?

— Mon homme de confiance, notre ami le plus fidèle.

— Je profiterai des renseignements qu'il a déjà dû recueillir, ce qui nous fera gagner du temps. Maintenant, ne me demandez pas comment je procéderai, car je serais bien embarrassé pour vous le dire. Ce que je ferai, je n'en sais rien. Cela dépendra un peu de ce que M. Puche m'apprendra, et beaucoup des circonstances. Le certain, c'est que je ferai quelque chose et que je n'épargnerai rien pour réussir, pas même l'argent, surtout l'argent.

— Sur ce point, vous me permettrez bien d'intervenir ?

— Oh ! assurément.

M. de Valmondois se mit à rire :

— Vraiment, je ne peux pas vous demander de me laisser payer ces dépenses ; ce sera donc votre caisse qui les soldera ; envoyez-moi M. Puche demain, n'est-ce pas ?

Et il offrit son bras à madame Gripat pour revenir dans le salon.

Pendant les quelques instants qu'il y passa, il ne fut plus du tout le diplomate froid et réservé qu'il s'était montré en entrant, mais au contraire le gentilhomme aimable et gracieux qu'il avait toujours été, et comme toujours aussi il eut un mot pour chacun.

C'était madame Gripat maintenant qui semblait être sous le coup d'une pénible impression.

Ces deux attitudes si différentes déroutèrent Paule dans ses prévisions : tout d'abord, elle s'était dit que le mariage était rompu ; puis, quand ses regards avaient rencontré ceux du duc souriant et joyeux, quand elle l'avait entendu plaisanter, elle s'était dit qu'il ne l'était point, car M. de Valmondois ne serait assurément pas si satisfait.

Que penser ? Qu'espérer ?

Pendant le dîner et la soirée, madame Gripat avait gardé sa physionomie préoccupée, ne parlant à personne, ni à madame de la Ricotière ni à Edgard, ce qui chez elle était l'indice d'un trouble profond, et de bonne heure elle était montée à sa chambre.

C'est que jamais depuis qu'il s'agissait de ce mariage elle n'avait été aussi agitée, aussi perplexe : jamais la responsabilité qu'elle assumait en donnant sa fille au prince de Verberie ne lui avait été aussi lourde.

Cet entretien avec M. de Valmondois l'avait bouleversée. Elle n'était pas femme à se laisser abuser par la politesse d'un grand seigneur, pas plus que par les habiletés de langage d'un homme du monde qui ne dit que ce qu'il veut dire et qui, par ses sous-entendus, ses gestes, ses regards, ses silences, laisse entendre ce qu'il ne juge pas utile d'exprimer brutalement. Or, ce qu'il laissait entendre, le duc, n'était que trop facile à comprendre :

— J'ai accepté votre fille malgré la tare de sa réputation ; mais cela me donne des droits, et les sacrifices que je fais, il faut me les payer ; je serais un niais de ne pas exploiter la situation ; vous êtes à ma discrétion, j'en use et j'en abuse.

Voilà ce qu'il avait dit, M. de Valmondois ; voilà les conditions qu'il avait posées ; devait-elle les subir ?

C'était la question qu'elle avait agitée une partie de la nuit, et aussi celle de savoir si elle ne devait pas rompre ce mariage.

Et cela non seulement à cause des exigences du duc, mais encore à cause de la résistance de Paule.

Qu'elle rejetât les conditions du duc, et le mariage manquait probablement ; mais enfin, si fâcheux que cela fût au point où en étaient les choses, et si désirable que pût être cette alliance avec une des grandes familles de France, ce n'était point là un malheur irréparable ; on trouverait un autre prince de Verberie.

Mais qu'elle cédât à la résistance de sa fille, et c'en était fait du bonheur et de l'honneur de la pauvre enfant, qui, en voyant qu'elle avait réussi à écarter Odet, s'entêterait de plus en plus à vouloir Rampal.

Il faudrait donc alors accepter pour gendre ce bohème ? Cela, madame Gripat ne le pourrait jamais. Jamais elle ne donnerait son consentement à un pareil mariage. Paule n'aimait pas cet homme, qui aurait pu être son père : cela était impossible ; elle croyait l'aimer, mais c'était par son imagination qu'elle était entraînée, non par son cœur, et son obstination dans ce caprice venait pour beaucoup de ce qu'on la contrariait ; le jour où elle aurait ce mari qu'elle voulait, elle le verrait tel qu'il était, et alors commencerait pour elle une vie de misère : femme d'un Rampal !

Le mariage avec Rampal, c'était l'abandon des efforts qu'elle avait faits depuis la mort de son mari pour racheter ses millions ; c'était un aveu, c'était une honte nouvelle sur les hontes anciennes.

Le mariage avec le prince de Verberie, c'était la réhabilitation de sa fortune et la légitimation des moyens par lesquels cette fortune avait été gagnée ; c'était l'absolution donnée à ce nom de Gripat, si lourd à porter et cela non seulement dans la personne du père, mais encore dans celle de ses héritiers, dans la sienne, dans celle d'Edgard, qui, beau-frère d'un prince et allié de la maison de Valmondois, n'était plus simplement le fils de Michel Gripat.

C'étaient là de puissantes considérations qui dominaient la question ; cependant, si impérieuses qu'elles fussent, elles ne l'auraient pas encore décidée si elle avait pu croire que, mariée à Odet, Paule devait être malheureuse.

C'était femme de ce Rampal qu'elle serait malheureuse, que fatalement elle devait l'être.

Quelle différence entre ces deux hommes ! Comme elles étaient frappantes, concluantes pour qui sait regarder et voir !

L'un blasé, desséché par vingt années de vie parisienne à outrance, dans lesquelles il avait usé sa jeunesse, sa tendresse et sa santé. Que lui restait-il qu'il pût apporter à sa femme ? Il y avait même pas en lui une page blanche ; pas une qui ressemblât à ces glaces de petits restaurants rayées de noms et de dates en une confusion banale.

L'autre, jeune au contraire, tout jeune encore, chez qui le cœur n'était pas mort ; avec cela beau, élégant, doué des brillantes qualités qui peuvent le mieux plaire à une femme et le faire aimer. Et certainement il serait aimé le jour où Paule serait désensorcelée de ce maudit Rampal. Quelle solidité pouvait avoir le caprice d'une fille de dix-huit ans ? Car ce n'était et ne pouvait être qu'un caprice, et non un sentiment profond et durable. Comment l'aimerait-elle ? Pourquoi ?

C'était ce que madame Gripat se demandait sans trouver une seule raison qui qualifiât cet amour, et même qui le rendît vraisemblable. Si on n'en trouvait pas, comment Paule pouvait-elle en avoir ?

C'était avec Odet, c'était par lui seul qu'elle pouvait être heureuse. C'était donc Odet qu'elle devait épouser.

Le lendemain, elle enverrait Puche chez M. de Valmondois.

Quant aux exigences du duc, c'était affaire de notaires ; de la Branche contre Le Genest de la Crochardière.

VII

Bien que madame Gripat n'eût pas de secrets pour Puche, elle ne lui avait point parlé de la confidence que Paule avait faite à M. de Valmondois, ni de la réponse de celui-ci.

Justement parce que l'indulgence du duc l'avait stupéfiée, elle n'avait pas voulu que Puche la connût; il aurait laissé échapper quelque marque de surprise, quelques réflexions, et assurément ils n'auraient pas pu ne pas qualifier cette indulgence, en lui donnant un autre nom. Cela était inutile. Ils n'avaient pas à juger M. de Valmondois.

Au reste, il semblait qu'il y eût entre eux comme un accord tacite à ce sujet, et ils évitaient avec un soin égal de parler de M. de Valmondois; ils prenaient des tournures, des périphrases, si bien que, pour Puche, M. de Valmondois était devenu « le père du prince », comme s'il n'avait pas eu de nom et de personnalité. Ce qui rendait la chose plus saisissante encore, c'est que ces précautions ne s'étendaient pas à « la mère du prince » dont ils parlaient souvent, et toujours en lui donnant son nom et son titre « la duchesse de Valmondois »; à les entendre, quelqu'un qui n'eût pas connu la famille de Valmondois, n'eût jamais supposé que la mère n'était pas tout.

Mais pour envoyer Puche chez M. de Valmondois, il fallait lui donner des explications et le mettre au courant de ce qui s'était passé.

Plus d'une fois Puche fut pris d'un accès de toux pendant que madame Gripat lui parlait, et plus d'une fois aussi il éprouva le besoin de se moucher fortement et longuement.

Un seul moment il lâcha une observation : ce fut pour demander comment le duc avait pris la confidence de Paule.

— En riant.

— En riant! il a ri!

Mais tout de suite il avait corrigé cette exclamation :

— Très diplomate, le père du prince; c'est très fort d'avoir ri : quel empire sur soi! Vraiment les gens de race sont admirables.

Mais quand madame Gripat en vint à expliquer que le duc voulait se charger de l'enquête sur Rampal, Puche se moucha si longuement qu'il eut le temps de se remettre avant de reprendre.

— Alors, le père du prince veut prendre ma place?

— N'en soyez pas blessé.

— Blessé! Comment blessé! mais j'en suis très heureux; j'en suis enchanté; et en réfléchissant je trouve qu'il a parfaitement raison. Au premier abord j'ai pu être un peu surpris, oh! très peu; mais cela tenait à ce que j'envisageais la situation sous un faux jour. Cette intervention est légitime, tout à fait légitime; je dirai plus, elle est habile. Je n'avançais à rien. Je ne suis pas propre à cela. En d'autres mains moins... c'est-à-dire plus résolues, les choses marcheront mieux. Je vais me mettre de ce pas à la disposition de... du duc.

Et de ce pas, comme il disait, Puche partit pour la rue Royale. Mais avec lui-même il pouvait s'abandonner à une liberté d'appréciations qu'il s'était interdite avec madame Gripat.

— Franchement, voilà un père..., un singulier père, se dit-il; heureusement ce n'est pas lui que nous épousons, c'est le fils; et il est l'enfant de sa mère, notre prince de Verberie, non de son père.

Puche n'eut pas à faire antichambre : le duc l'attendait.

— Madame Gripat m'a dit, commença le duc, que vous aviez cru que le meilleur moyen de guérir mademoiselle Paule de la sympathie enfantine qu'elle éprouve pour... Il faut appeler les choses et les gens par leur nom, n'est-ce pas?

— C'est plus clair.

— De sa sympathie enfantine, — le duc appuya sur ce mot, — pour M. Rampal, était de lui faire connaître ce garçon... tel qu'il l'est. C'est ingénieusement raisonné et d'un homme avisé et prudent qui connaît la vie.

Puche salua, mais sans se laisser gonfler par ce compliment.

— Si cette sympathie était méritée, continua M. de Valmondois, cela ne serait pas facile; mais si je m'en rapporte au peu que je sais sur ce Rampal, elle ne l'est pas.

— Oh! pas du tout.

— Et cette enfant, car ce n'est qu'une enfant, est la victime de son imagination.

— Absolument.

— Elle regarde en elle et ne voit pas la réalité.

— Justement.

— C'est donc la réalité qu'il faut lui montrer; quand elle la connaîtra, ses illusions s'envoleront et la guérison se fera toute seule.

— C'est à cela que j'ai travaillé.

— Et qu'a produit ce travail?

— Pas grand'chose jusqu'à présent; mais nous sommes en bonne voie, et il n'y a pas de doute que quand les renseignements que je réunis seront complets, ou à peu près, car on ne peut jamais se flatter d'être complet, il n'y a pas de doute qu'elle n'ouvre les yeux.

— Et voulez-vous bien me communiquer les renseignements que vous avez jusqu'à ce jour réunis?

— Oh! bien volontiers; madame Gripat m'a demandé de les mettre à votre disposition.

On ne voyait jamais Puche sans une grande serviette d'avocat en maroquin vert, avec poches à soufflet, toute bourrée de papiers qu'il portait plutôt sur son cœur que sous son bras; pour s'entretenir avec M. de Valmondois, il l'avait posée sur ses genoux: ouvrant la patte qui fermait une de ces poches, il en tira une grosse liasse composée de chemises étiquetées.

— Voici mes documents, dit-il, mon dossier; il est classé par ordre chronologique, le seul à suivre, n'est-ce pas, dans une enquête de ce genre, le seul qui permette des intercalations méthodiques et logiquement complémentaires.

M. de Valmondois le regarda avec son sourire ironique; mais Puche, qui était en train de feuilleter ses papiers, en les soupesant d'un air satisfait d'avoir pu en réunir un si gros poids, ne remarqua pas l'expression de ce sourire.

— La cote première, dit-il, est relative à l'enfance, et la première pièce de cette cote est l'acte de naissance de notre personnage : enfant naturel, né de Rosalie Félicité Rampal, couturière, demeurant à Toulouse, quai de la Daurade, et de... père inconnu ; cependant, grâce à d'actives recherches, nous sommes arrivés à reconstituer à peu près cette paternité qui est le mystère de la Trinité.

Et satisfait de cette plaisanterie, Puche se mit à rire ; mais, loin de s'associer à cette gaieté, M. de Valmondois prit une mine grave; Puche, craignant de l'avoir blessé en abordant un pareil sujet, se hâta de continuer :

— Je veux dire qu'il y a trois pères probables : un parfumeur, inventeur d'un de ces cosmétiques qu'on annonce avec tapage; un clerc de notaire, et un comédien; mais vous savez, ce n'est pas le cas d'appliquer l'axiome romain : *Pater is est quem justæ nuptiæ demonstrant*, puisqu'il n'y a jamais eu de noces légitimes et qu'elles ont toujours été aussi illégitimes que nombreuses. Cela est caractéristique, n'est-ce pas ?

M. de Valmondois fit un signe que Puche voulut bien prendre pour une affirmation.

— Les pièces suivantes sont relatives à l'enfance et à la jeunesse, en un mot à la vie de collège. Mais elles sont pour nous sans importance, car elles ne constatent que les succès du jeune homme, qui a été un excellent élève, intelligent, laborieux. Et ce n'est pas à nous de faire son éloge. Nous passons donc et nous arrivons, avec la cote deuxième, aux premières années de séjour à Paris: beaucoup de lacunes, je dois vous en prévenir.

— Eh bien, tant mieux.

— Comment, tant mieux ? s'écria Puche interloqué ; croyez-vous donc que ces renseignements seraient comme ceux du collège et qu'ils en feraient un homme sympathique ? Moi non.

— Il ne s'agit pas de cela.

— Il me semble cependant que plus le dossier sera complet, plus il sera probant, c'est-à-dire écrasant. Si nous réunissons une masse de documents qui prouvent que, depuis ce jour jusqu'à cette heure, notre homme n'a été qu'un aventurier...

— Qu'est-ce que cela peut faire ?
— Qu'un caractère sans moralité...
— Eh bien ! après ?

Du coup, Puche s'arrêta paralysé : il s'attendait à bien des choses de la part du duc, mais à celle-là ; cela ne faisait rien que Rampal ne fût qu'un aventurier et un caractère sans moralité ! Que fallait-il donc qu'il fût pour que Paule ne l'aimât point ? Un assassin ?

Voyant sa surprise, M. de Valmondois se mit à sourire :

— Je comprends comment votre enquête a été faite.
— Comme elle devait l'être, il me semble : en prenant notre homme à son origine pour l'amener jusqu'à aujourd'hui ; n'est-ce pas la seule marche logique, la seule qui fasse connaître un personnage dans sa vie, son humeur, son caractère, et qui la montre ce qu'il est réellement ?

— Ainsi, vous avez cru qu'avec cela vous pourriez détruire la sympathie que notre jeune personne éprouve pour ce garçon

— Mais sans doute.
— Vous avez cru qu'en lui prouvant que c'était un enfant naturel, le fils d'une couturière et d'un parfumeur, qui avait fait ceci ou cela elle s'écrierait avec vous : « C'est une affreuse canaille qui ne mérite que le mépris ! »

— Que voulez-vous donc qu'elle pense, monsieur le duc ? Paule est une honnête fille, un cœur fier, une âme haute, qui n'a ni indulgence ni indifférence pour ce qui est honteux ou bas.

— J'en suis convaincu, monsieur Puche, croyez-le, et c'est précisément pour cela que je consens à ce que mon fils la prenne pour femme, car lui aussi est un cœur fier et une âme haute. Ce que je veux dire, je vous demande la permission de le préciser, puisque, par malheur, je me suis mal expliqué : c'est qu'avec cette enfant, et dans les dispositions où elle est, il n'y a pas à s'inquiéter du passé de M. Rampal, et que son présent seul doit nous occuper, aujourd'hui, demain. Ce qu'il a été il y a un an, il y a dix ans, il y a trente ans, que voulez-vous que cela lui fasse à cette petite fille ? Il y a un an, dix ans, trente ans, il ne la connaissait pas.

— Il existait, puisqu'il faisait ceci, cela, et puis encore cela ; nous en avons la preuve.

Et Puche, comme un avocat, frappa sur son dossier.

— Non, monsieur, il n'existait pas ; car, pour elle, il n'existe que du jour où il l'a connue. Ce qu'il a fait il y a un an, ce qu'il a été il y a six mois, que lui importe, à elle ? Il ne la connaissait pas. Et si vous avez les meilleures raisons du monde pour lui démontrer qu'il a été un coquin ou un misérable, elle en aura de meilleures encore pour vous prouver qu'il a dû en être ainsi et que cela ne signifie rien.

— J'amais je n'admettrai cela.

— Vous devez bien convenir, cependant, que rien de ce que vous avez dit jusqu'à ce jour ne l'a touchée. C'est tout simplement parce que vous vous êtes occupé du passé et non du présent. Prouvez-lui que cet homme, dont elle se croit aimée, a une maîtresse, et vous verrez si elle accueillera cela comme elle a accueilli ce que vous lui avez dit jusqu'à présent.

— Justement il l'a quittée, cette maîtresse ; c'était Melcha, la danseuse de l'Opéra ; j'ai aussi une cote sur elle.

Et feuilletant ses papiers, Puche en tira une chemise, qui portait pour titre écrit en ronde : mademoiselle Melcha, rue de Boulogne ; cote dix-septième.

— Des pièces ci-incluses, continua Puche, il résulte qu'il a rompu toutes relations avec cette personne, et que, depuis six semaines, il ne l'aurait vue qu'une fois seulement, dans un déjeuner en tête à tête, au café Riche, un dimanche.

— Il l'aurait vue.

— Nous croyons pouvoir affirmer qu'il ne l'a pas vue depuis.

— Alors il en a vu une autre, et celle-là est à chercher, s'il nous est démontré qu'il y a, en effet, rupture complète avec Melcha. Assurément ce garçon a une maîtresse, quand ce ne serait qu'une fille. S'il n'en avait pas, ce serait trop grave.

Puche réfléchit un moment à ce dernier mot, qu'il n'avait pas compris ; puis, tout à coup, la lumière se fit dans son esprit.

— Ah ! ne croyez pas cela, monsieur le duc ; Paule est la pureté même.

— J'en suis convaincu, et c'est pour cela justement que je vous dis que ce garçon a une maîtresse... oh ! en attendant, bien entendu ; mais, enfin, il en a une ou plusieurs. Vous n'avez pas de données là-dessus, n'est-ce pas ?

— Non.

— Eh bien, nous chercherons. Quand nous aurons trouvé, avec preuves à l'appui s'entend, et qu'au lieu du passé la petite sera en présence d'une injure grave et immédiate, d'une infidélité, vous verrez que cela la touchera autrement qu'un acte de naissance, même quand il est une preuve de bâtardise. Maintenant, un mot encore : vous vous êtes fait aider dans vos recherches, n'est-ce pas ?

— Oh ! assurément ; ainsi...

— A Paris, je veux dire.

— A Paris, j'ai employé un homme de sac et de corde, qui se dit journaliste, mais qui, en réalité, n'est, je dois en prévenir monsieur le duc, qu'un sacripant.

— Tant mieux ; c'est juste l'homme qu'il me faut. Il se nomme ?

— Nitard.

— Eh bien, envoyez-moi M. Nitard aussitôt que possible ; et merci, monsieur Puche.

SIXIÈME PARTIE

I

Avec Nitard, M. de Valmondois n'eut pas de peine à se faire comprendre; c'était un esprit avisé que M. Alphonse Nitard, « ce dont il bénissait son père et remerciait sa noble mère ».

Avant que le duc fût arrivé au bout de ses explications, Nitard l'interrompit en souriant respectueusement :

— J'ai compris, monsieur le duc.

Mais M. de Valmondois n'aimait pas qu'on le comprît trop vite, pas plus qu'il ne supportait qu'on le comprît trop lentement ; il y avait une mesure d'autant plus difficile à observer qu'elle dépendait beaucoup de son humeur.

— Ah ! vraiment, dit-il.

Et avec son sourire narquois il toisa Nitard de la tête aux pieds, car c'était chez lui une sorte de manie d'examiner les gens avec qui il s'entretenait, non pas tant pour voir ce qu'ils éprouvaient que pour leur chercher quelque défaut, une infirmité, un ridicule, un tic ; ce défaut trouvé, il ne le quittait presque pas des yeux, et tout en parlant, il y revenait toujours. Or pendant ses années de misère, Nitard avait si longtemps marché avec des souliers crevés, que c'était pour lui une habitude et un besoin d'avoir les orteils à l'air ; chaussé à neuf avec l'argent de Puche, il avait donné un coup de canif au bout de ses bottines ; et ces deux fentes, tout de suite remarquées par M. de Valmondois, étaient devenues pour celui-ci un sujet de curiosité moqueuse.

— Et qu'avez-vous compris? dit-il après un moment assez long de sa contemplation ironique.

— Que monsieur le duc s'inquiétait peu d'une enquête complète sur le personnage en question, dit Nitard, sans paraître embarrassé ou confus de cet examen : mais qu'il veut savoir ce que notre homme fait en ce moment même, comment il vit, avec qui il vit.

— Cela surtout.

— Le diable est qu'il ne vit avec personne et qu'il n'a pas remplacé son ancienne maîtresse, Melcha.

— N'a-t-il pas conservé au moins quelques relations avec elle ?

— J'ai eu la même idée que monsieur le duc : tous les jours on est forcé de quitter une femme pour une raison ou pour une autre, pour sa famille, pour se marier, pour obtenir une position ; alors on sort ostensiblement par la grande porte, et furtivement on rentre par la petite. Je me demandais s'il n'en était pas ainsi, quand avant-hier, j'ai appris qu'il y avait non seulement rupture entre Rampal et Melcha, mais encore brouille complète.

— Ils se voyaient donc, qu'ils se sont brouillés ?

— C'est pour affaire que cette brouille a éclaté, tout simplement, entre associés, non entre amant et maîtresse ; aussi cela n'a-t-il pas d'intérêt.

— Peut-être ! mais est-il donc indifférent pour moi d'apprendre quelle espèce d'association existe entre Melcha et M. Rampal ?

— Je craignais d'ennuyer monsieur le duc, tant la chose est simple. Lorsque Rampal a voulu fonder un journal, il n'avait pas le premier sou, naturellement. Il a battu le rappel de tous les côtés, et par ses amis, par ses relations, il est parvenu à réunir un certain capital ; Melcha l'a aidé et lui a amené son plus gros souscripteur. Elle était alors sa maîtresse et travaillait pour elle en même temps que pour lui. Depuis qu'ils sont séparés, leurs intérêts ne sont plus les mêmes, et elle réclame sa commission. Rampal, qui n'a plus besoin d'elle, refuse de rien donner.

— Et elle se fâche ?

— C'est peut-être naïf, mais en tous cas c'est bien naturel. Et puis, il y a une chose qui exaspère Melcha : c'est qu'en ce moment elle ramasse tout ce qu'elle peut d'argent, et que celui-là sur lequel elle se croyait en droit de compter lui manque.

— Est-elle dans la misère ?

— Misérable, non, elle ne l'est pas ; mais on ne peut pas dire qu'elle soit riche. Monsieur le duc comprend que quand une fille dans sa position s'amuse à faire du sentiment au lieu de faire des affaires, elle ne s'enrichit pas. Rampal lui a coûté cher : un homme en vue, un journaliste, une liaison affichée, il y a bien des gens que ça éloigne ; si encore ç'avait été un mari ; enfin, le certain, c'est qu'elle est loin d'avoir la fortune que d'autres qui ne la valaient pas ont su mettre de côté.

— Pourquoi a-t-elle gardé Rampal ?

— Ça, monsieur le duc, c'est le mystère de l'amour. Mais il faut dire aussi que Rampal lui a rendu des services: c'est lui qui l'a fait engager à l'Opéra où franchement sa place n'était pas retenue ; il l'a défendue ; il l'a protégée; il y a dans le journalisme des gens qui n'ont pas honte de faire chanter une femme.

— Vous croyez ?

— Mon Dieu ! je ne dis pas qu'il y en ait beaucoup, mais enfin il y en a ; monsieur le duc peut m'en croire.

— Je vous crois puisque vous me l'affirmez.

— Eh bien ! ces gens-là n'ont pas osé s'attaquer à la maîtresse de Rampal.

— Enfin, elle n'a pas le sou.

— C'est trop dire, beaucoup trop ; elle a son mobilier, ses diamants, des valeurs, en un mot une petite fortune, mais non celle qu'elle devrait avoir, celle qu'elle voudrait, et voilà pourquoi la perte de sa commission lui est sensible au moment où elle réalise ce qu'elle a, pour se marier.

— Comment, elle va se marier ?

— Elle veut se marier, se faire épouser par un Italien, un comte, le comte del Molo ; jeune, beau, mais qui n'a rien, et qui ne donnera son nom que si elle peut le payer ; il est son amant.

— Je croyais qu'elle aimait Rampal.

— Elle l'a aimé, certainement, et beaucoup, mais elle a aimé ; elle aime del Molo non moins certainement. Ah ! si j'avais pu faire le livre que je voulais, j'aurais montré le monde tel qu'il est : les femmes avec plusieurs amants qu'elles aiment également, ou plutôt différemment, un pour ceci, un autre pour cela ; les hommes, canailles sur un point, mais honnêtes sur d'autres ; enfin la nature humaine vraie, et non celle de la convention, de la tradition. La convention et la tradition, c'est Melcha fidèle à Rampal, parce qu'elle l'aime ; la vérité, c'est Melcha aimant Rampal et del Molo ; Rampal pour ce que nous avons dit, del Molo parce qu'il a vingt-quatre ans, parce qu'il a une belle tête de faune au front large et au menton pointu, parce qu'il est charmant, parce qu'il est comte, parce qu'il est nouveau, enfin pour bien d'autres raisons encore. De sorte que, lâchée par Rampal, elle veut se faire épouser par del Molo ; mais, comme elle connaît son Italien, elle sait qu'elle ne le décidera à sauter le pas qu'en lui montrant un appât assez gros et assez brillant pour le tenter. De là la rage contre Rampal qui lui refuse une commission qu'elle a bien gagnée.

— Cela est bon à savoir.

— Puis-je demander à monsieur le duc ce qu'il compte faire ?

Il n'aimait pas à être interrogé, M. le duc ; aussi ne répondit-il pas.

— Vous voudrez bien me trouver l'adresse de ce del Molo, dit-il, et aussi les noms des personnes qui, par l'entremise de Melcha, ont mis de l'argent dans le journal de Rampal ; enfin vous tâcherez de savoir pour quelles raisons elles ont fait cet apport. Prenez note de cela, je vous prie.

Nitard fouilla dans ses poches :

— Monsieur le duc a un crayon ?

— Voyez sur la table.

Le crayon trouvé, Nitard se prépara à écrire, mais au lieu d'atteindre un carnet dans sa poche, il tira un peu sa manche de gauche, de façon qu'elle recouvrît la moitié à peu près de sa main. Ses manchettes, qui étaient en papier, lui rendaient des services de plusieurs sortes :

elles complétaient sa toilette comme toutes les manchettes de toile ou de papier; de plus elles lui tenaient lieu de carnet; c'était sur elles qu'ils prenait ses notes. Mais au moment d'écrire ce que M. de Valmondois lui avait dit, il s'arrêta, car au lieu d'être blanche, sa manchette était couverte d'inscriptions qui se croisaient en tous sens. Alors il la retira de son poignet, et l'ayant remplacée par celle de la main droite qui était vierge, il nota les demandes du duc.

Et cela fait simplement il se retira.

II

M. de Valmondois eût préféré que Melcha fût restée la maîtresse de Rampal, mais puisqu'elle était devenue son ennemie, on pouvait encore se servir d'elle.

Il fallait changer de point de vue, voilà tout, et réclamer de l'ennemie juste le contraire de ce qu'on aurait demandé à l'amie.

Assurément, elle serait heureuse de se venger, et comme elle le connaissait mieux que personne, elle devait savoir où le frapper d'une main sûre.

Il était donc important d'obtenir son concours.

Un moment, M. de Valmondois avait pensé à confier cette négociation à Nitard. Comédienne et journaliste, ça devait s'entendre, ces espèces-là. Mais en réfléchissant, il avait trouvé qu'il était plus prudent et plus sage de s'en charger lui-même.

Sans doute, il était ennuyeux de se mettre en évidence dans une pareille affaire, mais pour lui moins que pour tout autre, car les propos du monde ne pouvaient pas monter jusqu'à lui, et puis il ennoblissait ce qu'il touchait, — au moins c'était sa conviction.

Il verrait donc Melcha.

Et après son déjeuner il se rendit rue de Boulogne. Bien que, dans ses trente années de vie parisienne, il eût connu à peu près toute les femmes du monde de la galanterie; c'était la première fois qu'il allait chez Melcha; mais cela n'avait pas d'importance; pour ce qu'il voulait, il n'avait pas besoin d'être bien avec elle; il suffisait qu'elle fût mal avec Rampal.

On l'introduisit au rez-de-chaussée, dans un salon, et en attendant que Melcha parût, il se mit à faire le tour de cette pièce, dont l'ameublement ne ressemblait en rien à ceux qu'il connaissait : point de clinquant, point de brillant, rien qui s'adressât aux yeux seuls ; au contraire des choses solides et durables auxquelles le temps devait donner de la valeur; aux murs, pour tentures, des étoffes anciennes; aux portes et aux fenêtres, des tapisseries d'Orient; sur la cheminée une pendule en bronze doré de Ch. Le Roy, portant en relief le médaillon de Louis XIV surmonté d'un couronnement à jour aux trois fleurs de lis de France; en tout l'ameublement d'une femme qui connaît le prix de la curiosité et ne sacrifie pas aux coûteuses fantaisies du jour. Comment cette femme, qui paraissait savoir si bien compter, avait-elle pu, aux affaires d'intérêt, préférer les affaires de sentiment, pendant longtemps avec Rampal, maintenant avec un jeune Italien? Assurément cela était intéressant.

En entrant dans le salon, Melcha interrompit l'examen et les réflexions de M. de Valmondois.

Ce n'était pas l'habitude du duc de se préparer lorsqu'il avait une affaire à traiter; si grave qu'elle fût, il s'en remettait toujours à l'inspiration du moment; aussi, en venant chez Melcha, n'avait-il pas pensé à ce qu'il dirait; il verrait, il trouverait.

Lorsqu'elle arriva, empressée, intriguée, il la regarda assez longuement sans expliquer sa visite; et cela, tout naturellement, redoubla la curiosité de Melcha. Que lui voulait-il donc? Pourquoi l'examinait-il ainsi?

Non seulement elle connaissait M. de Valmondois par ses aventures, ses dépenses extravagantes et sa ruine, mais encore elle savait que son fils, le prince de Verberie, était le rival de Rampal auprès de mademoiselle Gripat, et tout cela réuni lui inspirait un impatient désir d'apprendre les raisons de cette visite.

— Savez-vous que de près vous êtes aussi belle, et

peut-être même plus belle encore qu'au théâtre? N'est-il pas étonnant que je ne vous l'aie pas encore dit... de près?

A son tour elle regarda M. de Valmondois ; puis, avec un sourire indifférent, tout à fait en désaccord avec les paroles :

— Mais ce n'est pas la première fois qu'on me dit que je suis mieux sans maillot qu'avec un maillot.

M. de Valmondois avait trouvé son thème.

— Et on a dû vous le dire souvent, et vous avez dû vous le faire bien dire ; aussi, je ne comprends pas que quand on a eu ce plaisir une fois, on ne continue pas toujours.

L'impatience poussa Melcha ; elle n'avait pas la simplicité de s'imaginer que c'était pour lui qu'il parlait, car malgré le long regard dont il l'avait honorée, il avait quelque chose de recueilli qui montrait clairement une préoccupation d'affaire.

— Et pour qui dites-vous cela? demanda-t-elle.

— Vous l'avez bien deviné, pour M. Rampal.

— Si je l'avais deviné, je vous assure que je ne me doute pas où vous voulez en venir.

— Je vais vous le dire.

Elle attira un fauteuil, et, d'un geste de fée de théâtre, elle pria le duc de s'asseoir ; assurément elle n'avait jamais déployé plus de noblesse quand, levant sa baguette, elle avait tant de fois prononcé la phrase sacramentelle : « Et maintenant que la fête commence... »

— C'est mon concours que je viens vous proposer.

— A moi, monsieur le duc !

— J'ai toujours eu pour vous une très vive sympathie ; je ne parle pas de mon admiration pour votre beauté, cela serait banal, mais d'une sympathie réelle, sincère, et c'est même cette sympathie qui fait que vous me voyez aujourd'hui chez vous pour la première fois. J'ai eu peur, mon Dieu, oui, j'ai eu peur de vous, peur de moi, de votre puissance, de ma faiblesse. Mais maintenant, à mon âge, des dangers de ce genre ne sont plus à craindre, et la sympathie seule subsiste. Vous avez à vous plaindre de M. Rampal ?

— Et qui vous a dit cela ?

M. de Valmondois fut surpris de cette réponse et du ton sur lequel elle fut faite; ce n'était pas du tout celui d'une femme disposée à conter ses malheurs, mais cela ne le troubla pas.

— N'est-il pas vrai, dit-il, qu'il vous devait une commission et qu'il refuse de vous la payer ?

— Ça, monsieur le duc, c'est mes affaires.

— C'est justement pour cela que je vous en parle ; c'est l'effet de la sympathie ; c'est pour cela aussi que je vous offre mon concours.

— Monsieur le duc s'occupe de recouvrements ?

M. de Valmondois croyait que Melcha n'était qu'une belle dinde, ce qu'on appelle au théâtre une simple grue ; ce mot lui montra qu'il avait eu tort de s'en rapporter à la réputation ; elle pouvait faire la bête, elle ne l'était pas.

Mais lui non plus n'était pas bête ; il se mit à rire :

— Je vois que vous êtes une personne prudente, je m'en doutais; intelligente, je le savais ; c'est moi qui n'ai été ni avisé ni intelligent en ne commençant pas par le commencement. M. Rampal ne fera pas le grand mariage qu'il a espéré, et conséquemment il lui sera impossible de tenir les engagements qu'il a pu prendre : il est donc inutile de le ménager.

— Et comment savez-vous que M. Rampal a pris des engagements sur lesquels je compte ?

— Je sais que vous êtes intelligente, je viens de vous le dire, et prudente ; cela m'explique votre réserve.

— Il y a quelque chose qui l'explique bien mieux, et que je suis surprise que vous ne compreniez pas.

— Ah ! vraiment !

— Mon Dieu ! oui, monsieur le duc, une chose toute simple, toute naturelle au moins chez certaines personnes, — le respect de soi.

M. de Valmondois frappa les mains comme s'il était au théâtre :

— Brava ! très bien ! très joli !

— N'est-ce pas, monsieur le duc, que c'est très joli qu'une femme de ma condition ait le respect de soi ! Au moins cela est étonnant, je le vois. Enfin, cela est ainsi. J'ai été aimée par M. Rampal, comme vous dites, je l'ai aimé et je trouve qu'il ne convient pas de me faire l'alliée de ses ennemis.

— Je vois que vous avez étudié l'histoire ; mes compliments ; c'est elle qui vous a appris qu'une alliance se paye toujours : je suis prêt à mettre le prix que vous me fixerez à la vôtre.

— Je serais plus que payée par votre sympathie.

— La sympathie, c'est par-dessus le marché.

— Eh bien, voyons ce marché ?

— A la bonne heure ! Vous entendez raison.

— Vous ne parliez pas raison.

— Je suis prêt à parler raison.

— Qu'est-ce que vous voulez de moi ? Que j'empêche Rampal d'épouser mademoiselle Gripat, n'est-ce pas ?

— J'avoue que cela serait bien fait.

— Et comment puis-je empêcher ce mariage ?

— Je vous le demande.

— Oh ! non ; vous avez bien votre idée là-dessus ; vous ne m'auriez pas fait l'honneur de votre visite, sans cela.

— Il y a longtemps que c'est fini avec M. Rampal ?

— Oui, longtemps.

— Pas si longtemps que cela, n'est-ce pas ? huit jours ? Non, quinze jours, alors. Eh bien, si vous aviez à donner une preuve, ce qui s'appelle une preuve, qu'il y a quinze jours, voulez-vous trois semaines ? cela m'est égal, qu'il y a trois semaines, M. Rampal venait encore ici par la petite porte, eh bien, je connais des gens qui mettraient le prix à cette preuve.

— Alors ça n'est pas de recouvrements que M. le duc s'occupe, c'est de renseignements discrets ; c'est le mot, n'est-ce pas ?

— Parfaitement ; aussi je dois vous dire que si vous étiez disposé à vendre cette preuve, on l'achèterait dix mille francs.

— Et quelle preuve voulez-vous donc ?

— Une lettre, une toute petite lettre, deux lignes avec une date, ou tout au moins un fait tenant lieu de date.

— Elle est chère, la copie de Rampal ; cinq mille francs la ligne, c'est un joli prix.

— L'acceptez-vous ?

— Non.

— En voulez-vous plus ? Voyons, je ne veux pas vous marchander, et tout de suite j'arrive à ce qui est possible : en voulez-vous vingt mille ?

— Non ; ni dix mille, ni vingt mille, ni trente mille, rien ; si j'ai cette preuve, je ne la vends pas.

— A moi ! Parce que vous espérez la lui vendre plus cher à lui. Prenez garde ; ce serait peut-être comme la commission : il promet, M. Rampal, mais il ne paye pas.

— Mais qui est-ce qui vous a dit que j'étais une femme qui se fait payer ? Si je voulais plus que votre sympathie, monsieur le duc ; si je voulais votre estime ?

M. de Valmondois aimait par-dessus tout persifler les gens, mais il ne supportait pas qu'on le persiflât lui-même ; la raillerie ne lui faisait pas perdre son sourire, mais elle lui faisait perdre son sang-froid.

Sur ce mot elle se leva.

— Vous avez tort de refuser mes vingt mille francs, dit-il les lèvres pincées, j'aurai ma preuve pour moins que cela.

Et comme il se dirigeait vers la porte :

— Alors c'est vingt mille francs que je perds, dit-elle, mais pas votre estime, oh ! mon Dieu !

— Croyez-vous donc que Rampal vous en donnera quarante ? demanda le duc.

— C'est à voir.

III

Si une épigrammme pouvait piquer M. de Valmondois elle ne pouvait pas le dérouter.

— L'Italien me vendra ce que la Juive me refuse, se dit-il en sortant de chez Melcha.

Seulement, pour entreprendre cette négociation, il

fallait savoir où trouver cet Italien, et par conséquent attendre que Nitard apportât son adresse.

Ce fut deux jours après seulement que Nitard revint rue Royale.

— Eh bien, où demeure ce del Molo ? demanda le duc avec impatience.

— Est-ce que ces gens-là demeurent quelque part ?

— Vous ne l'avez pas trouvé ?

— Si ; mais ce que je n'ai pas trouvé, c'est son domicile, attendu qu'il n'en a pas ; il demeure où il peut, tantôt dans un garni, tantôt dans un autre ; quelquefois chez une de ses femmes, quand celle-ci peut le loger.

— Ah !

— Oui, monsieur le duc, c'est son métier à ce beau garçon ; aussi ne comprend-on pas qu'il épouse une femme qui approche de la quarantaine, si elle ne l'a pas dépassée.

— C'est sûr, ce que vous me dites là ?

— Comment, si c'est sûr ! mais je peux donner à M. le duc le nom de plusieurs femmes qu'il a exploitées en ces derniers temps.

Et il tira sa manchette pour lire les notes dont elle était couverte.

— C'est inutile pour le moment ; ne nous éloignons pas de Melcha. Pour moi, je comprends que cet Italien l'épouse, puisqu'elle a une certaine fortune ; il la lui dévorera plus ou moins vite, puis il passera à une autre. Ce que je comprends moins bien, c'est qu'elle soit assez faible pour épouser ce garçon.

— Mais elle en est folle ; une véritable passion, une passion de vieille femme, c'est tout dire ; on raconte des choses inouïes, invraisemblables ; aussi, je ne crois pas, comme M. le duc, qu'il la lâchera ; elle sera entre ses mains un instrument trop commode ; il fera d'elle ce qu'il voudra ; c'est même peut-être pour cela qu'il l'épouse ; une vieille femme peut rendre bien des services.

— Enfin, ce qui résulte de vos recherches, c'est que le

comte del Molo n'est pas bégueule du tout, n'est-ce pas ?

— Oh ! pas du tout.

— Et que Melcha ne peut rien lui refuser ? Cela suffit. Trouvez-moi ce jeune homme, je vous prie, et envoyez-le-moi ; vous lui direz que j'ai une affaire importante à lui proposer.

Nitard eut un haut-le-corps.

— Est-ce que vous avez peur de ne pas le trouver ?

— Ce n'est pas cela que je veux dire, je sais où le rencontrer ; seulement il me semble... Monsieur le duc me permet d'être franc, n'est-ce pas ? Eh bien, il me semble qu'il vaudrait mieux que monsieur le duc ne se chargeât pas lui-même de cette négociation.

— Et pourquoi cela ?

— Ma mère était d'une noble famille, et je remercie Dieu qui m'a mis dans le cœur la religion de la naissance. Je ne voudrais pas qu'un homme comme le duc de Valmondois, qu'un des derniers représentants de la grande noblesse française se commît avec cet Italien.

— Monsieur Nitard, un homme comme moi ne se commet jamais, dit le duc avec hauteur.

— Je prie monsieur le duc de ne pas se méprendre sur ma pensée, je n'ai pas employé le mot commettre dans le sens de compromettre, — un homme comme monsieur le duc ne peut pas compromettre sa dignité, je le sais, — mais dans le sens de se confier, qui est la vieille acception.

— C'est bien ; amenez-moi le comte del Molo aussi vite que possible, ou envoyez-le-moi ; n'oubliez pas de lui dire qu'il s'agit d'une affaire importante pour lui, et lucrative.

Ce fut le surlendemain seulement que le comte del Molo se présenta rue Royale, et quand M. de Valmondois entra dans le salon où l'on avait introduit le futur mari de Melcha, il trouva devant lui un grand et beau jeune homme, aux cheveux noirs frisés rabattus sur le front, réunissant dans sa personne la force et la grâce: la tête petite, l'encolure puissante que découvrait un col à la Colin, sans bouton, retenu par une cravate en grenadine bleue ; la poitrine large ; la taille fine, les cuisses musclées, les mollets saillants.

Malgré le portrait que Nitard avait fait de lui, M. de Valmondois le reçut avec une politesse qu'il n'avait jamais eue pour le journaliste parisien.

— J'ai appris qu'il était question d'un mariage entre vous et mademoiselle Melcha, permettez-moi de vous en féliciter, car je suis de ceux qui approuvent l'alliance d'un homme bien né avec une femme de talent. Mais, comme vous devez l'imaginer, ce n'est pas pour vous adresser ces compliments... sincères que j'ai désiré vous voir ; c'est pour vous entretenir d'une affaire qui peut avoir un certain intérêt pour vous et pour mademoiselle Melcha. Voici ce dont il s'agit :

Et habilement, avec des ménagements dans la forme, comme s'il s'adressait à un galant homme, mais avec la précision dans le fond qu'on a avec un coquin, il expliqua que Rampal avait écrit à Melcha certaines lettres d'affaires qu'on était prêt à payer dix mille francs, mais à condition que la correspondance serait aussi complète que possible, et surtout qu'elle irait jusqu'à ces derniers temps.

A cette ouverture le comte del Molo répondit simplement avec son accent italien :

— A quelle *houre* pourrais-*ze* vous l'apporter demain ?

— A dix heures les cinq cents louis seront sur cette table.

— Alors à *démain*.

— Ravi d'avoir fait votre connaissance.

— *Z'est* pour moi l'*honnour*, monsieur le *douc*.

Cependant, malgré ce ravissement et cet *honnour*, ils ne se tendirent ni l'un ni l'autre la main.

— Quel chenapan! dit M. de Valmondois lorsque le comte del Molo fut sorti.

— *Canaglia*, murmura le comte en descendant l'escalier.

Mais cela n'empêcha pas le chenapan de revenir le lendemain chez la *canaglia*.

Les dix rouleaux d'or, que Puche avait apportés le matin, étaient alignés sur la table, mais le comte del Molo se présentait les mains vides.

— *Z'ai lé* regret d'annoncer à monsieur le *douc qué*

mademoiselle Melcha a *rendou* à M. Rampal les lettres *qué* monsieur *lé douc* désirait, le *zour* même *dé* la visite *dé* monsieur *lé douc. Z'en souis* désolé.

Ce ne fut pas désolé que fut M. *lé douc*, mais exaspéré, si bien qu'il s'écria :

— Pas *rendou*, mais *vendou*.

— *Ze* ne sais pas ; mais *lé* certain *z'est* qu'elle n'a *plous* ces lettres, sans quoi *ze* vous les apporterais, soyez-en *sour ;* elle fait tout *cé qué jé* veux.

Sans répondre, M. de Valmondois ouvrit le tiroir de la table et d'un brusque mouvement de main il rafla les dix rouleaux de louis.

Vivement le comte del Molo mit une main sur la table comme pour suivre les rouleaux, et d'une voix insinuante :

— *Ma*, n'y aurait-il pas *quelqué* moyen pour réparer *cé malhour ? ze souis* prêt à tout pour obliger monsieur *le douc.*

— A tout ? demanda M. de Valmondois en l'examinant de haut en bas.

— A tout, ma parole d'*honnour*.

— Eh bien, revenez demain, je vous prie, j'aurai peut-être trouvé ce moyen ; j'ai besoin de voir, de réfléchir.

Le comte salua et son salut s'adressa aussi bien à M. de Valmondois qu'au tiroir.

Il fut exact : le lendemain à dix heures M. de Valmondois le vit arriver.

— Vous m'avez dit, n'est-ce pas, commença le duc, que mademoiselle Melcha faisait tout ce que vous vouliez ?

— Et *zé* ne *mé souis* point vanté : elle m'*éme*.

— Voici ce qu'il faut que vous obteniez d'elle : elle est bien avec M. Rampal, n'est-ce pas, puisqu'elle lui a rendu ses lettres ?

— *Z'é lé souppose*, mais si elle *né* l'était pas *auzourd'hui*, elle *lé* sera demain ; *ze* vous en donne ma parole d'*honnour*.

— Elle invite M. Rampal à dîner avec elle en tête à tête, jeudi, sept heures, au café Riche, le petit salon à gauche, en montant, avant le salon Trianon. Vous suivez bien, n'est-ce pas ?

— *Zé* n'ai pas *perdou oune* mot.

— Au reste, je veillerai à ce que ce soit ce salon qui lui soit donné quand elle ira commander son dîner. Cela ne vous inquiète pas, n'est-ce pas, qu'elle dîne assise sur le même canapé que M. Rampal.

— Pas *dou* tout; *z'ai* pleine confiance en elle, *zé* l'épouse.

— Elle est donc à côté de lui, sur le même canapé; à huit heures précises ou plutôt quand elle entend frapper deux coups dans la cloison, elle s'assied sur les genoux de M. Rampal.

— Ma femme !

— Mais puisque vous avez pleine confiance en elle et que vous l'épousez.

— *C'est zouste; oune* scène *dé* comédie, n'est-ce pas?

— Précisément, rien qu'une scène de comédie; la seule chose réelle, c'est les feux que je vous paie dix mille francs.

— Alors, *lé* dîner est la même *çose qué* si *z'avais pou* vous remettre les lettres?

— A peu près.

— *Ma,* mademoiselle Melcha m'a dit *qué* pour les lettres vous *loui* aviez offert vingt mille francs; alors si les lettres valaient vingt mille francs, *lé* dîner, il me semble, *né* vaut pas moins. Est-ce *zouste? ze* vous le demande.

Pas bête le chenapan : M. de Valmondois n'avait pas pensé à cela; mais c'était l'argent de madame Gripat, il n'avait pas à le ménager; d'ailleurs il fallait se hâter et puisqu'un moyen se présentait, l'employer coûte que coûte; on ne trouve pas tous les jours des comtes del Molo.

— Soit, vous aurez les vingt mille francs.

— Mille grâces; *ma, né* serait-il pas *zouste* qu'*oune* petite acompte à valoir *fout oune engazement* réciproque; *ze* vous *lé* demande?

M. de Valmondois atteignit deux rouleaux et les mit sur la table; vivement le comte del Molo les empocha.

— Vous avez ma parole *d'honnour.*

— Faites attention, monsieur, que M. Rampal est l'obligé de mademoiselle Melcha puisqu'elle lui a rendu ses lettres; de plus il a besoin de sa discrétion; il ne peut donc pas refuser l'invitation qu'elle lui adressera; si ce dîner manquait, vous seul seriez responsable.

— Il *né* manquera pas.

— Vous savez, ce seraient les vingt mille francs qui manqueraient.

— *Zoustement, z'y* tiens beaucoup. *Zé* ne vous cacherai pas *qué z'ai* été maltraité par la *fortoune*. C'était *oune çagrin* pour moi de n'apporter rien en *mariaze*. *Cé* sera *oune* petite dot *qué zé* serai fier d'avoir gagnée.

— Et vous pourrez l'être justement.

IV

Avant de donner ses instructions au comte del Molo, M. de Valmondois avait pris la précaution d'inviter madame Gripat à dîner au café Riche, pour le jeudi, huit heures du soir.

Madame Gripat, un peu surprise par cette invitation assez bizarre, l'avait tout d'abord refusée; mais, cédant à l'insistance du duc, elle l'avait acceptée pour elle et ses enfants.

Ce que M. de Valmondois voulait, ce n'était pas que Paule et Rampal dînassent tout simplement à côté l'un de l'autre, séparés par une mince cloison à travers laquelle la voix pouvait passer; pour que ce voisinage produisît de l'effet, il aurait fallu la réunion de toutes sortes de circonstances non réalisables dans la pratique : que Paule consentit à coller son oreille contre la cloison; que Rampal parlât assez haut, criât pour être entendu, — l'impossible. Son plan, moins compliqué, était d'une exécution plus rapide : il suffisait que Paule, se trompant de salon en venant dîner, entrât dans celui où se trouvait Rampal avec Melcha, et vît celle-ci dans la position qu'il avait indiquée à del Molo.

Pour cela, il ne lui fallait que le concours de deux collaborateurs : celui de Melcha, il l'avait acheté; — et celui de la personne qui conduirait Paule, madame Gripat ou Edgard.

Sans doute il aurait pu être lui-même cette personne;

il n'avait qu'à guetter l'arrivée de la voiture de madame Gripat et à offrir son bras à Paule pour la conduire au salon qu'il aurait retenu ; mais, dans ce cas ce n'était pas à la fille qu'il devait offrir son bras, c'était à la mère ; et puis, d'autre part, s'il se décidait à commettre cette infraction aux règles de la politesse, il y avait dans ce fait, de conduire Paule par la main et de lui montrer Melcha sur les genoux de Rampal, une intervention si directe, l'exécution d'un plan combiné à l'avance, que cela pouvait exaspérer cette petite fille au caractère entier, qui n'était déjà que trop portée à la révolte.

Le mieux était donc qu'il ne parût en rien, et que le hasard seul eût tout fait : d'ailleurs cela était plus drôle ainsi, et pour lui, qui tiendrait les fils, plus amusant.

Maintenant qu'il s'était assuré le concours de Melcha, il n'avait plus qu'à obtenir celui de madame Gripat, et ce fut dans ce but qu'aussitôt après que del Molo fut venu lui apprendre que Melcha et Rampal acceptaient de se rencontrer, il se rendit à l'hôtel du parc Monceaux ; jamais il n'avait été plus léger, plus souriant.

— C'est de notre dîner que je viens vous entretenir, dit-il tout de suite en entrant. Vous avez été surprise de mon invitation. Ne dites pas non. Je l'ai vu. Et, si je l'avais pu, je vous aurais à ce moment donné l'explication de mon insistance ; maintenant je le fais. Qui croyez-vous que nous aurons pour voisins ? Quelqu'un qui nous intéresse autant l'un que l'autre. Mais ne cherchez pas, vous ne trouveriez pas, Rampal.

— Vous le saviez ?

— C'est parce que je le savais que je vous ai invitée, seulement, comme je n'avais pas une certitude absolue, je ne vous ai rien dit ; aujourd'hui je parle. Comment trouvez-vous cela ?

— Mais...

— Avant que vous me répondiez, je dois vous dire que ce dîner nous coûte vingt mille francs ; non le nôtre, bien entendu, mais celui de Rampal et de Melcha. Sans doute, c'est un beau prix, au moins comme dîner ; mais comme preuve que cette femme est toujours la maîtresse de Rampal, je crois que vous ne trouverez pas que c'est trop cher ; cela ne vaudra-t-il pas mieux que tous les mauvais renseignements que nous pourrions réunir sur ce garçon ? N'y aura-t-il pas là un fait brutal qui, mieux que tout, montrera à notre enfant qu'on n'a pas pour elle les sentiments qu'elle imagine ?

— Mais comment saura-t-elle que nos voisins sont Rampal et cette femme ?

M. de Valmondois avait préparé cette question, car il ne lui convenait pas d'expliquer sa combinaison ; loin de là, il voulait se la faire suggérer en aidant madame Gripat, bien entendu, en la poussant, mais enfin en l'amenant, sans qu'elle s'en aperçût, à proposer elle-même ce qu'il avait arrangé avec del Molo.

— On peut se rencontrer dans le couloir, dans l'escalier, dit-il en prenant un air de bonhomie naïve.

— Ce serait un grand hasard.

— Oui, sans doute, mais enfin il n'est pas impossible, vous en conviendrez, en combinant les heures d'entrée et de sortie. Et puis, elles sont très minces, les cloisons des restaurants ; en s'approchant, en écoutant, bien...

— Oh ! jamais, s'écria madame Gripat, jamais je ne permettrai que ma fille écoute contre une cloison ; jamais je ne l'exposerai à entendre ce qui peut se passer entre ces deux amants.

— Oh ! je comprends votre répugnance et j'approuve votre réserve. Cependant nous avons là une occasion unique peut-être d'arriver au but que nous poursuivons. Devons-nous la laisser échapper ? Je vous le demande. Moi, je veux bien.

— Non ! non, il ne faut pas la laisser échapper. Mais, si vous vous mettez à ma place, vous partagerez ma répulsion. C'est la pureté de ma fille qui est en jeu, son innocence.

M. de Valmondois faisait des efforts pour remplacer le sourire qui relevait sa lèvre supérieure par un air ému et attendri ; mais il réussissait l'émotion aussi mal que l'attendrissement ; les rides que son sourire habituel avait creusées autour de ses lèvres et sous ses yeux ne pouvaient pas s'effacer à volonté. Sentant que sa physionomie ne lui obéissait pas, il appela la parole à son aide ; on lui fait dire ce qu'on veut, à celle-là.

— Oh ! c'est vrai, la pauvre enfant, si candide, car elle est candide, ce serait odieux !

Et il fit une pause pour laisser venir madame Gripat ; puisqu'elle ne voulait pas laisser échapper cette occasion, il fallait bien qu'il arrivât à proposer un moyen de l'utiliser.

Comme elle ne disait rien, il continua :

— Elle ne peut pas écouter, j'en tombe d'accord avec vous, écartons donc cela ; mais elle pourrait voir.

— Il faudrait que la porte fût ouverte.

— Notez que notre salon, précisément, est après le leur, et que, par conséquent, nous passons devant cette porte.

— On a sa porte fermée dans un salon réservé.

— Sans doute ; mais les garçons l'ouvrent, cette porte pour le service.

— Alors, il faudrait passer au moment même où le garçon l'ouvrirait ; c'est toujours le hasard ; c'est-à-dire que cela peut réussir ou ne pas réussir.

M. de Valmondois prit un air peiné.

— Vraiment fâcheux, je n'avais pas pensé à cela ; il dînait, nous dînions, et tout naturellement la rencontre s'opérait ; ce que c'est que de ne pas creuser ses combinaisons ! Et pourtant il y a là quelque chose.

Il parut chercher attentivement, en creusant, puis voyant que madame Gripat n'arrivait pas, tout à coup il s'écria :

— Une idée me vient, et si simple, que franchement je ne comprends pas qu'elle ne nous soit pas venue plus tôt : il n'y a qu'à l'ouvrir, cette porte ; nous passons devant, nous croyons que c'est notre salon, nous entrons, nous nous sommes trompés ; est-il rien de plus facile ?

Madame Gripat eut un mouvement de répulsion : pour elle tout cela n'était ni aussi simple ni aussi facile que M. de Valmondois le disait.

Le duc vit ce mouvement, et quittant le ton insinuant pour parler avec autorité :

— Cela ou rien, à moins que vous n'ayez autre chose à me proposer ?

— Non.

— Alors ?

— Evidemment, il faut bien que nous nous contentions de cela. Mais qui ouvrira cette porte ?

— Mais moi. Ou plutôt votre fils, ce qui sera moins gros, plus naturel. Ainsi en descendant de voiture à la porte du restaurant, vous avez un ordre à donner à votre valet de pied ; vous dites à votre fils de monter avec sa sœur, que vous les suivez ; ils montent, ils se trompent de porte ; elle a vu. Vous n'avez pas de répugnance à vous confier à votre fils, n'est-ce pas ? Il en sait autant que nous, et il vaut beaucoup mieux que tout se passe entre elle et lui, sans que nous paraissions en rien là dedans ni vous ni moi.

La répugnance de madame Gripat ne s'appliquait pas à son fils, mais à ce moyen même qui lui paraissait cruel et honteux ; et cependant, la pauvre enfant, à tout prix il fallait la guérir, si douloureuse que fût l'opération.

— Je verrai Edgard, dit M. de Valmondois, je lui expliquerai les choses ; il aime assez sa sœur pour prendre cette responsabilité.

Il se leva ; ce n'était pas encore tout ce qu'il voulait dire, car s'il lui plaisait de mettre les responsabilités sur le dos des autres, il n'aimait pas à s'en charger lui-même.

— Quand je pense, dit-il, que sans vous, sans vos objections, nous allions dîner là et que nous n'arrivions à rien. Ce que c'est que de ne pas creuser. Ah ! le sens pratique des femmes !

V

En apprenant qu'elle devait dîner au café Riche Paule avait eu un mouvement de contrariété, presque de chagrin. Et cela, non parce qu'elle allait avoir à subir la présence du prince et de son père, car puisqu'elle était comdamnée à les voir, que ce fût chez elle ou ailleurs, peu importait le lieu ; mais parce que c'était au café Riche que Rampal avait déjeuné avec Melcha, et que la pensée de ce déjeuner la troublait toujours malgré ce qu'il lui avait écrit.

Souvent elle était parvenue à l'écarter, mais ces deux mots « café Riche » l'avaient ramenée, et de nouveau la lui avaient imposée.

Combien de fois en passant sur le boulevard avait-elle regardé ce restaurant, cherchant quelle fenêtre était celle de la pièce où ils avaient déjeuné ; maintenant elle allait entrer dans ce restaurant et peut-être même dans le salon qui avait été le leur.

Enfin, où qu'on la conduisît et quoi qu'elle vît, elle pourrait au moins écarter ces pénibles souvenirs du passé, en revenant au présent et en s'y tenant.

Elle n'avait jamais si bien su ce qu'il faisait, ce qu'il pensait, comme il vivait, que depuis qu'ils ne se voyaient plus, car deux fois par semaine il lui écrivait, et deux fois elle lui répondait. Ils avaient trouvé un moyen de tromper l'étroite surveillance dont on l'entourait, moyen des plus simples : elle n'avait qu'à mettre sa lettre dans la bordure de lierre qui garnissait le haut de la grille du parc, et en venant la prendre pendant la nuit il n'avait qu'à laisser la sienne à la même place. Mais si sûr que fût ce moyen, ils l'avaient perfectionné : de peur que la régularité fût remarquée, ils ne s'écrivaient jamais le même jour : quand il était venu une semaine le dimanche et le jeudi, il venait la semaine suivante le lundi et le vendredi.

Elles étaient quelquefois courtes les lettres de Rampal ; mais comment s'en fâcher ? N'était-ce pas admirable que, dans son existence si fiévreusement occupée, il trouvât le temps, non seulement de lui écrire, mais encore de venir deux nuits par semaine, malgré le froid ou la pluie, apporter ses lettres ? Et puis elles étaient si tendres, si passionnées, si pleines de douces paroles, qui lui allaient au cœur pour l'exalter ! Il lui disait tout : ses soucis, ses luttes, ses espérances. Mais surtout il lui disait son amour, qu'elle sentait de jour en jour plus fort et plus confiant. Comment ne l'eût-elle pas aimé, adoré chaque jour plus encore ? Comment n'eût-elle pas partagé sa confiance en l'avenir ? Qui pourrait les menacer, puisqu'ils étaient sûrs l'un de l'autre ?

Malgré les tristesses de leur séparation, ils avaient encore des heures de joie : celles que leur donnaient ces lettres ; et puis aussi celles où ils se voyaient, le vendredi à l'Opéra, le jour où il passait dans le parc Monceaux et où elle se tenait derrière une fenêtre pour le regarder et lui envoyer une caresse de la main, furtive, il est vrai, et rapide, mais dans laquelle elle mettait tout son amour.

Cependant, si grande que fût sa sécurité morale, il y avait une inquiétude qui la troublait quand elle pensait à sa mère et au prince de Verberie.

Comment ne renonçaient-ils pas l'un et l'autre à leur projet ? Après ce qui s'était passé, qu'attendaient-ils encore ?

Il y avait là quelque chose de vaguement effrayant pour elle : sans pouvoir se dire d'où viendrait le danger et comment il éclaterait, il lui semblait qu'il devait être dans l'air, quelque part autour d'elle, ou autour de Maxime.

Eh bien ! ils le braveraient ; peut-être blesserait-on leur amour, mais quoi qu'on inventât, on ne le tuerait pas ; alors qu'importait de souffrir ?

Sa mère et le prince se lasseraient ; Maxime et elle ne se lasseraient point ; ils n'avaient qu'à attendre.

Cette semaine-là, le jour où Rampal devait venir apporter sa lettre et prendre celle qui l'attendait tombait justement un jeudi. Avant de partir pour le restaurant, elle eut donc à cacher, sous le lierre, le petit étui à or en maroquin dans lequel elle enfermait sa lettre et qui était de couleur verte, afin de se confondre avec les feuilles. Mais les circonstances lui furent contraires ; il pleuvait depuis le matin, de telle sorte qu'il était impossible de se promener dans le jardin sans qu'on remarquât sa sortie inexplicable, et par conséquent sans provoquer des soupçons. Que deviendraient-ils s'ils n'avaient plus ce moyen de se dire qu'ils s'aimaient ? Cela lui fut un agacement qui devint une angoisse à mesure que les heures s'écoulèrent sans amener de changement dans le temps. A chaque instant, elle allait à la fenêtre étudier les nuages, tâchant de les percer et de voir ce qu'il y avait derrière leur rideau gris. Mais ses regards se perdaient à cent pas dans la bruine. Il n'y avait pas de ciel ce jour-là.

N'y en aurait-il donc pas avant la nuit? C'était vraiment une journée de malheur.

Enfin, comme le soir approchait, il se fit une éclaircie : sous la voûte noire des nuages, il s'ouvrit au couchant une longue ligne cuivrée.

Aussitôt elle descendit, et passant par la serre, elle sortit dans le jardin ; en moins d'une minute, elle alla à la grille et en revint ; l'étui était dans le lierre, bien caché.

Elle fut si enchantée d'avoir réussi cette expédition dont elle avait désespéré, qu'elle monta presque gaiement en voiture avec sa mère et son frère, pour aller à ce dîner qui l'ennuyait tant.

Chose curieuse et qui ne se voyait pas souvent, c'étaient sa mère et son frère qui étaient sombres, comme sous le coup d'une préoccupation pénible : elle remarqua que de temps en temps sa mère se tournait vers elle pour la regarder avec tendresse, tandis qu'Edgard, qui lui faisait vis-à-vis, ne la regardait point, ne lui parlait point.

Il ne sortit de son mutisme qu'à la rue Tronchet ; après avoir regardé l'heure à sa montre il dit au cocher de prendre par la Madeleine. Il voulait laisser le temps à M. de Valmondois et à Odet d'arriver les premiers.

En passant sur le boulevard des Italiens, Paule vit à une horloge qu'il était huit heures moins deux minutes.

La voiture s'arrêta bientôt à la porte de l'escalier ouvrant sur la rue Le Peletier ; Edgard descendit le premier, puis ensuite Paule, qui occupait le côté gauche dans la voiture si elle avait levé les yeux, elle aurait vu M. de Valmondois à l'une des fenêtres de l'entresol.

— Donne le bras à ta sœur, dit madame Gripat. Edgard, montez, je vous suis.

Et elle resta pour donner des ordres au valet de pied.

Edgard avait commencé à monter l'escalier, et au chasseur qui s'était présenté il avait lancé un : « C'est bien, je sais », auquel celui-ci n'avait répondu qu'en s'inclinant.

Paule marchait à côté de son frère, et depuis qu'elle était entrée dans le restaurant, la pensée de Melcha et de Rampal montant cet escalier côte à côte, comme elle le montait elle-même en ce moment, s'était dressée devant elle : elle les voyait, elle les entendait.

Sans qu'elle eût conscience du chemin parcouru, Edgard s'arrêta et poussa une porte.

Devant une table à moitié desservie et éclairée à chaque bout par un candélabre, sur un canapé se trouvaient deux personnes, une femme assise sur les genoux d'un homme et le tenant du bras gauche par le cou. L'homme faisait face à la porte, c'était Rampal : la femme, que le bruit fit se retourner, était Melcha.

Paule regardait sans voir, ou tout au moins sans comprendre, comme si dans la réalité elle se croyait encore sous l'hallucination de la pensée qui l'avait envahie en montant l'escalier et qui se continuait.

Brutalement Rampal avait repoussé Melcha et s'était levé :

— Monsieur! s'écria-t-il d'une voix que le saisissement et la fureur étranglaient.

C'était bien lui.

A la contraction violente du bras de sa sœur, Edgard sentit que le coup avait porté, et qu'il n'avait plus qu'à sortir.

— Ah ! monsieur Rampal, dit-il, quel maladroit je suis d'être entré ainsi !

Et avec le sang-froid d'un homme qui, s'étant préparé à cette situation, est maître de lui et de sa parole, il referma la porte entraînant sa sœur inerte.

A ce moment même, madame Gripat les rejoignait, tandis que M. de Valmondois, sortant de son salon, venait au-devant d'eux ; des garçons, la serviette sous le bras et les mains chargées, les entouraient.

Paule ne voyait rien, n'entendait rien, et cependant on allait et venait autour d'elle, on parlait : sa mère, son frère, M. de Valmondois qui lui serrait les mains ; le prince qui entrait et s'excusait d'arriver en retard ; le maître d'hôtel qui demandait discrètement s'il pouvait servir, — lui ! lui ! il était là, à côté, cette femme était dans ses bras ; c'était vrai ; c'était vrai.

Sa mère lui enlevait son manteau, son chapeau, avec de douces caresses de la main lui arrangeait les cheveux. Et elle se laissait faire, tâchant de s'aider, se disant qu'elle devait ne pas se trahir, mais parler, mais manger et contenir au fond de son cœur l'horrible douleur qui l'affolait.

On se mit à table ; elle porta sa cuillère à sa bouche, mais il lui fut impossible de desserrer les dents.

— Comment ne me suis-je pas rappelé que vous n'aimiez pas ce potage ! dit M. de Valmondois.

Cela lui donna un moment de répit, non d'apaisement ; cependant elle put répondre aux quelques paroles qu'on lui adressa, mais sans comprendre ce qu'elle disait ; elle ne revenait à elle que pour se répéter : « Si cela pouvait ne pas être vrai ! » Mais non, cela était vrai ; elle avait vu, elle avait entendu. Comment cela était-il possible ? Comment cela était-il arrivé ? Et elle allait de l'une à l'autre de ces idées qui tourbillonnaient et se choquaient dans sa tête. Il l'avait donc toujours trompée ? Est-ce qu'Edgard savait qu'ils étaient derrière cette porte ? Était-ce un hasard ?

Et avec son couteau, avec sa fourchette, elle travaillait ce qu'on lui servait dans son assiette sans rien manger.

Au moment où la douleur trop forte l'étranglait, elle pensait à se lever et à dire qu'elle était malade, mais la pudeur et la dignité l'arrêtaient ; si elle s'évanouissait, elle ne serait pas responsable de cet aveu ; coûte que coûte elle devait aller jusque-là.

Heureusement personne ne faisait tout haut l'observation qu'elle ne mangeait point ; seul Odet la regardait avec une surprise persistante, mais sans rien dire.

Elle n'était pas seule à ne pas dîner ; sa mère ne dînait pas plus qu'elle ; M. de Valmondois s'en inquiéta.

— Il est vrai que je ne suis pas bien, répondit madame Gripat, la chaleur sans doute ; si je ne craignais de troubler votre dîner, je me retirerais. Paule m'accompagnerait.

— Je vais faire avancer une voiture, dit vivement M. de

Valmondois en s'associant à ce sauvetage maternel : maintenant que le coup était porté, il ne tenait pas à en voir les effets immédiats, d'autant mieux que cela dérangeait le dîner qu'il avait commandé savamment et qui était réellement très bon.

En un tour de main, Paule se trouva prête ; M. de Valmondois, Odet et Edgard les conduisirent à la voiture.

La voiture en marche, Paule suffoquant se jeta dans les bras de sa mère.

— Ah ! maman.

Et ce fut une crise de larmes, des cris entrecoupés qui s'échappaient d'autant plus violemment qu'ils avaient été plus longtemps retenus.

Et sans parler, madame Gripat l'embrassait, la serrant contre elle !

Entre deux accès, elle revint à sa pensée :

— Edgard savait donc? murmura-t-elle la tête cachée dans le cou de sa mère.

— Tu ne voulais pas nous croire, il a bien fallu te faire voir, pour te guérir.

— Me guérir ! oh ! mon Dieu !

— Crie ta douleur, ma fille chérie, nous parlerons plus tard.

VI

En rentrant, Paule ne monta pas tout de suite à son appartement.

— J'ai affaire au jardin, dit-elle à sa mère, qui la regardait avec surprise.

— Au jardin ?

— Oh ! tu n'as rien à craindre de moi... maintenant.

Et elle alla prendre dans le lierre l'étui qu'elle avait eu tant de peine à y cacher avant de partir pour ce dîner. Viendrait-il le chercher quand même ? Elle ne savait. Mais au cas où il viendrait, elle ne voulait pas qu'il trouvât sa lettre. A la pensée qu'il pouvait lire ce qu'elle lui avait écrit quelques heures auparavant, dans l'élan de sa foi et l'abandon de sa confiance, elle se sentait défaillir de honte.

Lorsqu'elle entra chez elle, elle trouva fermée la porte qui faisait communiquer son appartement avec celui de sa mère, et qui, en ces derniers temps, restait ouverte nuit et jour ; elle pouvait donc pleurer, crier librement.

Ce fut une nuit d'agonie : on avait voulu la guérir, on l'avait assassinée, mais par malheur sans lui ôter la vie ; tuant ce qu'il y avait de bon en elle : l'innocence, la foi, la jeunesse, l'amour. Et cependant telle était l'horreur de sa situation, qu'elle ne pouvait pas se fâcher contre la main qui, si cruellement, lui avait ouvert les yeux. Ils savaient ; elle était aveuglée. Comme elle s'était trompée ! Comme il l'avait trompée ! Il ne l'avait jamais aimée. Il n'avait aimé que sa fortune. Et c'était à lui qu'elle avait donné son amour, à lui qu'elle s'était confiée ! En lui elle avait mis sa fierté, son honneur, celui des siens. Quelle humiliation ! Que devaient penser d'elle ceux qui la connaissaient : sa mère, Edgard, Puche, M. de Valmondois ? Après tout, elle était justement punie : elle s'était mise au-dessus de ceux qui l'aimaient réellement, et elle n'était qu'une incapable, une misérable, une orgueilleuse. Et cependant, ce n'était pas par orgueil qu'elle avait été à lui, mais par amour. Comme elle l'avait aimé ! Comme elle l'aimait ! Car c'était là qu'était sa vraie, son atroce blessure, non dans sa dignité, dans sa vanité, mais dans son amour, dans sa jalousie. Et elle lui avait écrit ! Et il avait ses lettres, qu'il lisait peut-être avec cette femme ! Comme ils devaient rire de sa naïveté et de sa passion ! comme ils devaient trouver cela ridicule ?

Le matin elle n'osa descendre : la pensée d'affronter le regard de sa mère et d'Edgard, de Puche et de sa grand'mère, l'anéantissait. Qu'allait lui dire sa mère ? Qu'allait lui dire Edgard ? Comment parler ? Comment répondre ?

Comme elle restait perdue dans son embarras et sa confusion, on lui apporta un mot de sa mère.

« Occupée toute la matinée, je n'ai pu monter près de toi. Comment es-tu, ma fille chérie ? Si tu n'es pas bien, reste à ta chambre ; mais si tu peux descendre, descends, c'est le mieux :

A la lecture de ce billet, son cœur se desserra. Sa mère compatissait à sa douleur et la comprenait. Ce n'était pas parce qu'elle avait été occupée qu'elle n'était pas venue ; mais pour l'épargner, par pitié, par tendresse.

Elle se sentit relevée et descendit dans le cabinet de sa mère, où se trouvaient Edgard et Puche. En les voyant tous trois réunis, elle eut un mouvement d'hésitation : son cœur battit rapidement, sa respiration se troubla, la chaleur du rouge lui monta autour des paupières. Elle restait hésitante, tenant la porte, lorsque sa mère vint vivement à elle et l'embrassa, Edgard aussi s'avança et lui tendit la main, en lui disant un bonjour affectueux.

De même, Puche aussi lui donna la main ; mais n'osant lui demander comment elle allait il murmura un : « Merci, ça va bien », qui en disait long sur son émotion et sa sympathie.

Personne ne parla de la soirée de la veille ; mais madame Gripat continua à traiter avec son fils et avec Puche l'affaire qu'ils examinaient lorsqu'elle était entrée. Ce fut seulement au déjeuner que madame de la Ricotière, qui ne savait rien, fit allusion à cette soirée :

— Comme vous êtes rentrées de bonne heure hier ? dit-elle.

— Maman s'est trouvée souffrante, répondit Edgard vivement ; Paule l'a accompagnée, naturellement.

— C'est fâcheux, continua madame de la Ricotière ; un dîner au restaurant est toujours une partie de plaisir pour une petite fille.

Paule avait grand'peur de la visite de M. de Valmondois, étant aussi embarrassée de paraître devant lui que de ne pas paraître ; mais il se contenta de venir prendre des nouvelles de la santé de madame Gripat et ne demanda pas à être reçu ; ce fut pour elle un soulagement, et même elle sut gré au duc de sa discrétion.

Elle eût voulu rester seule dans sa chambre ; mais sa mère lui ayant demandé de venir avec elle et avec Edgard au Bois, elle n'osa pas refuser. Evidemment, le mieux était de reprendre sa vie comme si elle n'avait pas été brisée ; elle devait s'habituer à sourire, à écouter, à répondre, en cachant au fond du cœur son désespoir ; c'était retrouver un peu de dignité que de ne pas étaler sa douleur au grand jour.

Sa mère et son frère s'attachèrent à ménager son embarras en causant entre eux et en ne lui demandant que de temps en temps un oui ou un non, qu'elle pouvait répondre sans savoir ce qu'elle disait.

Au Bois, sa mère voulut qu'elle marchât.

— Fais un tour avec ton frère, dit-elle ; je continuerai en voiture et vous attendrai à la butte Mortemart.

Elle descendit et prit le bras de son frère. Pendant quelques instants, ils marchèrent sans parler, mais arrivés dans une allée déserte, Edgard lui serra le bras :

— Tu es une brave fille, dit-il d'une voix émue ; mais à l'avance j'étais sûr de toi, je savais que tu ne m'en voudrais pas.

— T'en vouloir ! On remercie le chirurgien qui vous torture

— Je n'ai rien fait pour te torturer.

— C'est vrai ; pardonne-moi.

Une question lui monta aux lèvres : « Comment as-tu su ? « Mais elle la refoula. Ce serait une lâcheté de parler de lui, une honte nouvelle. Qu'importait le comment ? n'avait-elle pas vu ?

Ils firent encore quelques pas en silence ; puis Edgard reprit :

— Tu penseras à mère.

Elle le regarda sans comprendre.

— Si je souffrais comme toi, poursuivit-il, il me semble qu'il n'y a qu'une chose qui me soulagerait : penser à ceux qui m'aiment et que j'aime ; faire ce qui peut leur plaire et les rendre heureux. Tu es dans une situation où le mieux est de sortir de soi pour penser aux autres ; pense à mère : c'est là seulement que peut être ta consolation, par là seulement que peut te venir l'oubli. Je te dis cela bien mal ; mais je suis très ému, ma pauvre petite Paule, moi ton frère, moi ton confident, moi qui porte la responsabilité de ce qui arrive. Tu dois sentir pourtant que je me suis mis à ta place, que j'ai partagé ta douleur, et que je parle comme si j'étais toi ; seulement je parle avec mon caractère, avec ma nature, et, bien entendu, je parle en homme, tandis que toi, tu es une femme.

Elle était trop profondément bouleversée par ces paroles pour pouvoir répondre ; mais elle prit la main de son frère et la serra.

— En homme d'honneur, murmura-t-elle, merci, Edgard.

Et, silencieusement, par l'allée déserte qu'ils suivaient, ils gagnèrent la butte Mortemart, où leur mère, arrivée avant eux, les attendait.

Rentrés à l'hôtel, on la laissa seule. Alors il se passa en elle une chose étrange : le matin, la compagnie des siens lui était un supplice ; et maintenant elle la regrettait, se sentant plus humiliée en face d'elle-même, dans le silence, s'écoutant ou se regardant. Sa mère et Edgard avaient pour elle une indulgence qu'elle n'avait pas ; ils la plaignaient, elle se condamnait ; ils l'aimaient, elle se détestait ; ils compatissaient à sa souffrance, elle la méprisait ; ils l'occupaient, ils l'étourdissaient, ils l'arrachaient à ses pensées de l'heure présente et à ses souvenirs, plus mortifiants encore.

Après le dîner, elle ne monta pas à son appartement, mais resta avec sa mère, au risque de voir M. de Valmondois et Odet s'ils se présentaient ; heureusement ils ne vinrent point. Quand madame de la Ricotière se fut retirée, elles demeurèrent en tête à tête, madame Gripat, tricotant des chaussons de laine pour les enfants de l'Œuvre dont elle était présidente, et Paule tournant machinalement les pages d'un livre à images sans rien lire ni rien regarder. Enfin, madame Gripat abandonna son ouvrage, et après avoir examiné sa fille longuement :

— Je voudrais ne pas te tourmenter, ma pauvre enfant, mais il faut que je te parle, et ce que j'ai à te dire te serait peut-être plus douloureux encore dans quelques jours que tout de suite. Quoique te combattant, je comprenais ton refus, mais aujourd'hui tu n'as plus de raisons pour ne pas épouser le prince ; — elle baissa la voix et détourna les yeux, tu en as d'impérieuses pour l'accepter. Faut-il que je te les dise ? Ne les sens-tu pas ?

Paule murmura :

— Je les sens. — Alors ? — Je n'ai plus le droit d'avoir une volonté, je ferai ce que tu voudras.

— Il y a des joies aussi, ma mignonne, dans une vie complète qui réunit l'éclat d'un nom glorieux à la puissance de la fortune. Quelle serait la fierté de ton père s'il te voyait princesse de Verberie ! Pense à la situation que tu feras à ton frère devenu l'allié de la maison de Valmondois.

— Que sait le prince ? — Oh ! rien. — Qu'il vienne alors.

— Tu es une brave fille, s'écria madame Gripat en la prenant dans ses bras et en la serrant passionnément.

— Non, maman, dit Paule au milieu de ses larmes, je ne suis qu'une pauvre misérable créature.

— On n'est pas une misérable créature quand on est aimée ; et Odet t'aime et t'aimera plus encore.

VII

Deux jours après, Odet et son père dînaient à l'hôtel Gripat ; à un certain moment, Odet se trouva seul avec Paule dans la serre.

Pour la première fois, Paule ne l'évita point, et au lieu de le fuir comme elle l'avait toujours fait, elle resta près de lui.

Elle était pâle, mais d'une pâleur de résolution, calme et triste, avec quelque chose de mort dans le regard.

— Ma mère, mon frère et mes amis, dit-elle, désirent notre mariage. Pour moi, je vous avoue que j'avais d'autres idées. J'ai cédé aux désirs des miens. Vous pouvez fixer avec ma mère la date du mariage.

Odet resta un moment sans répondre.

— C'est avec vous, mademoiselle, dit-il enfin, que je la fixerai si vous voulez bien ; et cela non demain ni dans quelques jours, mais dans six mois, quand je me serai fait aimer. C'est le malheur de nos situations que vous soyez riche, et que moi je ne le sois pas. Aussi je comprends très bien que vous ayez cru que je voyais surtout dans ce mariage la fortune. J'y vois la femme, mademoiselle ; c'est elle que je veux, son estime, son amour. En me donnant votre consentement, vous cédez à la tendresse que vous éprouvez pour les vôtres. Permettez-moi de vous dire que je veux que vous cédiez à la tendresse que vous éprouverez un jour pour votre mari.

Il parlait assis à côté d'elle, lentement, mais en s'é chauffant peu à peu ; sur ce mot, il se leva :

— Oui, mademoiselle, j'ai la fierté de vouloir être aimé, j'ai l'orgueil de penser que vous m'aimerez quand j'aurai pu me faire aimer. Et j'avoue que jusqu'à ce jour les circonstances ne m'ont pas été favorables. Moi, je vous connais et je vous aime. Vous, vous ne me connaissez pas. En ne me regardant plus comme un mari qui s'impose, vous me verrez, je l'espère, avec d'autres yeux. Dans six mois nous reprendrons cet entretien. Si j'ai réussi, vous me confirmerez ce consentement que vous me donnez aujourd'hui. Si je n'ai point réussi, vous m'estimerez assez alors, j'en suis sûr, pour me parler franchement ; vous le reprendrez. Et moi j'aurai toujours eu ce bonheur d'avoir vécu six mois près de vous.

Lorsqu'il rentra dans le salon, Paule à son bras, M. de Valmondois lui fit un signe furtif qui disait : « C'est fait, n'est-ce pas? » Il ne répondit pas.

Aussitôt qu'ils furent sortis, M. de Valmondois précisa sa question :

— A quand le mariage?

— Je ne sais pas.

— Comment, tu ne sais pas! qu'est-ce que vous avez dit alors ?

En entendant ce qu'Odet avait dit, monsieur de Valmondois poussa les hauts cris.

— Ta mère! Tu me rappelles ta mère! Oh! le pauvre garçon! chevaleresque, belle âme.

— Eh bien oui ; si je ne l'aimais pas, j'aurais peut-être accepté ; mais je l'aime.

— Et les huissiers, tu les aimes aussi? Qu'est-ce que tu veux que nous fassions pendant ces six mois ?

— Je me ferai aimer.

— Eh bien, et moi?

Il eut un mouvement de mauvaise humeur, presque de colère.

— Ma vengeance, c'est que, pendant ces six mois, tu auras à lutter contre ta mère ; et ne compte pas sur moi pour t'aider.

Mais la mauvaise humeur ne durait pas chez M. de

Valmondois : d'abord parce que cela l'ennuyait, et puis parce qu'il trouvait qu'on commet toutes les maladresses quand on s'abandonne à la mauvaise humeur.

— Eh bien, dit-il, cela n'est pas vrai, je t'aiderai auprès de ta mère, comme je t'aiderai en tout. Je suis ton père.

Cela fut dit noblement, presque tendrement même ; pendant quelques instants, il garda le silence pour que ce grand mot « Je suis ton père ! » produisît tout son effet ; puis il continua :

— J'ai des devoirs envers toi, quand ce ne serait que ceux de l'affection ; mais tu en as aussi envers moi. Si je t'aide, il n'est que juste que tu m'aides Ton mariage avec mademoiselle Gripat, annoncé et connu, certain même, t'ouvre du crédit auprès des gens d'argent ; tu vaux vingt-cinq millions pour le moment, en attendant les autres. Eh bien, je te demande à profiter de ce crédit en me faisant escompter quelques valeurs ; j'ai besoin d'argent tout de suite ; je ne peux pas attendre six mois.

VIII

Que ferait Rampal ?

C'était la question que s'était posée Paule et qu'elle avait agitée.

Après avoir eu en lui une foi aveugle, elle ressentait maintenant un tel mépris, qu'elle était certaine qu'il allait chercher à expliquer ce dîner comme il avait expliqué son déjeuner « : la chose la plus simple et d'une innocence parfaite ». N'avait-il pas écrit : « Je vous donne ma parole d'honneur que jamais vous n'aurez à me reprocher une nouvelle imprudence de ce genre ; si, un jour, on portait une pareille accusation contre moi, répondez hardiment qu'on en a menti, que vous êtes sûre de moi. » Oui, elle était sûre de son infamie ! Il avait menti une fois, et il avait réussi ; il mentirait de nouveau, espérant réussir encore. Il n'allait pas renoncer ainsi à cette fortune qu'il croyait déjà la sienne.

Elle ne se trompait pas. En allant voir dans le lierre s'il avait eu l'audacieuse lâcheté d'apporter sa lettre, elle aperçut, bien caché sous les feuilles, à la place ordinaire, le petit étui en maroquin vert qui la renfermait.

Ainsi, en sortant des bras de cette femme, il avait écrit !

Qu'avait-il dit ? Qu'avait-il pu trouver pour faire de ce dîner « la chose la plus simple et d'une innocence parfaite ? »

Mais elle ne se baissa pas pour prendre l'étui : en lisant cette lettre, elle eût été aussi méprisable que lui en l'écrivant.

Ce qu'il disait ne pourrait que le condamner plus durement encore ; elle ne voulait savoir rien de plus, contre lui, que ce qu'elle savait déjà ; n'en savait-elle pas trop pour sa dignité et sa fierté ?

Il est vrai qu'en laissant là cet étui, c'était l'exposer à être trouvé par quelque domestique qui l'ouvrirait. On rirait, on se moquerait d'elle. Ce serait une humiliation de plus. Mieux valait encore le mépris des autres que le sien propre.

Deux jours après, elle aperçut un second étui à côté du premier, et elle ne le prit pas davantage, mais cette persévérance à vouloir plaider quand même rendit son dégoût plus amer encore.

C'était le dimanche ; dans l'après-midi, par une belle journée, sèche et ensoleillée, elle fit une promenade au Bois avec sa mère. Tout Paris s'y était donné rendez-vous, non seulement les cinq ou six tout-Paris qui comptent dans les journaux ou les conversations, celui du vrai monde et celui du faux, mais encore le Paris endimanché qui travaille la semaine et ne se promène que le dimanche, quand il fait beau. Les équipages encombraient la chaussée ; la foule s'entassait sur les trottoirs. Il y avait des moments où la file des voitures restait immobile ; d'autres où elle ne pouvait avancer qu'au pas. Dans un de ces arrêts, Paule, qui se tenait allongée au fond de la calèche, silencieuse, indifférente à ce qui se passait autour d'elle, sentit deux yeux se poser sur elle. Elle n'eut pas besoin de regarder pour savoir que c'étaient ceux de Rampal. Elle ne détourna pas les siens, mais elle ne les leva pas non plus sur lui. Elle resta impassible comme si elle ne le voyait pas, ou plutôt comme si elle ne le connaissait pas. Son cœur s'était serré à éclater ; mais ce n'était pas de son cœur qu'elle avait souci, ni de ce qu'elle pouvait souffrir, c'était de ce qu'elle pouvait laisser paraître sur son visage ou dans son attitude.

Jamais les minutes n'avaient été aussi longues pour elle ; jamais elle n'avait éprouvé pareille honte ; et cependant elle ne broncha pas.

Enfin les voitures de tête se dégagèrent, et les chevaux reprirent le trot dans un brouhaha et un roulement sourd.

Madame Gripat avait, elle aussi, vu Rampal, et elle avait remarqué l'émotion de sa fille.

— Nous pourrions rentrer, dit-elle.

Mais Paule n'accepta point ce secours : il lui semblait que ce serait une lâcheté ; et puis elle devait s'habituer à pouvoir le rencontrer sans trouble ; si elle paraissait le fuir, il s'acharnerait à la poursuivre.

— Pourquoi rentrer? dit-elle ; le temps est superbe.

Elles continuèrent leur promenade, tournant autour du lac, et deux fois encore Rampal se trouva sur leur passage ; mais la troisième, comme la deuxième fois, l'attitude de Paule fut ce qu'elle avait été la première.

Bien qu'elle fût décidée à ne jamais prendre les lettres qu'il pouvait mettre dans le lierre, elle alla chaque jour voir si le nombre des étuis avait augmenté. Le lundi, elle n'en trouva plus qu'un. Il était donc venu dans la nuit, et il avait remplacé ses anciennes lettres par une nouvelle. Elle ne toucha pas plus à celle-là qu'elle n'avait touché aux autres. Le jeudi, l'étui avait disparu.

Ce fut un soulagement pour elle, et bien plus pour sa fierté que pour son inquiétude, car cette obstination à ne pas vouloir comprendre lui soulevait le cœur.

Mais s'il avait renoncé à lui écrire et à lui faire parvenir ses lettres, il persistait encore à la poursuivre de ses regards : le vendredi, à l'Opéra, elle le vit tourné vers elle tant que dura la représentation, ne la quittant pas des yeux, pas même pendant le temps que le prince de Verberie resta dans leur loge.

IX

La persistance de ces poursuites eut pour résultat d'abréger les six mois proposés par Odet.

Paule pensa que Rampal, en voyant qu'il devait renoncer à la fortune, renoncerait en même temps à la femme, et elle annonça à sa mère qu'on pouvait fixer à la date qu'on voudrait le mariage : elle l'acceptait.

Quelle joie pour madame Gripat! Elle ne s'était donc pas trompée ; désensorcelée de Rampal, Paule aimait Odet ; elle serait heureuse.

Quant à M. de Valmondois, ce fut plus que de la joie ; dans son enthousiasme, il alla jusqu'à adresser des excuses à son fils :

— Ce que c'est que les inspirations du cœur ! Tu as plus fait par ton refus que par la cour la plus assidue : tu as gagné la confiance de cette enfant : elle est à toi ; c'est beau d'être chevaleresque.

Mais la satisfaction qu'il éprouva à voir avancer le moment où son fils entrerait en possession d'une partie des millions Gripat, ne lui fit pas oublier qu'il devait veiller à mettre ces millions dans les mains filiales et généreuses d'Odet. Poussé par lui, M^e Le Genest de la Crochardière engagea avec son collègue Me de la Branche, une lutte dans laquelle celui-ci, mal soutenu par madame Gripat, eut le dessous : au moyen de certaines dispositions particulières et de certaines dérogations au chapitre III : *Du régime dotal*, et à la section IV : *Des biens paraphernaux*, lesquelles dispositions et dérogations dépouillèrent Paule, Odet eut la liberté de faire largement preuve de la générosité filiale sur laquelle son père comptait. Il serait certainement bon fils, Odet, et puisque sa mère s'obstinait quand même à travailler sans profiter en rien des millions Gripat, il pourrait attribuer à son père seul la part de revenu qu'il voulait partager avec ses parents.

En pensant que l'annonce de son mariage amènerait Rampal à renoncer à ses poursuites désormais inutiles, Paule ne s'était pas trompée. Trois jours après la signature du contrat, à une première représentation à l'Opéra-Comique, elle le vit entrer au balcon en compagnie d'une jeune femme à la toilette insolente et à la tournure provocante. Une fois qu'il fut arrivé à sa place, il s'installa, il se vautra dans son fauteuil ; se peignant avec ses doigts, ou bien fourrant ses mains dans ses poches en relevant ses genoux plus haut que le velours de la galerie.

Il resta là, tournant le dos à sa compagne, et, quand celle-ci se penchait pour lui parler, ne lui répondant que par un mouvement d'épaules.

La leçon fut dure pour Paule.

Eh quoi ! c'était là l'homme qu'elle avait tant aimé, en qui elle avait mis sa foi et sa fierté ! Était-il donc possible qu'il fût alors tel qu'elle le voyait maintenant ?

X

Ç'avait été une grande affaire pour Puche de faire annoncer par les journaux le mariage, le grand mariage, de mademoiselle Gripat avec le prince de Verberie, des ducs de Valmondois.

S'il avait pu espérer qu'on n'en dirait rien, il n'eût certes pas eu l'idée d'en parler lui-même, le silence et la discrétion valant beaucoup mieux que les félicitations les plus habiles. Mais comment croire que les journaux, certains journaux au moins, garderaient cette indiscrétion et ce silence ? Mademoiselle Gripat, la fille de Gripat le financier, le prince de Verberie, la fortune, la naissance, la beauté, la jeunesse, la corbeille, les toilettes, les pierreries, les équipages, la cérémonie, quelle mine à copie... et à réclames grassement payées !

Comme il réfléchissait à cela un matin, cherchant la petite note qu'il enverrait à quelques journaux où il avait des relations, il reçut la visite de Nitard.

— On commence à beaucoup parler du mariage de mademoiselle Gripat, dit Nitard en prenant un siège et en s'asseyant comme un homme qui a une affaire importante à traiter ; ne trouvez-vous pas que le moment soit venu de préparer les journaux ? Vous voulez une bonne presse, n'est-ce pas ?

— Une petite note, quelques lignes.

Nitard se récria.

— Dans les journaux sympathiques, je comprends la petite note, c'est simple, c'est digne. Mais dans ceux qui seront hostiles ! vous le savez comme moi, mieux que moi, puisque vous avez eu plus d'une fois et en des circonstances moins graves à acheter la cessation de ces hostilités. Puis-je vous demander ce que vous comptez faire avec les éreintements ou les perfidies ? Il y en aura, l'occasion est trop belle. Il y en a.

— Où ? s'écria Puche effrayé.

— Je ne serais pas digne de l'amitié que Gripat me témoignait à mes débuts, si, sachant qu'il y avait, prêt à paraître, un article injurieux pour sa mémoire, je n'étais pas venu vous avertir ; voici l'un de ces articles.

Disant cela, il tira de sa poche un paquet d'épreuves et Puche étendit la main pour le prendre.

— Non, s'écria Nitard, cela vous serait trop cruel. Vous, son ami, ne lisez pas cela. Cet article existe, il y en a d'autres pareils en préparation, cela suffit pour vous indiquer, il me semble, ce que vous devez faire. Quand on pense qu'il y a des gens à l'affût des grands mariages derrière une feuille de chou, qui guettent les fiancés l'escopette à la main et qui vont chercher si vous avez un père... voleur, ou une grand'mère marchande des quatre saisons ! Mais, mon Dieu, qui est-ce qui n'a pas eu des malheurs dans sa famille ? C'est infâme, oui, infâme. Enfin voilà l'article. Il déplia les épreuves et lut :

— « *Les Millions honteux.* » C'est déjà quelque chose que ce titre, ce n'est pas tout ; très bien fait cet article : beaucoup de talent, de l'esprit, du style, des renseignements exacts, de la blague, de la gaîté, de l'émotion, ce qu'on peut appeler un article réussi.

Cet éloge dans la bouche d'un homme ordinairement sobre de compliments, et plus que dur pour tout ce qui n'était pas de lui, fit comprendre à Puche quel était l'auteur de l'article réussi.

— En le trouvant sur le marbre à mon imprimerie, par hasard, continua Nitard, j'ai tout de suite répondu ; j'ai pris une plume et, de verve, je lui ai fait une réplique qui, je peux le dire, est tapée. Et pourtant le mieux serait que leur maudit article ne parût pas : « *les Millions honteux* », bon titre ; ça se grave dans l'esprit.

— Et quel est l'auteur de ce maudit article ?

— Une canaille, n'en doutez pas ; seulement une canaille de talent.

— Son nom ?

— Je n'en sais rien; ça n'est jamais signé du nom vrai, ces articles-là.

— Il y a un gérant.

— Justement, il y en a un, et je suis venu pour vous proposer de m'entendre avec lui. Sans doute, cela sera cher, mais moins cher en passant par mes mains que si vous, l'intermédiaire direct de la riche madame Gripat, vous interveniez directement. Vous comprenez qu'on ne renonce pas sans une belle compensation à un si bon titre : vous me direz qu'il pourra servir pour d'autres, je n'en disconviens pas, mais il faut attendre.

— Si l'on sait que nous avons acheté cet article, demain nous en aurons dix, nous en aurons vingt du même genre.

— C'est à craindre. Aussi, mon avis est-il que vous syndiquiez les journaux. Il est vrai que vous ne pouvez pas vous charger de cela, et le malheur est que je ne le puisse pas non plus, car je n'offre pas assez de surface. Mais j'ai un homme à vous proposer, en qui vous pouvez avoir toute confiance, et qui, pour une somme ferme, vous aura la bonne presse que vous voulez. Je ne dis pas que tous les journaux chanteront : « Hyménée, oh ! hyménée ! » mais ceux qui ne célébreront pas ce mariage ne diront rien, et le silence peut coûter aussi cher que l'éloge.

— Tous les journaux ne sont pas à vendre.

— Vous savez comme moi qu'il y en a qui se font acheter ; c'est de ceux-là qu'il s'agit.

Puche demanda à réfléchir. Princesse de Verberie, Paule n'aurait plus besoin de personne : la louange la laisserait indifférente, l'éloge ne montrerait même pas jusqu'à elle.

Le résultat de ses réflexions, et de celles de madame Gripat fut qu'il fallait, coûte que coûte, avoir une bonne presse.

Elle fut excellente.

FIN

ÉMILE COLIN. — IMPRIMERIE DE LAGNY

OUVRAGES PARUS

1re Série

1. Camille Flammarion, Lumen.
2. Alphonse Daudet, La Belle-Nivernaise.
3. Émile Zola, Thérèse Raquin.
4. Hector Malot, Une Bonne Affaire.
5. André Theuriet, Le Mariage de Gérard.
6. L'Abbé Prévost, Manon Lescaut.
7. Eugène Chavette, La Belle Alliette.
8. G. Duval, Le Tonnelier.
9. Marie Robert-Halt, Histoire d'un Petit Homme.
   (Ouvrage couronné par l'Académie française.)
10. B. de Saint-Pierre, Paul et Virginie.

2e Série

11. Catulle Mendès, Le Roman Rouge.
12. Alexis Bouvier, Colette.
13. Louis Jacolliot, Voyage aux Pays Mystérieux.
14. Adolphe Belot, Deux Femmes.
15. Jules Sandeau, Madeleine.
16. Longus, Daphnis et Chloé.
17. Théophile Gautier, Jettatura.
18. Jules Claretie, La Mansarde.
19. Louis Noir, L'Auberge Maudite.
20. Léopold Stapleaux, Le Château de la Rage.

3e Série

21. Hector Malot, Séduction.
22. Maurice Talmeyr, Le Grisou.
23. Goethe, Werther.
24. Ed. Drumont, Le Dernier des Trémolin.
25. Vast-Ricouard, La Sirène.
26. G. Courteline, Le 51me Chasseurs.
27. Escoffier, Troppmann.
28. Goldsmith, Le Vicaire de Wakefield.
29. A. Delvau, Les Amours buissonnières.
30. E. Chavette, Lilie, Tutue, Bébeth.

4e Série

31. Adolphe Belot, Hélène et Mathilde.
32. Hector Malot, Les Millions honteux.
33. Xavier de Maistre, Voyage autour de ma Chambre.
34. Alexis Bouvier, Le Mariage d'un Forçat.
35. Tony Révillon, Le Faubourg Saint-Antoine.
36. Paul Arène, Le Canot des six Capitaines.
37. Ch. Canivet, La Ferme des Gohel.
38. Ch. Leroy, Les Tribulations d'un Futur.
39. Swift, Voyages de Gulliver.
40. René Maizeroy, Souvenirs d'un Sous-Lieutenant.

CHAQUE OUVRAGE EST COMPLET EN UN VOLUME

On peut souscrire par série de 10 volumes (fran
l'envoi de SIX FRANCS, en mandat ou timbres-po

LA CINQUIÈME SÉRIE EST EN PRÉPARATION

PARIS. — IMP. C. MARPON ET E. FLAMMARION, RUE

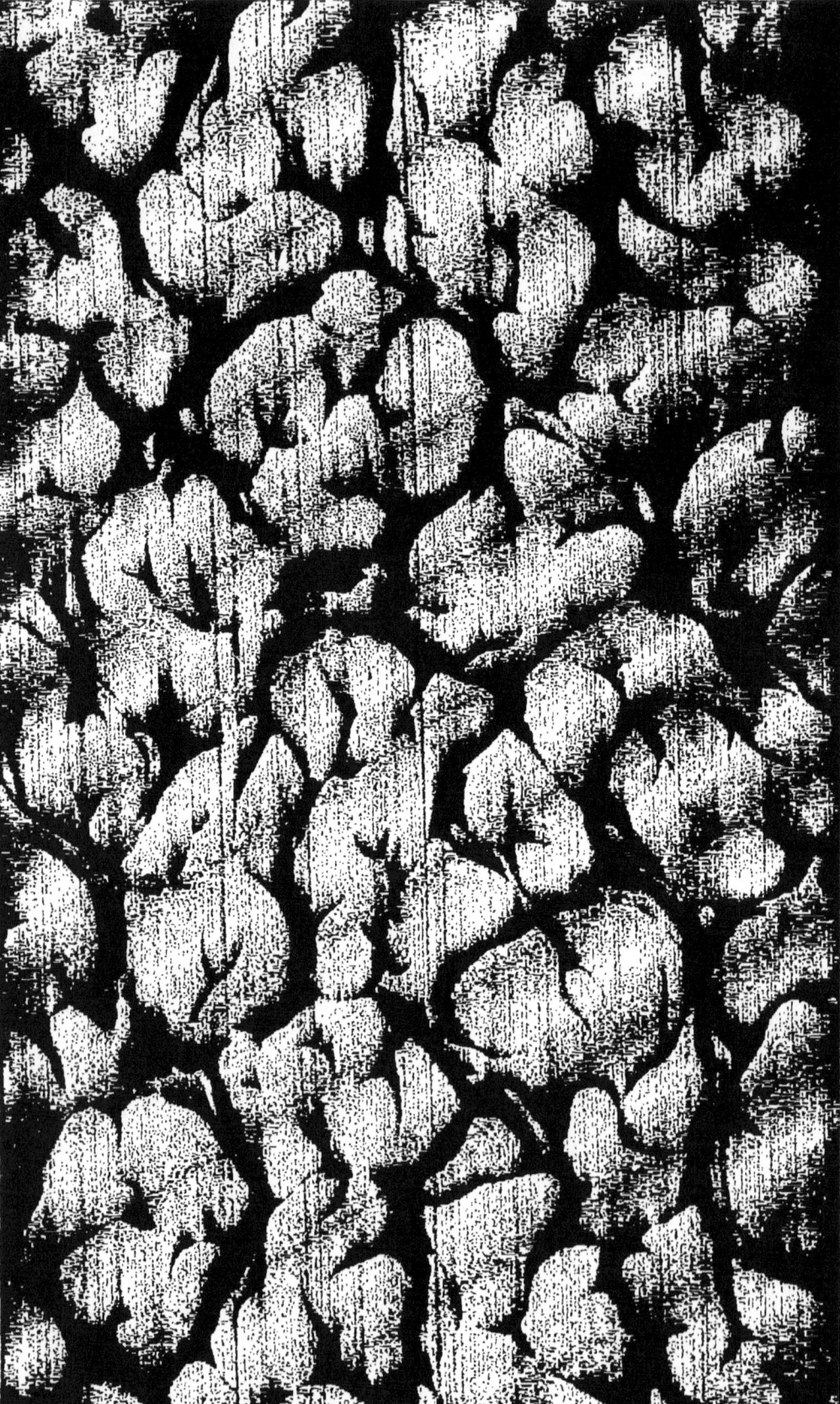

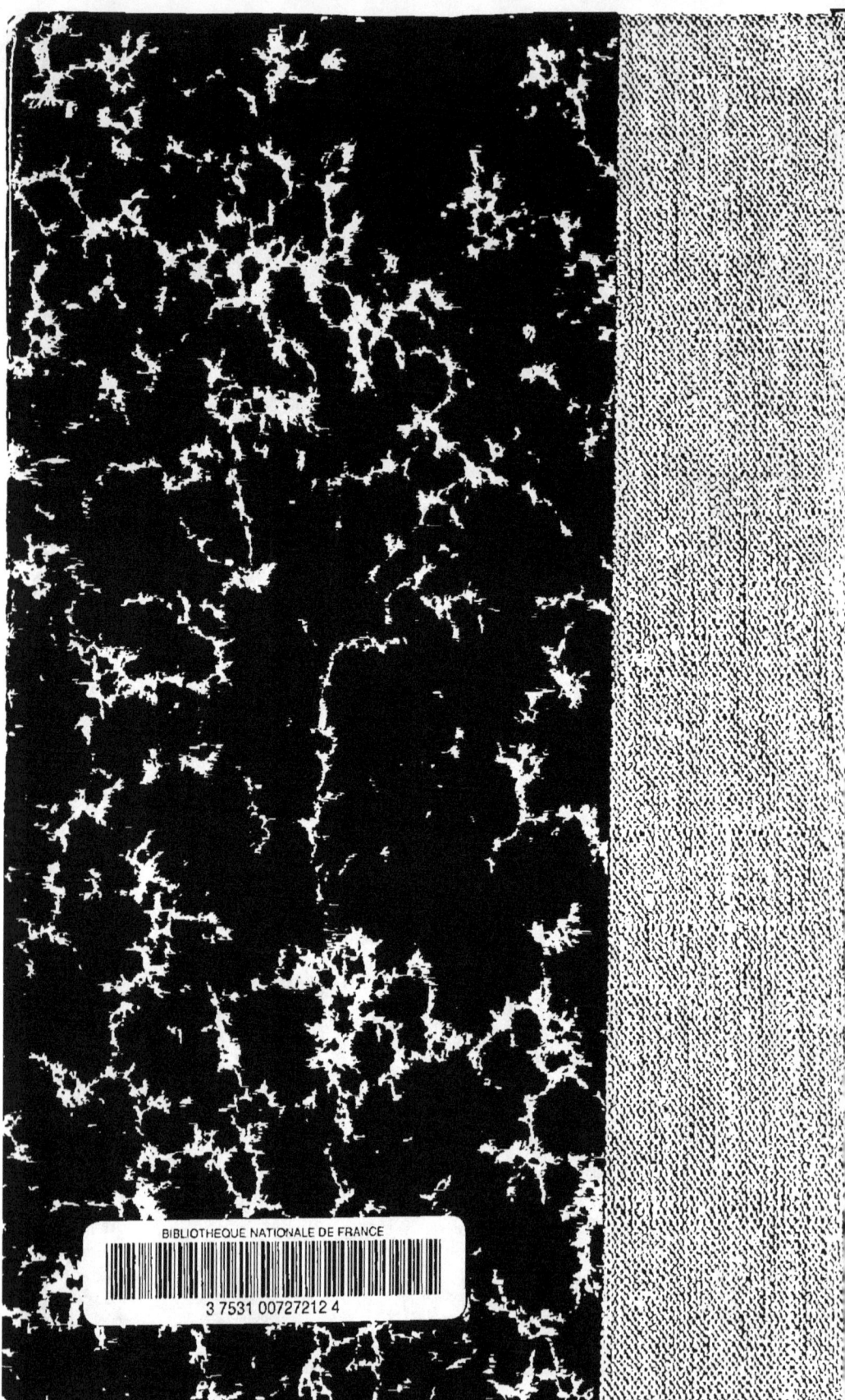

www.ingramcontent.com/pod-product-compliance
Lightning Source LLC
Chambersburg PA
CBHW050328170426
43200CB00009BA/1500